HTML, CSS 기초부터 반응형 웹 디자인, 실전 웹 사이트 제작까지

러닝스쿨! 한 권으로 끝내는
HTML+CSS
웹 디자인 입문

책의 예제 파일과 정오표는 다음 사이트에서 내려받을 수 있습니다.

책의 지원 사이트

URL https://wikibook.co.kr/html-css/

- 이 책에서 소개하는 내용은 집필하는 시점의 구글 크롬, 마이크로소프트 엣지, VS Code(Visual Studio Code), macOS(10.14), Windows 10 환경에서 동작하게 만들었습니다. 인터넷 익스플로러 11은 기본적으로 대응하지 않지만, CSS 그리드 이외의 내용은 모두 인터넷 익스플로러 11에서도 동작합니다.

- 이 책에 기재된 회사 이름, 상품 이름, 제품 이름은 대부분 각 회사의 상표 또는 등록 상표입니다. 이 책에서는 별도로 ®, ™를 달지는 않았습니다.

- 이 책의 내용을 기반으로 독자가 만들어 사용한 결과에 대해서, 출판사와 저자는 별도의 책임을 지지 않습니다.

- 이 책에서는 Apache License 2.0을 기반으로 하는 저작물을 사용하고 있습니다.

러닝스쿨!
한 권으로 끝내는 HTML+CSS 웹 디자인 입문

HTML, CSS 기초부터 반응형 웹 디자인,
실전 웹 사이트 제작까지

지은이 Mana

옮긴이 윤인성

펴낸이 박찬규 엮은이 윤가희 디자인 북누리 표지디자인 Arowa & Arowana

펴낸곳 위키북스 전화 031-955-3658, 3659 팩스 031-955-3660

주소 경기도 파주시 문발로 115, 311호(파주출판도시, 세종출판벤처타운)

가격 25,000 페이지 316 책규격 188 x 240mm

1쇄 발행 2020년 01월 03일
2쇄 발행 2021년 04월 07일
3쇄 발행 2024년 05월 10일
ISBN 979-11-5839-178-2 (93000)

등록번호 제406-2006-000036호 등록일자 2006년 05월 19일
홈페이지 wikibook.co.kr 전자우편 wikibook@wikibook.co.kr

1SSATSUDE SUBETE MINITSUKU HTML & CSS TO Web DESIGN NYUMONKOUZA
Copyright ⓒ 2019 Mana
All rights reserved.
Original Japanese edition published by SB Creative Corp.
Korean translation rights ⓒ 2020 by WIKIBOOKS
Korean translation rights arranged with SB Creative Corp., Tokyo
through Botong Agency, Seoul, Korea

이 책의 내용에 대한 추가 지원과 문의는 위키북스 출판사 홈페이지 wikibook.co.kr이나
이메일 wikibook@wikibook.co.kr을 이용해 주세요.

이 도서의 국립중앙도서관 출판시도서목록 CIP는
서지정보유통지원시스템 홈페이지(http://seoji.nl.go.kr)와
국가자료공동목록시스템(http://www.nl.go.kr/kolisnet)에서 이용하실 수 있습니다.
CIP제어번호 CIP2019049941

나의 첫
프로그래밍 교과서
LEARNING
SCHOOL

HTML, CSS 기초부터 반응형 웹 디자인, 실전 웹 사이트 제작까지

러닝스쿨! 한 권으로 끝내는
HTML+CSS
웹 디자인 입문

Mana 지음 / 윤인성 옮김

위키북스

이 책은 HTML, CSS, 웹 디자인 기초를 다루고, 예제를 만들면서 차근차근 배우는 책입니다. 이때 예제에는 HTML과 CSS의 최신 기술이 많이 들어 갑니다.

웹 브라우저의 사용 비율 통계를 제공하는 statcounter를 보면, 2019년 12월을 기준으로 크롬이 69%, 인터넷 익스플로러가 18% 정도입니다. 이 책에서 다루는 HTML과 CSS의 최신 기술이라고 부르는 CSS3의 Flexbox(플렉스 박스), Grid(그리드) 등은 인터넷 익스플로러에서는 사용이 불가능합니다. 따라서 웹 페이지를 불특정 다수를 대상으로 해서 만든다면 20% 정도의 사람을 포기할 수는 없으므로, Flexbox와 Grid 등의 최신 기술을 제대로 활용해 웹 사이트를 제작할 수 없는 것이 2020년의 우리나라 상황입니다.

하지만 최신 웹 브라우저를 사용하고 있을 가능성이 높은 사람들을 대상으로 하는 사이트(게임 사이트, 젊은 층을 대상으로 하는 사이트, 데스크톱을 배제하는 사이트 등)에서는 이러한 최신 기술을 사용할 수 있습니다. 또, 앞으로 계속해서 브라우저 점유율에 변동이 있을 수 있으므로, 웹을 개발하는 개발자(또는 앞으로 웹을 개발할 개발자)로서는 최신 기술의 흐름에 대비를 하기에 좋은 시점이라고 할 수 있습니다.

이 책에서는 HTML과 CSS 같은 기본적인 기술 외에도 색 조합 방법 등의 디자인과 관련된 내용도 다루며, 추가로 어떠한 소프트웨어를 통해 웹 페이지를 디자인할 수 있는지 알려주는 내용도 다룹니다. 웹 페이지를 어떻게 해야 예쁘게 만들 수 있는지 잘 모르겠다는 독자도 함께 참고하면 좋을 것입니다.

책을 번역하는 데 도움을 주신 모든 분들께 감사의 말씀 드립니다.

역자 제공 무료 동영상 강의

https://youtu.be/WfS3itInRG8

웹 사이트를 만들어보고자 인터넷에서 검색을 해봤다면 HTML과 CSS라는 단어를 많이 접했을 것입니다. 인터넷의 많은 사이트에서 이러한 내용을 설명해주고 있습니다. 필자도 오랜 시간 동안 운영하고 있는 블로그에서 웹 사이트 제작 방법, 최신 기술, 디자인 등의 트렌드를 소개하고 있습니다.

이러한 웹 사이트의 글은 특정 정보를 요약해서 공부할 수 있지만, 체계적으로 순서를 갖고 공부할 때는 적합하지 않습니다. 또한 HTML과 CSS를 아예 모르는 초보자에게는 어려울 수 있습니다.

이 책은 그러한 웹 사이트 제작 초보자를 위해서 필요한 정보를 최적의 순서로 설명해주는 책입니다.

이 책의 앞부분(1~3장)에서는 웹의 구조, HTML의 기본, CSS의 기본을 배웁니다.

뒷부분(4~7장)에서는 앞에서 배운 내용을 기반으로 하나의 웹 사이트를 제작해봅니다. 코드를 보고, 직접 손으로 입력하고, 만들면서 배우므로 실제 웹 사이트 제작 흐름을 체험해볼 수 있을 것입니다.

기초적인 지식과 제작 방법뿐만 아니라, 스마트폰을 지원하는 "반응형 웹", "Flexbox", "CSS 그리드"와 같은 최신 기술을 사용하는 방법도 소개합니다. 이러한 새로운 기술을 공부하면 앞으로도 오랫동안 사용할 수 있는 "현대의 웹 기술(모던 웹)"을 익힐 수 있을 것입니다.

또한 이 책에서는 HTML과 CSS 지식뿐만 아니라 배색, 레이아웃, 타이포그래피 같은 "디자인 기초"도 함께 설명합니다.

이러한 것을 알면 단순하게 웹 페이지의 형태를 만드는 것뿐만 아니라, 사용자가 사용하기 쉬운 웹 페이지를 만들 수 있습니다. 웹 디자인 기초 지식은 실제 웹 사이트 제작에도 도움이 됩니다. 이 책만으로 "HTML", "CSS", "웹 디자인"을 모두 배울 수 있습니다.

웹 사이트를 제작할 때는 정말 많은 것을 알아 둬야 합니다. 이를 한 번에 모두 외우는 것이 쉬운 일은 아닙니다. 앞으로 여러 웹 사이트를 만들면서 "기억이 잘 안 나는데 어떻게 하는 것이었지?"라는 생각이 들 때 이 책을 다시 볼 수 있게, 컴퓨터 근처에 놓아주시면 기쁠 것 같습니다.

웹 크리에이터 박스 Mana

ABOUT THE CONTENTS

이 책의 내용에 대해서

웹 사이트의 기본과 제작 흐름

웹의 기본 구조, HTML의 구조

웹의 장식과 디자인, CSS의 기본

이 책의 1~3장에서는 웹 사이트를 제작할 때 필요한 기본 지식을 배웁니다. 이 책의 4~7장에서는 실제로 웹 사이트를 만들어봅니다.

이 책에서 제작하는 웹 사이트: index.html / news.html / menu.html / contact.html

풀 스크린 레이아웃   index.html

풀 스크린 레이아웃은 이미지 또는 동영상 등을 화면 전체에 출력하는 레이아웃을 의미합니다. 웹 사이트의 최상위 페이지에서 많이 사용되며, 인상적인 느낌을 연출할 수 있습니다.

2-칼럼 레이아웃

📰 news.html

2-칼럼 레이아웃은 2-열로 나누어진 레이아웃을 의미합니다. 콘텐츠의 양이 많은 뉴스 사이트, 블로그 등에서 자주 볼 수 있습니다. 2-칼럼 레이아웃은 오래전부터 사용된 범용성이 높은 사이트입니다.

타일형 레이아웃

📰 menu.html

타일형 레이아웃은 이미지 또는 텍스트와 같은 정보를 정리해서 한 번에 보여줄 수 있습니다. 쇼핑 사이트, 이미지 갤러리 사이트 등에 적합합니다.

반응형 웹 디자인

최근에는 스마트폰에서 웹 사이트를 보는 경우도 많아서 화면의 너비에 따라 보이는 방식이 바뀌는 반응형 웹이 거의 필수가 됐습니다. 이 책에서는 각 웹 페이지에 반응형 웹을 적용하는 방법도 다룹니다.

문의 페이지

📰 contact.html

입력 양식을 사용해서 사용자가 문의하기 위한 기능이 있는 페이지입니다. 구글 지도, SNS, 유튜브 영상과 같은 외부 미디어를 추가하는 방법도 설명합니다.

CHAPTER 1

기억해 두어야 하는 웹 사이트 기본

CHAPTER 2

웹 기본 구조 만들기 – HTML 기본

CHAPTER 3

웹 디자인 만들기 : CSS 기본

CHAPTER 4

풀 스크린 웹 사이트 제작하기

CHAPTER 6

타일 형태의 웹 사이트 제작하기

CHAPTER 7

외부 미디어 사용하기

DOWNLOAD SAMPLE DATA

샘플 데이터 사용 방법

이 책은 학습을 돕기 위해 샘플 데이터를 제공합니다. 샘플 데이터는 다음 URL에서 내려받을 수 있습니다.

> **URL** https://wikibook.co.kr/html-css/

샘플 데이터는 책에서 설명하는 HTML, CSS, 이미지, 데모 데이터, 완성 데이터 등을 모두 수록하고 있습니다. 폴더 구성은 다음과 같습니다.

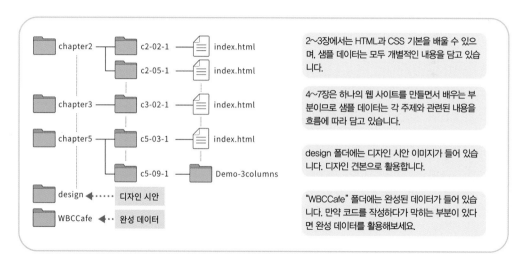

참고로 어떤 파일을 열어야 할지 모르겠을 때는 본문의 코드에 적혀 있는 다음과 같은 부분을 확인해주세요.

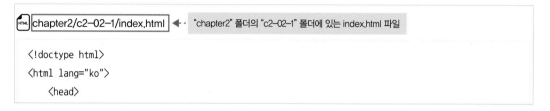

```
<!doctype html>
<html lang="ko">
    <head>
```

> ※ 샘플에 수록된 코드는 개인적인 목적, 상업적인 목적을 따지지 않고 자유롭게 사용할 수 있습니다. 하지만 텍스트 내용과 이미지 리소스는 학습 이외의 목적으로는 사용하지 말아 주세요. 텍스트 내용과 이미지 리소스를 바꿔서 사용하기만 한다면 개인 사이트로 사용해도 상관없습니다.

CHAPTER 1

—

기억해 두어야 하는 웹 사이트 기본

웹 사이트를 만들고 싶다고 생각해도 무엇부터 시작해야 할지 잘 모르는 경우가 많습니다. 일단 웹 사이트의 기본적인 구성과 웹 사이트를 제작하는 흐름을 살펴봅시다.

WEBSITE | WEB DESIGN | HTML | CSS | SINGLE PAGE | MEDIA

1-1
CHAPTER

좋은 웹 디자인이란?

디자인이라고 하면 대부분의 사람이 "멋있는 것", "귀여운 것" 등의 보기 좋은 것들만 생각하는 경우가 많습니다. 하지만 사실 좋은 디자인이란 단순히 멋지게 보이는 것이 전부가 아닙니다. 디자인의 의미를 함께 생각해봅시다.

■ 디자인의 목적은 상대방에게 무언가를 전달하는 것

"전달하는 것"이라고 하면 일반적으로 글을 생각하는 경우가 많지만, 꼭 글로만 전달할 수 있는 것은 아닙니다. 글자만으로는 전달할 수 없는 것을 사진, 그래프, 표 등을 사용해 시각적으로 접근해서 전달하는 것이 디자인입니다. 디자인을 통해서 "무엇을 전달하고 싶은가"가 중요합니다. 상대방에게 내용을 제대로 전달하지 못하거나 오해가 생긴다면 좋은 디자인이라고 말할 수 없습니다.

따라서 디자인이란 어디까지나 "**전달을 위한 수단**"이며, "**아름답게 장식하는 것**"이 아닙니다.

멋지지만 어떤 콘텐츠를 전달하고 싶은지 알 수 없는 왼쪽 디자인보다 한눈에 어떤 사이트인지 알 수 있는 오른쪽 디자인이 더 좋다고 할 수 있습니다.

■ 쉬운 사용

일반적으로 사용자는 어떠한 목적이 있어서 웹 사이트의 콘텐츠를 봅니다. 예를 들어서 이벤트의 장소를 알고 싶다거나, 오늘 상영하고 있는 영화가 무엇인지 알고 싶다거나, 인기 있는 게임이 어떤 게임인지 알고 싶은 것처럼 말입니다. 이러한 것들을 고려하지 않고 그러한 목적 정보가 어디에 있는지 찾기 어렵게 배치하거나 내용을 이해할 수 없게 구성하면 사용자는 웹 사이트를 이탈할 것입니다.

예를 들어 어린이를 대상으로 하는 과학 정보라면 그림 등을 많이 넣어서 설명하고, 모두가 볼 수 있는 동영상 콘텐츠에는 청각 장애인을 위해 자막을 꼭 넣는 것처럼 다양한 대응을 할 수 있습니다. 이러한 것들을 고려해 설계된 누구나 사용할 수 있는 웹 디자인은 좋은 디자인이라고 할 수 있습니다.

■ 보다 좋은 생활을 제공하는 것

"디자인은 문제를 해결하는 방법이다"라는 말도 있습니다. 예를 들어 호주 사람들은 서핑을 포함해서 바다에서 노는 것을 굉장히 좋아합니다. 그래서 돈을 주머니에 넣고 물에 들어가는 경우가 많습니다. 그런데 이때마다 지폐가 물에 젖어 파손되는 일이 많았습니다. 그래서 고안된 것이 플라스틱으로 만들어진 지폐입니다. 이는 위조지폐 방지 목적도 있으며, 호주에서 1988년부터 사용되기 시작했습니다.

실제로 이것도 디자인이라고 할 수 있습니다. 재료를 바꿔서 서핑하는 사람들의 문제를 해결했습니다. 디자인은 더 좋은 체험, 더 좋은 생활을 제공합니다. 실제로 좋은 디자인은 외관뿐만 아니라, 그러한 디자인을 사용하는 사람의 다양한 문제를 해결해줄 수 있습니다.

COLUMN

—

디자인에는 센스가 필요할까?

"디자인 센스가 있다", "요리 센스가 있다", "업무 센스가 있다"와 같은 말을 들어본 적이 있을 것입니다. 그러면 이때 "센스"라는 것은 대체 무엇일까요?

필자는 센스가 "지식"이라고 생각합니다. 위의 말은 "디자인 지식이 있다", "요리 지식이 있다", "업무 지식이 있다"로 바꿔 말해도 크게 문제가 없습니다. 그런데 센스라고 하면 선천적이고, 태어날 때부터 타고난 것이라는 느낌이 듭니다. 하지만 그렇지 않습니다. 디자인은 그러한 선천적인 무언가에 의해서 결정되는 것이 아니라, 후천적인 지식에 의해서 결정됩니다. 따라서 **공부하면 누구나 잘 할 수 있습니다.**

센스가 있는 사람이란 해당 분야의 기초와 기본적인 것을 매우 잘 숙지하고 있어서 어떤 상황이 오더라도 그러한 것을 기반으로 실천할 수 있는 사람을 말합니다. 기본적인 이론과 포인트를 잘 기억한다면 혁신적이지는 않더라도 누가 봐도 쉽게 볼 수 있는 의미 있는 디자인을 만들 수 있습니다.

chapter1

chapter2

chapter3

chapter4

chapter5

chapter6

chapter7

1-2

CHAPTER

다양한 종류의 사이트

웹 사이트는 목적에 따라서 다양한 종류로 구분할 수 있습니다. 이번 절에서는 크게 6가지로 구분하고, 실제 그러한 종류의 사이트를 소개하겠습니다. 자신이 만들고 싶은 사이트가 어떠한 종류에 속하는지, 어떠한 목적으로 만들 것인지 생각해봅시다.

▣ 기업 사이트

기업의 정보를 담고 있는 사이트를 **기업 사이트**라고 부릅니다. 회사 개요, 회사 제품 소개, 채용 정보 등 기업과 관련된 정보를 전달하는 사이트입니다.

- 회사의 제품을 소개하고 싶은 경우
- 경쟁 회사와의 차이를 설명하고 싶은 경우
- 우수한 인재를 채용하고 싶은 경우

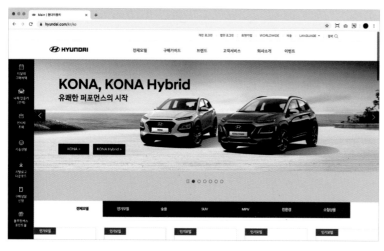

https://www.hyundai.com/kr/ko

현대 자동차 사이트는 회사에서 만드는 제품인 자동차 소개를 메인으로 하는 사이트입니다. 추가로 회사의 정보, 최신 기술, 고객 서비스 등을 소개해서 다른 회사와의 차이점도 보여주려 하고 있습니다. 또한 채용 정보도 있습니다.

▣ 프로모션 사이트

특정 제품, 서비스, 이벤트 정보 전달을 목적으로 만들어진 웹 사이트를 **프로모션 사이트**라고 부릅니다. 기업 사이트와 비교해서 소개하는 정보의 범위가 좁으며, 타깃 사용자(대상 사용자)층도 좁습니다. 기간 한정으로 공개되는 경우가 많습니다.

- 기간 한정 이벤트를 전달하고 싶은 경우

- 새로 시작한 서비스를 알리고 싶은 경우

- 전달할 정보의 수가 적은 경우

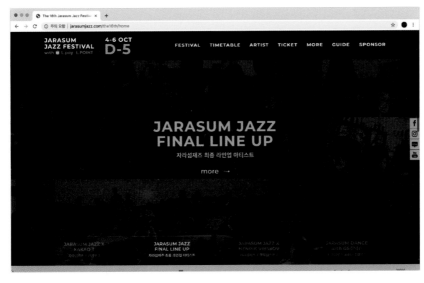

http://www.jarasumjazz.com/the16th/home

2019년에 열렸던 자라섬 재즈 페스티벌의 프로모션 사이트입니다. 이벤트 스케줄, 참여 아티스트 등의 정보를 담고 있습니다.

포트폴리오 사이트

포트폴리오 사이트는 주로 디자이너, 아티스트, 사진 작가 등이 자신의 작품과 실적을 소개하는 사이트입니다.

여기에서 말하는 "포트폴리오"란 개인 또는 기업이 지금까지 만든 웹 사이트, 일러스트, 사진 등의 작품과 실적을 모아 놓은 것을 의미합니다. 취직 활동 등을 위해서 활용하거나 작품 발표를 위한 장소로 만들어집니다.

- 지금까지 만든 작품을 보여주고 싶은 경우

- 취직 활동을 목적으로 자신의 스킬을 소개하고 싶은 경우

- 프리랜서로서 업무를 받고 싶은 경우

chapter1

chapter2

chapter3

chapter4

chapter5

chapter6

chapter7

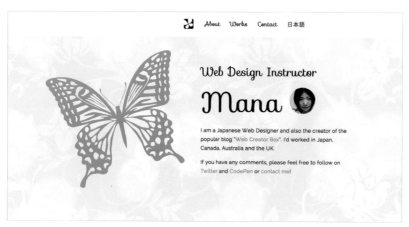

http://www.webcreatormana.com/

필자의 포트폴리오 사이트입니다. 지금까지 만든 웹 사이트 이외에도 경력, 취미 등도 적어서 필자가 관심을 두고 있는 것들을 소개하고 있습니다.

쇼핑 사이트

인터넷에서 상품을 판매하는 **쇼핑 사이트**입니다. **EC 사이트**[1], **온라인 스토어 사이트**라고도 부릅니다. 상품 목록 페이지, 상품 상세 페이지, 장바구니 페이지, 결제 페이지 등 다양한 페이지로 구성됩니다. 단순하게 상품을 어떻게 보여 줄지만 고민하지 말고, 어떻게 해야 구매를 유도할 수 있는지도 고려해야 합니다.

- 상품을 온라인으로 판매하는 경우
- 직접 작곡한 곡 등을 판매하는 경우
- 사업을 확장해 해외 사업 등을 하고 싶은 경우

http://www.10x10.co.kr/

10x10(텐바이텐) 사이트에서는 상품들을 소개합니다. 추가로 함께 구매하면 좋은 물건 등을 소개하고, 기간 세일 등을 진행해 매출 증가를 꾀하고 있습니다.

---

1 옮긴이 : EC 사이트의 EC는 E-Commerce(전자 상거래)를 의미합니다.

chapter1

chapter2

chapter3

chapter4

chapter5

chapter6

chapter7

미디어 사이트

미디어 사이트는 뉴스, 정보를 공개할 목적으로 만들어진 사이트입니다. 블로그도 미디어 사이트의 일종입니다. 특정 분야에 특화된 정보를 전달하는 경우가 많으며, 이를 통해 회사를 소개하거나 상품 구매를 유도하는 경우도 있습니다.

- 회사의 서비스 정보를 제공하고 싶은 경우

- 광고를 하고 싶은 경우

- 자신의 생각을 전달하고 싶은 경우

 POINT

웹 사이트는 특징에 따라 다양한 종류로 분류됩니다.

✅ POINT

목적에 맞게 사이트를 구성하는 것이 중요합니다.

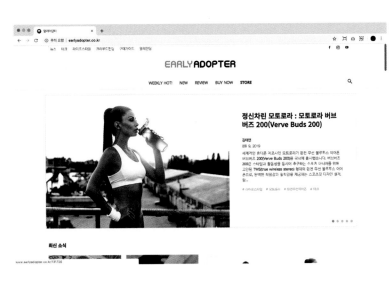

http://www.earlyadopter.co.kr/

얼리어답터는 전자 제품과 관련된 기사를 제공하는 사이트입니다. 곧바로 상품 구매를 유도하지 않고, 기사를 먼저 접하게 해서 사용자의 거부감이 적게 만들 수 있습니다.

SNS

SNS는 소셜 네트워킹 서비스(Social Networking Service)의 약자로, 사용자와 실시간으로 소통할 수 있으며, 정보를 확산시키기 쉽다는 특징이 있습니다. 짧은 글, 이미지, 동영상을 메인으로 전달하는 경향이 많습니다.

- 사용자에게 친근감을 주고 싶은 경우

- 사용자와 직접 커뮤니케이션하고 싶은 경우

- 실시간으로 지원을 하고 싶은 경우

https://www.instagram.com/

인스타그램은 이미지와 동영상을 전달하는 SNS입니다. 기업 전용 계정도 만들 수 있으며, 의류 업계를 중심으로 활발하게 사용되고 있습니다.

이외에도 세부적으로 구분하면 정말 많은 종류의 사이트가 있으며, 하나의 웹 사이트가 여러 종류를 조합한 경우도 있습니다. 목적에 맞게 어떤 종류의 웹 사이트로 구성할지 꼭 생각해보기 바랍니다.

어떠한 종류의 사이트인지 파악할 수 있으면 사용자도 쉽게 이해하고 사용할 수 있으며, 운영할 때도 여러 개선 등을 쉽게 수행할 수 있어서 편리합니다.

chapter1

chapter2

chapter3

chapter4

chapter5

chapter6

chapter7

1-3
CHAPTER

사용성이란?

다양한 웹 사이트를 보다 보면 가끔 메뉴가 어디에 있는지 찾기 힘들고, 사이트가 사용하기 힘들다는 느낌을 받을 때가 있습니다. 사용자에게 이러한 느낌을 주지 않으려면 사용성에 대해서 알아야 합니다.

■ "사용하기 쉬움"을 생각하기

사용성(Usability)이란 웹 사이트의 "사용하기 쉬움"이라는 성질을 나타내는 단어입니다. 웹 사이트의 기능을 간단하게 사용할 수 있으며, 스트레스를 주지 않는다면 이러한 웹 사이트는 "사용성이 좋다"라고 말할 수 있습니다.

웹 사이트를 만들 때는 실제로 웹 사이트를 방문하는 사용자의 입장이 돼서 제작하는 것이 중요합니다. 사용자가 무엇을 원하는지 생각하고, 원하는 정보로 쉽게 접근할 수 있게 구성해야 합니다.

■ 보기 쉽게 디자인하기

사이트의 주요 요소와 정보를 간단하게 발견할 수 있게 하려면 보기 쉽게 디자인해야 합니다. 사용성을 우선해서 웹 사이트를 만드는 방법을 생각해봅시다.

▶ 색 사용에 주의하기

보기 쉬운 웹 페이지를 디자인하려면 색 사용에 주의해야 합니다. 가장 중요한 포인트는 배경색과 문자색의 대비(Contrast)입니다. 예를 들어 다음 그림과 같이 배경이 검은색일 때 글자색이 연한 회색인 경우를 상상해봅시다. 색의 밝기에 큰 차이가 없어서 굉장히 보기 어렵습니다. 또한 밝은색끼리 조합해서 사용하는 경우에도 보기 힘들고, 눈도 쉽게 피로해집니다. 사용성을 생각할 때는 신체적인 부분도 고려해야 합니다. 가능한 보기 쉽고, 눈이 편한 배색을 사용하도록 합시다.

배경색: 흰색
문자색: 회색

배경색: 초록색
문자색: 분홍색

배경색과 문자색에는 밝기 차이를 주어서 보기 쉬운 화면을 만들어줍니다. 배색은 오랜 시간 동안 봐도 피로해지지 않는 색을 선택합시다.

▶ 중요하게 보여주고 싶은 것을 명확하게 하기

사이트의 가장 중요한 목적이 있는 페이지는 한눈에 보고 알 수 있도록 눈에 띄게 배치합니다. 버튼의 크기를 다른 것보다 크게 설정하거나, 배색의 차이를 두거나, 텍스트의 크기를 조정해서 눈에 띄게 합니다. 페이지를 열었을 때 곧바로 눈에 띨 수 있게 다른 요소와 차이를 두는 것이 좋습니다.

▶ 레이아웃 통일하기

한 웹 사이트 내부에서 페이지별로 레이아웃이 달라지면 사용자가 혼란을 느낄 수밖에 없습니다. 기본적으로 로고, 내비게이션 메뉴, 푸터 등의 공통부분은 디자인을 통일합니다.

■ 읽기 쉬운 글 만들기

이어서 어떻게 해야 읽기 쉬운 글을 작성할 수 있을지 함께 생각해봅시다.

▶ 결론을 앞에 두기

일반적으로 글을 마지막까지 읽어주는 사용자는 거의 없습니다. 곧바로 본론이 나오지 않고, 서문이 너무 긴 문장을 좋아하는 사용자는 거의 없습니다. 따라서 처음 두 문장에 결론을 넣어서 어떤 내용인지 전달해주세요. 결론을 먼저 이야기한 다음 그러한 결론과 관련된 정보를 차근차근 설명하는 것이 좋습니다.

▶ 전문 용어 사용하지 않기

전문적인 내용을 다루는 글이라고 해도 해당 글을 보는 사용자 모두가 그러한 단어를 알고 있다고는 할 수 없습니다. 대부분 사용자는 모르는 전문 용어를 보는 순간 페이지를 이탈하는 경우가 많습니다. 따라서 전문 용어를 사용할 때는 주의해주세요. 정말로 전문 용어가 필요한 부분이라면 추가 설명을 달아주는 것이 좋습니다. 어느 정도 수준부터 전문 용어로 볼지는 해당 웹 사이트의 메인 타깃층을 고려하면서 생각해보면 좋을 것입니다.

▶ 간략하게 정리하기

글이 길어지면 길어질수록 무엇을 이야기하는지 알기 힘들어집니다. 그래서 큰 제목, 작은 제목, 줄 바꿈, 목록 등을 잘 활용해야 합니다. 사용자들은 페이지를 대충 보는 경향이 있으므로 제목 키워드만으로도 글의 흐름을 이해할 수 있는 형태로 글을 작성합니다.

사용하기 쉬운 조작성

책과 전단지 등과 다르게 웹 사이트에는 클릭과 스크롤 등 사용자가 능동적으로 조작해야 하는 부분이 있습니다. 따라서 사용자가 쉽게 조작할 수 있는지도 생각해야 합니다.

예상할 수 있게 만들기

클릭했을 때의 동작, 구입할 때의 과정 등 사용자에게 무언가 행동을 요구할 때는 사용자가 이후에 일어나는 일을 예상할 수 있게 해야 합니다. 예를 들어 텍스트 링크에 단순하게 "링크"라고 쓰여 있다면 어디로 이동하는 링크인지 예측할 수 없습니다. 하지만 "어떤 주제를 이야기하고 있는 기사로의 링크"라고 확실하게 쓰여 있다면 쉽게 예상할 수 있습니다.

추가로 "로고를 클릭하면 홈페이지로 이동한다", "밑줄이 있으며 파란 글자는 링크를 의미한다"처럼 일반적으로 사람들이 "이것은 이런 형태로 동작할 것이다"라고 인식할 수 있는 액션을 변경할 때는 주의해야 합니다.

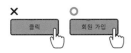 버튼의 레이블에는 클릭했을 때 어떤 동작을 하는지 잘 적어 둬야 합니다.

빠르게 동작하게 하기

페이지를 읽어 들일 때와 클릭 후의 응답 속도도 중요한 요소입니다. 출력이 느리거나 반응이 느려서 멈춰버린 느낌이 드는 사이트는 사람들이 쉽게 이탈합니다. 큰 이미지와 동영상을 많이 사용하는 사이트라면 최대한 파일의 크기를 작게 해줘야 합니다. 이러한 **효율**도 사용성에 포함된다고 할 수 있습니다.

 POINT

웹 사이트를 제작할 때 배색과 레이아웃을 조금 신경 쓰는 것만으로도 사용성이 좋아질 수 있습니다.

한 번에 보고 알 수 있게 하기

사용자가 글자와 이미지에 링크가 적용돼 있는지 구분하기 힘든 경우도 있습니다. 링크가 적용된 경우 색을 적용하거나 테두리를 설정해서 차별화하면 좋습니다. 화려한 장식만 생각해서 기능을 잊지 않게 주의해야 합니다. 멋진 모습보다 사용자를 위한 배려가 중요합니다.

 POINT

정보를 제공하는 관점과 사용자의 관점을 모두 생각하면서 사용하기 편리한 구성을 생각하며 웹 사이트를 만들어야 합니다.

chapter1
chapter2
chapter3
chapter4
chapter5
chapter6
chapter7

대비 확인하기

디자인할 때 배색은 굉장히 중요한 요소입니다.

배색을 잘못하면 텍스트와 화면 전체의 시인성이 떨어지며, 사용자에게 콘텐츠의 내용을 잘 전달할 수 없을 때도 있습니다. 시인성은 "대비(Contrast)"와 관계있으며, 배색의 대비는 색의 명도에 의해 크게 좌우됩니다. 따라서 흑백의 "그레이스케일"로 만들면 쉽게 대비의 차이를 확인할 수 있습니다.

대비를 확인하는 방법은 간단합니다. 일단 웹 사이트 또는 배너 광고의 스크린숏을 찍습니다. 이어서 그래픽 도구를 사용해서 그레이스케일로 변환합니다(포토샵에서는 [Image] → [Mode] → [Grayscale]을 사용해 그레이스케일로 변환할 수 있습니다). 이러한 그레이스케일 이미지에서 시인성이 떨어지는 부분을 확인할 수 있습니다.

많은 색을 사용하는 경우에는 특히 대비를 확인해보는 것이 좋습니다.

꽃 배경 이미지 위에 텍스트, 버튼이 배치돼 있습니다. 꽃과 초록색의 이미지를 사용해서 통일감을 줬습니다.

하지만 그레이스케일로 보면 배경색과 글자의 대비가 비슷해서 글자가 잘 안 보인다는 것을 알 수 있습니다.

텍스트를 흰색으로 해서 대비를 줬습니다. 버튼의 배경색은 명도가 높은 분홍색으로 지정하고, 그 위의 텍스트는 검은색으로 지정했습니다.

텍스트, 버튼에 대비가 있어서 쉽게 볼 수 있습니다. 배색의 통일감을 지키면서도 가시성을 확보했습니다.

1-4
CHAPTER

웹 사이트의 구조

우리 주변에서 언제나 자주 볼 수 있는 웹 사이트는 어떤 구조로 우리가 볼 수 있는 것일까요? 웹 사이트를 만들어 보기 전에 이러한 이야기를 해봅시다.

chapter1

chapter2

chapter3

chapter4

chapter5

chapter6

chapter7

■ 인터넷이란?

인터넷이란 세계의 컴퓨터들이 다양한 정보를 교환할 수 있는 시스템을 말합니다. 이로 인해서 집에 있는 컴퓨터로 메일을 받거나, 스마트폰으로 웹 사이트를 볼 수 있습니다.

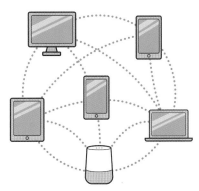

인터넷에는 세계의 컴퓨터들이 연결돼 있습니다. 컴퓨터뿐만 아니라 스마트폰, 태블릿, 스마트 스피커 등도 인터넷을 사용할 수 있습니다.

■ 웹이란?

자주 혼동하는 것이지만, 실제로 "웹"과 "인터넷"은 다른 것입니다. 웹은 정식으로는 "World Wide Web(월드 와이드 웹)"이라고 부르며, 인터넷을 사용해서 웹 사이트에서 정보를 전송하고, 이를 확인하기 위한 시스템입니다. 인터넷에는 메일, 파일 전송 등 다양한 기능이 있으며, 이러한 많은 기능 중하나가 웹입니다.

■ 웹 페이지의 구조

웹 페이지를 보기 위해서 필요한 것으로는 **"웹 서버"**와 **"웹 클라이언트"**가 있습니다.

웹 서버는 컴퓨터, 스마트폰과 같은 컴퓨터의 일종입니다. 웹 서버는 웹에 정보를 공개하고, 파일을 저장하는 등의 기능이 있지만, 화면과 키보드와 같은 직접적인 조작을 위한 장치가 연결돼 있지 않습니다. 제작자가 작성한 웹 사이트를 통해 공개할 파일은 모두 이러한 웹 서버 내부에 보관하게 됩니다.

웹 클라이언트는 웹 서버에서 정보를 받는 쪽을 의미합니다. 따라서 일반적인 사용자가 사용하는 컴퓨터입니다.

웹 클라이언트가 원하는 웹 페이지를 "요청(request)"하면 웹 서버가 이에 "응답(response)"해주기에 사용자가 웹 페이지를 볼 수 있는 것입니다.

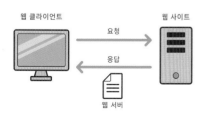

예를 들어 컴퓨터에서 Twitter 사이트를 볼 때 웹 서버에 "트위터 웹 사이트를 보고 싶다"라는 요청을 보냅니다. 웹 서버는 이러한 요청에 대해서 "트위터 웹 사이트 여기 있어요"라고 응답합니다. 이로 인해 사용자에게 웹 페이지가 출력되는 것입니다.

■ URL이란?

URL(유알엘)은 "http://example.com/sample/index.html"처럼 작성하는 것으로, 보고 싶은 웹 사이트에 도착할 수 있는 주소를 나타냅니다. 웹 사이트는 각각 고유한 URL을 갖고 있습니다.

다만 이렇게 URL을 매번 입력해서 웹 사이트를 보는 것은 굉장히 힘듭니다. 그래서 웹 페이지 내부의 글자 또는 이미지 등에 URL 정보를 설치해서 이것들을 클릭했을 때 다른 웹 페이지를 출력하게 만듭니다. 이를 "**하이퍼링크(또는 링크)**"라고 부르며, URL을 지정하지 않고도 쉽게 웹 페이지를 이동할 수 있게 해줍니다.

http://example.com/sample/index.html

프로토콜   도메인 이름   디렉터리 이름
(폴더 이름)   파일 이름   파일
확장자

URL은 각 부분 모두 역할이 있습니다. 자주 들어가는 웹 사이트의 URL이 웹 브라우저의 주소창에 나오므로 어떻게 구성돼 있는지 한번 확인해 보세요.

1-5

CHAPTER

장치의 종류

장치(Device)는 일반적으로 컴퓨터와 스마트폰을 포함해서 모든 종류의 전자기기를 나타내는 말입니다. 이러한 디바이스는 크게 2가지 의미가 있습니다.

단말기

스마트폰을 구매할 때, 사용 방법을 확인할 때 **"단말기"**라는 단어를 들어볼 적이 있을 것입니다(자급제 단말기, 단말기 할부금 등). 장치의 첫 번째 의미는 "스마트폰과 태블릿 등 인터넷에 연결할 수 있으며, 그 스스로 동작할 수 있는 단말기"라는 것입니다. 일반적으로 이러한 단말기를 "○○ 장치"라고 부릅니다.

iOS 장치

애플이 개발한 운영체제 시스템인 "iOS"를 사용하는 장치를 의미합니다. 일반적으로 아이폰(iPhone)과 아이패드(iPad) 같은 애플이 만든 제품을 모두 통틀어서 iOS 장치라고 부르기도 합니다.

안드로이드 장치

구글이 개발한 안드로이드 OS(Android OS)를 사용하는 장치입니다. iOS 장치와 다르게 구글이 직접 판매하는 제품뿐만 아니라 다양한 기업이 안드로이드를 탑재한 장비를 판매하고 있습니다. 우리나라의 삼성에서 만드는 갤럭시 시리즈가 대표적인 안드로이드 장치입니다.

모바일 장치

휴대해서 가지고 다닐 수 있는 전자 기기를 의미합니다. 스마트폰, 태블릿, 노트북, 디지털카메라도 모두 모바일 장치입니다. 포터블 디바이스(portable device)라는 영어 표현도 많이 사용합니다.

스마트 장치

스마트는 "똑똑하다"라는 의미입니다. 명확한 정의는 없지만, 일반적으로 인터넷에 접속할 수 있으며, 다양한 애플리케이션을 사용할 수 있는 단말기를 의미합니다. 일반적으로 스마트폰과 태블릿을 부를 때 씁니다.

chapter1
chapter2
chapter3
chapter4
chapter5
chapter6
chapter7

▶ 웨어러블 디바이스

웨어러블이란 "몸에 걸칠 수 있는"이라는 의미입니다. 안경, 손목시계, 반지 등 몸에 걸칠 수 있는 장치를 웨어러블 디바이스라고 합니다. 신체의 움직임, 건강 상태 등을 기록하기 위해서 많이 사용됩니다.

▶ IoT 장치

IoT(아이 오 티)란 "Internet of Things"의 약자로 사물 인터넷을 의미합니다. 우리 주변의 다양한 사물에 인터넷 통신 기능을 탑재하게 만드는 것입니다. 앞으로 늘어날 것으로 예측되는 장치입니다.

■ 주변기기

장치의 두 번째 의미는 컴퓨터에 연결하는 주변기기입니다. 프린터, 키보드, 마우스, 모니터도 주변기기로서 장치입니다.

▶ USB 장치

일반적으로 널리 사용되는 규격인 USB를 지원하는 장치를 의미합니다. 마우스, 키보드, USB 메모리 등 우리가 주변에서 매일 볼 수 있는 장치들입니다.

▶ 저장 장치

SD 메모리 카드, 하드 디스크처럼 데이터를 저장해둘 수 있는 장치를 의미합니다.

▶ 오디오 장치

스피커, 마이크, 헤드셋 등 음성을 입력하거나 출력하기 위한 장치를 의미합니다. "사운드 장치"라고 부르기도 합니다.

COLUMN

—

알 수 없는 장치

컴퓨터를 조작하다가 "알 수 없는 장치입니다"라는 메시지가 출력되는 것을 본 적이 있나요? 이는 주변 장치가 어떤 문제로 인해 사용할 수 없거나, 제대로 연결되지 않았을 때 출력되는 메시지입니다.

컴퓨터 주변기기를 사용할 때는 장치 드라이버라는 소프트웨어를 설치해야 합니다. 만약 이러한 메시지가 출력된다면 장치 드라이버가 정상적으로 설치되지 않거나, 케이블에 문제가 있거나, 전원이 제대로 연결됐는지 등을 확인해주세요.

1-6

CHAPTER

웹 브라우저의 종류

웹 사이트를 볼 때는 웹 브라우저라고 부르는 소프트웨어가 필요합니다. 사람은 웹 브라우저를 통해서 웹 사이트를 볼 수 있으며, 다양한 기능을 지원받게 됩니다. 그럼 웹 브라우저의 역할과 종류를 살펴봅시다.

chapter1
chapter2
chapter3
chapter4
chapter5
chapter6
chapter7

■ 웹 페이지는 웹 브라우저에서

웹 서버에서 전송된 웹 페이지 데이터는 알파벳과 기호로 구성된 **"코드"**로 작성돼 있습니다. 따라서 그 상태로 사람이 읽기에는 적합하지 않습니다. 이때 사용하는 것이 **웹 브라우저**입니다. 웹 브라우저는 간단하게 **"브라우저"**라고 부르기도 합니다. 웹 브라우저는 웹 서버에서 전송된 데이터를 분석하고, 사람이 읽기 적합한 형태로 변환해주는 소프트웨어입니다.

웹 브라우저를 사용해야 적절한 문자 크기, 이미지 배치, 색, 레이아웃 등이 조정된 우리에게 익숙한 웹 페이지를 볼 수 있게 됩니다.

웹 브라우저가 없다면...

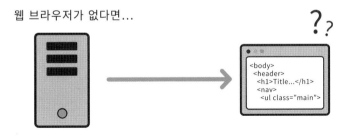

웹 브라우저가 있다면...

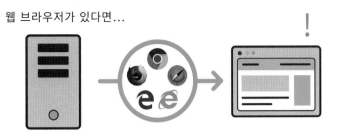

웹 서버에서 전송된 데이터를 직접 보면 암호 같은 기호들이 잔뜩 적혀 있습니다. 웹 브라우저를 사용해야 쾌적하게 웹 페이지를 볼 수 있습니다.

브라우저에는 다양한 종류가 있으며, 주로 사용되는 브라우저는 다음과 같습니다.

- 구글 크롬(Google Chrome)
- 사파리(Safari)
- 마이크로소프트 엣지(Microsoft Edge)
- 마이크로소프트 인터넷 익스플로러(Microsoft Internet Explorer)
- 파이어폭스(Firefox)

독자 분이 사용하는 웹 브라우저도 있을 것입니다. 특히 사파리와 구글 크롬은 아이폰과 안드로이드 스마트폰의 표준 브라우저이므로 반드시 사용해봤을 것입니다.

브라우저의 역할은 "웹 페이지 데이터를 보기 쉽게 출력"하는 것이므로 브라우저에 따라서 동작이 크게 다르거나 하지는 않습니다. 하지만 미묘한 브라우저의 차이로 "크롬에서는 예쁘게 출력되던 웹 페이지가 마이크로소프트 엣지에서는 레이아웃이 깨져버린다"라거나, "사파리와 파이어폭스에서의 외관이 미묘하게 다르다"라거나 하는 일이 일어날 수 있습니다.

웹 사이트 만들기를 처음 공부할 때는 페이지 출력을 확인하기 위한 표준 브라우저를 결정해두는 것이 좋습니다. 참고로 실제 웹 사이트를 제작할 때는 어떤 웹 브라우저를 지원할지 결정하고, 하나하나 확인하게 됩니다.

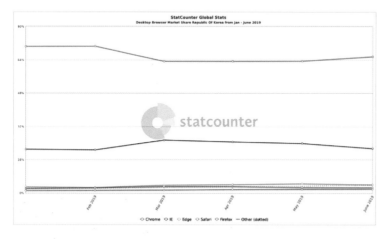

StatCounter…http://gs.statcounter.com/

국가별로 브라우저의 점유율을 볼 수 있는 웹 사이트입니다. 2019년 7월을 기준으로 데스크톱 웹 브라우저 통계를 보면 한국에서는 크롬이 가장 많이 사용되고 있습니다(65.71%). 이어서 인터넷 익스플로러(21.46%), 엣지(4.11%) 등으로 이어집니다.

1-7
CHAPTER

제작 흐름

웹 사이트를 만들 때는 다양한 과정이 필요합니다. 이번 절에서는 웹 사이트를 제작할 때의 일반적인 흐름을 간단하게 살펴봅시다.

chapter1

chapter2

chapter3

chapter4

chapter5

chapter6

chapter7

제작 흐름

웹 디자이너는 단순하게 웹 페이지의 외관만을 만드는 것이 아닙니다. 기획부터 설계, 디자인, 그리고 **코딩**이라고 부르는 파일 작성까지 해야 합니다. 특히 프리랜서로 일하는 사람은 모든 작업을 혼자서 할 수 있어야 합니다. 따라서 다음과 같은 과정을 이해하고, 모두 할 수 있어야 합니다.

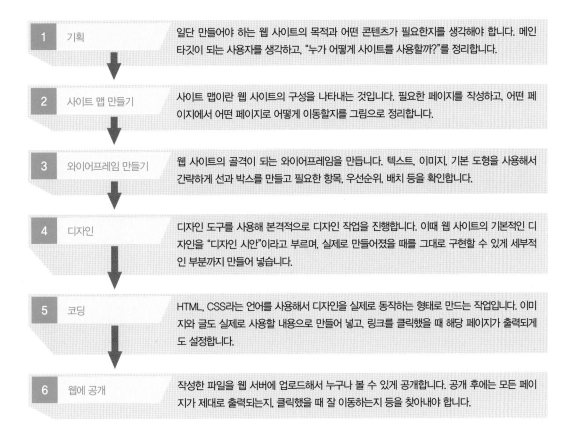

1 기획
일단 만들어야 하는 웹 사이트의 목적과 어떤 콘텐츠가 필요한지를 생각해야 합니다. 메인 타깃이 되는 사용자를 생각하고, "누가 어떻게 사이트를 사용할까?"를 정리합니다.

2 사이트 맵 만들기
사이트 맵이란 웹 사이트의 구성을 나타내는 것입니다. 필요한 페이지를 작성하고, 어떤 페이지에서 어떤 페이지로 어떻게 이동할지를 그림으로 정리합니다.

3 와이어프레임 만들기
웹 사이트의 골격이 되는 와이어프레임을 만듭니다. 텍스트, 이미지, 기본 도형을 사용해서 간략하게 선과 박스를 만들고 필요한 항목, 우선순위, 배치 등을 확인합니다.

4 디자인
디자인 도구를 사용해 본격적으로 디자인 작업을 진행합니다. 이때 웹 사이트의 기본적인 디자인을 "디자인 시안"이라고 부르며, 실제로 만들어졌을 때를 그대로 구현할 수 있게 세부적인 부분까지 만들어 넣습니다.

5 코딩
HTML, CSS라는 언어를 사용해서 디자인을 실제로 동작하는 형태로 만드는 작업입니다. 이미지와 글도 실제로 사용할 내용으로 만들어 넣고, 링크를 클릭했을 때 해당 페이지가 출력되게도 설정합니다.

6 웹에 공개
작성한 파일을 웹 서버에 업로드해서 누구나 볼 수 있게 공개합니다. 공개 후에는 모든 페이지가 제대로 출력되는지, 클릭했을 때 잘 이동하는지 등을 찾아내야 합니다.

■ 기획

4페이지의 "다양한 종류의 사이트"에서도 소개했던 것처럼 웹 사이트에는 다양한 종류가 있습니다. 이렇게 종류를 구분할 수 있는 것은 웹 사이트의 목적에 따라서 구성이 달라지기 때문입니다. 일단 웹 사이트를 만드는 목적을 명확하게 해야 합니다. "사용자가 원하는 정보" 또는 "사용자가 해당 사이트에서 무엇을 하면 좋을지" 등을 생각해내야 합니다.

▶ 목적 설정

일단 주축이 되는 **기본 목표(main goal)**와 **부가적인 목표(sub goal)**를 생각합니다.

기본 목표의 예

- 상품 판매를 증진한다.
- 정보를 수집한다.
- 자신의 작품을 보여준다.
- 회사에 필요한 인재를 채용한다.
- 새로운 서비스를 PR(소개)한다.

기본 목표가 결정됐다면 이를 달성하기 위한 부가적인 목표를 1~3개 정도 생각합니다.

부가적인 목표의 예

- 상품의 특징을 잘 알려준다.
- 회원 가입을 하게 한다.
- 동영상을 보여준다.
- 상품을 SNS를 통해 퍼질 수 있게 한다.
- 리뷰를 적을 수 있게 한다.

목표 달성을 어떻게 측정할지도 생각해야 합니다. 예를 들어 매출 금액, 접근 수, 회원 가입 수, SNS의 "좋아요" 수처럼 숫자로 알 수 있는 측정 기준을 설정하는 것이 좋습니다.

▶ 타깃 사용자 결정

목표를 결정했다면 이어서 **"타깃 사용자"**를 결정합니다. 타깃 사용자란 목표를 달성하기 위해 핵심이 되는 사용자층을 나타냅니다. 타깃 사용자를 구체적으로 생각해두면 어떤 형태로 디자인할지가 명확해집니다. 다음과 같은 항목을 생각해 둡시다.

- 성별
- 연령대
- 직업
- 취미
- 고민
- 수입
- 국가 또는 지역

만약 타깃이 "10~40대 여성이며 주부, 학생, 회사원"이라는 형태로 범위가 너무 넓으면 타깃 사용자를 설정했다고 할 수 없습니다. 연령층은 10살 전후의 범위로 설정하는 것이 좋습니다.

타깃 사용자를 보다 구체화한 "**페르소나**"라는 인물상을 설정하는 것도 좋습니다. 예를 들어서 "23세 여성, 새로운 것과 유행에 민감하며, 멋진 카페를 찾아다니는 것을 좋아한다. 입사 3개월 정도, 수입은 월 220만원 정도이다. 적은 비용으로 즐길 수 있는 이벤트를 좋아한다" 정도로 구체적으로 설정하는 것이 페르소나입니다. 이렇게 설정하면 디자인의 방향성을 조금 더 쉽게 정할 수 있습니다.

페르소나는 실존하는 인물처럼 설정합니다. 이 인물이 웹 사이트를 어떻게 사용할지도 떠올려 보면 좋습니다.

■ 사이트맵 제작

웹 사이트의 목적과 사용자를 결정했다면 웹 사이트 설계에 들어갑니다. 필요한 페이지가 무엇인지, 페이지끼리 어떻게 연결할 것인지, 중요도 등이 어떻게 될지 등의 구성을 그림으로 정리합니다. 이러한 구성도를 "**사이트맵**"이라고 부릅니다.

≫ 페이지를 그룹으로 묶기

사이트맵을 잘 구성하는 요령으로는 관련된 페이지를 그룹으로 묶는 것이 있습니다. 필요하다고 생각하는 페이지들을 결정했다면 관련성이 있는 페이지들을 하나의 그룹으로 묶어주세요. 이때 그룹이 하나의 계층이 됩니다.

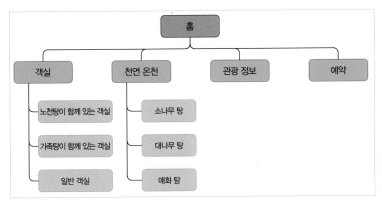

3-계층 사이트맵의 예입니다. 사용자가 사이트를 돌다가 길을 잃지 않게 간략한 구성으로 생각하는 것이 좋습니다.

chapter1
chapter2
chapter3
chapter4
chapter5
chapter6
chapter7

계층이 깊어질수록 사용자가 여러 번 클릭해서 목적인 페이지로 나아가야 합니다. 이렇게 되면 사용자가 웹 사이트를 돌다가 길을 잃을 수 있으므로 필요한 페이지를 압축해서 2-계층 이내로 구성하는 것이 좋습니다. 페이지의 수가 아무리 많아져도 3-계층이 넘어가지 않게 주의하세요.

페이지의 우선순위

"사람들에게 보여줘야 하는 페이지"와 "부가적인 정보를 위해 준비한 페이지"처럼 사이트 내부에서도 페이지에 우선순위가 있을 수 있습니다. 사용자가 봐줬으면 하는 페이지가 어디인지 생각하고, 우선순위 높은 페이지는 눈에 잘 띌 수 있게 내비게이션 메뉴 내부에 배치하기 바랍니다.

COLUMN

—

사이트맵을 만드는 도구

사이트맵은 펜과 종이가 있다면 손으로도 만들 수 있습니다. 이것으로도 문제없습니다. 하지만 이렇게 만들면 변경 사항이 추가됐을 때 수정이 힘들므로 도구를 사용해서 간단하게 관리하는 방법도 좋습니다. 필자는 언제나 Cacoo(http://cacoo.com)라는 웹 브라우저에서 사이트맵과 와이어프레임을 만들 수 있는 도구를 사용합니다. 이를 활용하면 변경 사항 반영도 가능합니다. 이외에도 어도비 일러스트레이터(Adobe Illustrator)와 마이크로소프트 엑셀(Microsoft Excel) 등을 사용해도 괜찮습니다. 자신이 사용하기 편한 도구로 만들어주세요.

http://cacoo.com

Cacoo는 무료로 6장까지 시트를 만들 수 있습니다. 유료 버전은 월정액 5달러부터입니다.

chapter1

chapter2

chapter3

chapter4

chapter5

chapter6

chapter7

■ 와이어프레임 만들기

페이지 구성이 완료됐다면 홈페이지부터 차례대로 모든 페이지의 레이아웃을 생각합니다. 이때 만드는 디자인의 골격을 **"와이어프레임"**이라고 부릅니다. 색과 장식 등을 넣지 않고 텍스트, 선, 박스만으로 만듭니다. 와이어프레임을 잘 만들어 두면 고객과 원활하게 소통할 수 있으며, 디자인 제작 단계에서도 작업이 쉬워집니다.

사이트맵을 만들 때 생각한 웹 사이트 전체에 필요한 페이지의 와이어프레임을 만들어야 하지만, 이 책에서는 분량 관계로 한 페이지의 와이어프레임을 만드는 방법만 소개하겠습니다.

▶ 콘텐츠 우선순위

일단 사이트맵을 만들 때와 마찬가지로 페이지 내부에 어떤 요소가 필요한지 적어봅니다. 이어서 요소 중에서 가장 보여주고 싶은 것을 생각하고, 우선순위를 붙입니다.

이러한 우선순위를 기반으로 레이아웃을 생각합니다. 순위가 높은 것일수록 페이지의 위쪽에 배치하고, 출력 면적도 크게 합니다. 페이지를 열었을 때 처음에 보이는 영역(**퍼스트 뷰: First View**)에 이 사이트가 무엇을 전달하고 싶은 사이트인지 알 수 있게 레이아웃을 구성하면 좋을 것입니다.

▶ 시선의 움직임 생각하기

일반적으로 사용자의 시선은 위에서 아래로, 왼쪽에서 오른쪽으로 이동합니다. 일반적인 사이트에서 왼쪽 위에 로고를 배치하는 이유는 왼쪽 위가 페이지를 처음 열었을 때 눈에 들어오는 위치이기 때문입니다. 우선순위가 높은 콘텐츠일수록 페이지의 위쪽, 왼쪽에 배치합시다. 내비게이션 메뉴도 중요한 페이지로의 링크는 왼쪽에 배치합니다.

▶ 와이어프레임 작성 도구

와이어프레임은 펜과 종이가 있다면, 손으로도 만들 수 있습니다. 이것으로도 문제없습니다. 하지만 이렇게 만들면 변경 사항이 추가됐을 때 수정이 힘들므로 도구를 사용해서 간단하게 관리하는 방법도 좋습니다. 몇 가지 도구를 소개해보면 다음과 같습니다.

📳 온라인 도구(웹 브라우저에서 사용)

Cacoo	무료로 6장까지 시트를 만들 수 있습니다. https://cacoo.com/examples/wireframe-software
Moqups	풍부한 아이콘을 제공합니다. 무료 플랜으로는 1개의 프로젝트를 만들 수 있습니다. https://moqups.com/

Mockingbird	웹 사이트에 접속하면 곧바로 와이어프레임을 만들 수 있습니다. 월 가격 $12부터입니다. https://gomockingbird.com
Wireframe.cc	화면을 드래그하면서 도형을 그릴 수 있습니다. 직감적으로 와이어프레임을 만들 수 있습니다. https://wireframe.cc
InVision	주로 해외에서 인기 있는 도구입니다. 복잡한 제품 제작에도 적합합니다. https://www.invisionapp.com

📰 오프라인 도구(애플리케이션을 설치해서 사용)

Adobe XD	무료로 사용할 수 있는 그래픽 도구입니다. 와이어프레임뿐만 아니라 디자인 시안도 만들 수 있습니다. https://www.adobe.com/kr/products/xd.html
Adobe COMP CC	스마트폰 또는 태블릿 등의 모바일 장치에서 사용할 수 있습니다. https://www.adobe.com/kr/products/comp.html
Adobe Illustrator	벡터 일러스트 전용 그래픽 도구입니다. 세부적인 것들도 만들어서 넣을 수 있습니다. https://www.adobe.com/kr/products/illustrator.html
Sketch	최근 인기가 매우 많은 도구입니다. 확장 기능을 사용해서 다양한 기능을 활용할 수 있는 macOS 전용 애플리케이션입니다. https://www.sketch.com/
Justinmind	스마트폰 사이트 또는 애플리케이션 전용 템플릿이 풍부합니다. 무료로 사용할 수 있습니다. https://www.justinmind.com

와이어프레임 작성 예

와이어프레임 예입니다. 장식을 거의 넣지 않고, 필요한 콘텐츠를 어떻게 배치할지를 중점적으로 생각합니다.

모바일 버전에서는 레이아웃이 변하는 경우가 많습니다. 모바일 사이트에서의 와이어프레임도 만들어보는 것이 좋습니다.

chapter1

chapter2

chapter3

chapter4

chapter5

chapter6

chapter7

■ 디자인

와이어프레임이 만들어졌으면 본격적으로 디자인을 시작합니다.

디자인 시안(Design Comprehensive Layout)이라고도 부르며, 실제 웹 페이지에 출력되는 형태와 똑같이 그래픽 도구를 사용해서 만듭니다.

디자인 시안을 사용하면 최종적인 웹 페이지의 디자인을 확실하게 확정할 수 있으며, 이를 기반으로 원활한 코딩 작업을 할 수 있게 됩니다. 사용자의 시점에서 이미지 배치, 배색, 글꼴, 여백 등을 고려하면서 만듭니다.

와이어프레임을 기반으로 완성한 디자인입니다. 이미지를 배치하는 것만으로도 분위기가 크게 바뀌었습니다.

chapter1

chapter2

chapter3

chapter4

chapter5

chapter6

chapter7

■ 코딩

디자인 시안이 완성됐다면 실제로 실행되는 웹 사이트 제작에 들어갑니다. 이때는 일반적으로 "HTML", "CSS", "이미지 파일"이 필요합니다.

▶ HTML을 사용해서 웹 사이트의 콘텐츠 작성하기

실제로 웹 페이지에 출력하고 싶은 글과 이미지 등을 HTML이라는 프로그래밍 언어로 작성합니다. 한 페이지에 하나의 HTML 파일이 필요합니다. HTML 파일의 확장자는 ".html"입니다.

▶ CSS를 사용해서 웹 사이트 장식하기

HTML만으로는 색, 문자 크기, 배치 등을 구현할 수 없습니다. 장식은 모두 CSS 파일에 작성합니다. 대규모의 웹 사이트에서는 여러 개의 CSS 파일을 사용하는 경우도 있지만, 페이지 수가 적은 웹 사이트는 CSS 파일 하나로도 충분합니다. CSS 파일의 확장자는 ".css"입니다.

▶ 이미지 파일 준비하기

사용할 이미지를 "images" 등의 폴더에 저장합니다. 웹에서 사용하는 이미지의 종류는 JPG, PNG, GIF, SVG 등입니다.

JPG	데이터가 가벼우며, 사진과 그레이디언트처럼 다양한 색을 사용하는 이미지에 적합합니다. 확장자는 ".jpg"입니다.
PNG	데이터가 가벼우며, 일러스트와 로고 등 다양한 색을 사용하는 이미지에 적합합니다. 투명한 색상을 사용할 수 있습니다. 확장자는 ".png"입니다.
GIF	사용할 수 있는 색 수가 256개로 적으므로 단색 또는 단순한 일러스트에 적합합니다. 투명한 색상을 사용할 수 있으며, 애니메이션도 적용할 수 있습니다. 확장자는 ".gif"입니다.
SVG	벡터 형식으로 이미지를 다루므로 확대·축소해도 이미지가 깨지지 않습니다. 고해상도 디스플레이를 지원하고 싶을 때 활용합니다. 확장자는 ".svg"입니다.

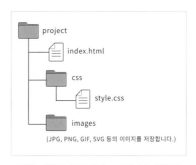

(JPG, PNG, GIF, SVG 등의 이미지를 저장합니다.)

작성한 파일을 한 폴더에 모아둡니다. 일반적으로 위와 같이 파일, 폴더를 구성합니다.

■ 웹에 공개

자신의 컴퓨터에 저장한 파일은 자신만 볼 수 있습니다. 다른 사람들에게 파일을 공개하려면 웹 서버에 파일을 전송하는 "업로드"를 해야 합니다.

▶ 서버 준비

웹 서버는 일반적으로 서버 회사에서 대여받아서 사용합니다. 이러한 서버를 렌털 서버라고 부르며, 이를 제공하는 서비스를 호스팅 서비스라고 부릅니다. 렌털 서버 회사에 따라서 비용과 서비스 내용이 조금씩 다르므로 자신에게 어떤 것이 맞는지를 비교하며 선택합니다. 일반적으로 매달 5,000원 정도로 대여할 수 있습니다.

▶ 도메인 준비

도메인이란 웹 사이트의 장소를 나타내는 "주소"와 같습니다. "○○.com", "○○.co.kr"과 같은 것을 의미합니다. 동일한 집 주소가 존재하지 않는 것처럼 도메인 이름도 유일합니다. 따라서 도메인 이름은 먼저 선점한 사람이 가져가게 됩니다. 일반적으로 호스팅 서비스를 제공할 때, 도메인도 함께 제공해서 연결해주는 경우가 많습니다.

나야나	매달 2,000원 정도로 사용할 수 있는 렌털 서버도 제공하며, 도메인도 제공합니다. https://www.nayana.com/
가비아	다양한 종류의 렌털 서버를 제공하는 서비스이며, 도메인도 제공합니다. https://www.gabia.com/

▶ 웹 서버에 파일 업로드

준비한 웹 서버에 파일을 업로드합니다. 일반적인 렌털 서버는 웹에서 파일을 드래그하는 형태로 업로드할 수 있습니다. 하지만 파일의 수가 너무 많은 경우에는 전송 소프트웨어(=**FTP 소프트웨어**)를 사용하는 것이 편할 수 있습니다. 참고로 FTP 소프트웨어를 사용할 때는 FTP 서버 주소, 사용자 이름, 비밀번호를 입력해야 합니다. 이는 서버를 계약할 때 해당 회사에서 제공해주는 정보들입니다.

▶ URL을 입력해서 웹 사이트 출력

지금까지의 작업이 끝났다면 준비해 뒀던 URL을 웹 브라우저에 입력해서 웹 페이지에 접근할 수 있게 됩니다.

☑ POINT

웹 사이트를 공개할 때까지는 기획, 구성, 디자인 코딩 등 다양한 작업이 필요합니다.

☑ POINT

필요한 과정과 도구를 확인하고, 실제 작업할 때 막힘없이 진행할 수 있게 준비합시다.

—

갤러리 사이트 살펴보기

실제 디자인 시안을 만들다 보면 "뭘 어떻게 만들어야 할지 잘 모르겠다"라는 생각이 들 때가 많습니다. 이러한 때는 다양한 웹 사이트 디자인을 모아서 보여주는 갤러리 사이트를 보고 영감(inspiration)을 받아보면 좋습니다.

The Best Designs

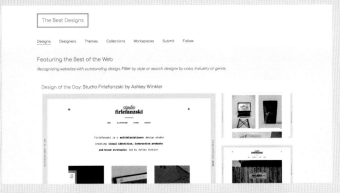

https://www.thebestdesigns.com/
전 세계의 아름다운 웹 사이트를 모아 놓은 사이트입니다. 최신 디자인 트렌드도 파악할 수 있습니다.

PatternTap

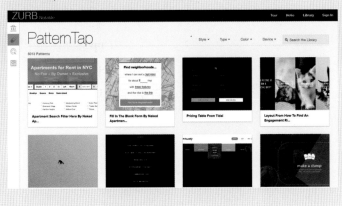

http://patterntap.com/patterntap

"Type"을 클릭하면 제목, 버튼, 리스트 등 웹 사이트 요소별로 검색해 볼 수도 있습니다.

1-8

CHAPTER

제작을 시작하기 전에

이전 절까지 웹 사이트를 만들 때 필요한 과정을 모두 살펴봤습니다. 그럼 이번 절에서는 실제로 제작에 필요한 도구와 환경을 살펴봅시다.

■ 텍스트 에디터 설치

HTML과 CSS 파일을 작성할 때는 윈도우와 macOS에 기본적으로 설치된 "메모장" 등의 애플리케이션을 사용할 수도 있습니다.

하지만 일반적인 웹 디자이너와 개발자들은 코딩에 특화된 **텍스트 에디터**를 사용합니다. 코딩에 특화된 텍스트 에디터들은 다양한 보조 기능을 제공하기 때문입니다. 예를 들어 파일의 종류에 따라서 코드를 예측해서 입력해주거나, 단축키 등을 활용해 코드를 간단하게 입력할 수도 있습니다. 또한 자주 사용하는 코드를 등록하는 기능 등도 있어서 작업 효율이 높아집니다. 코드의 역할에 따라서 색을 적용해주기도 하므로 간단한 실수를 피할 수도 있습니다.

여러 텍스트 에디터가 있지만, 이 책은 마이크로소프트에서 개발한 "비주얼 스튜디오 코드(Visual Studio Code, 이하 VS Code)"를 사용해서 작업합니다. VS Code는 간단하고 사용하기 쉬우며, 모든 운영체제에서 사용할 수 있습니다. 게다가 무료입니다. 또한 "확장 프로그램" 기능을 사용해서 기능을 확장할 수도 있습니다. VS Code에서 확장 프로그램을 추가하는 방법은 이어지는 절에서 소개하겠습니다.

만약 다른 익숙한 텍스트 에디터가 있다면 해당 에디터를 사용해서 내용을 진행해도 괜찮습니다. 또한 36페이지의 칼럼에서 소개하는 다른 에디터들을 사용해보는 것도 좋습니다.

VS Code 웹 사이트(https://code.
visualstudio.com/)에 접속합니다.

[Download]를 클릭합니다. 내려받
기가 완료되면 인스톨러를 더블 클
릭해서 실행합니다(압축된 경우에
는 해제해주세요). 이어서 지시에
따라서 설치해주세요.

● VS Code – 한글 확장 프로그램 추가

VS Code는 기본적으로 영어로 돼 있습니다. 확장 프로그램을 추가해보는 예로 출력 언어를 한국어로
변경해보겠습니다.

01 "Settings" 탭 표시

왼쪽 메뉴에서 [Extensions(확장 프로그램)] 아이콘을
클릭합니다.

02 확장 프로그램 설치

왼쪽 상단의 입력란에 "한국어"라고 입력합니다. 검색
결과로 "Korean Language Pack for Visual Studio
Code" 확장 프로그램이 출력됩니다. 오른쪽의 [Install]
버튼을 클릭해서 설치합시다.

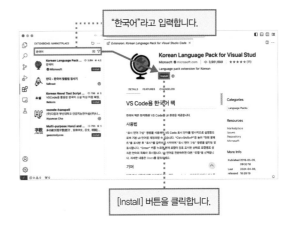

"한국어"라고 입력합니다.

[Install] 버튼을 클릭합니다.

03 　한국어 메뉴 출력

오른쪽 아래에 나오는 [Change Language and Restart] 버튼을 눌러 에디터를 다시 실행하면 메뉴가 한글로 표시됩니다.

■ 브라우저 설치

"브라우저의 종류"에서 소개했던 것처럼 웹 사이트를 볼 수 있게 해주는 브라우저도 있어야 합니다. 브라우저별로 출력이 다른 경우가 있으므로 모든 브라우저를 설치해두는 것이 좋습니다. 하지만 일단 이 책의 설명에서 사용하는 브라우저인 "구글 크롬(크롬)"만 설치하겠습니다.

참고로 구글 크롬은 구글이 개발한 웹 브라우저입니다. 최신 웹 환경을 지원하며, 빠르고, 사용이 간단해서 인기가 많습니다. 확장 기능을 추가해서 다양한 기능들을 활용할 수도 있습니다.

■ 구글 크롬 설치 방법

01 　인스톨러 내려받기

구글 크롬 웹 사이트(https://www.google.com/intl/ko/chrome/)에서 "Chrome 다운로드" 버튼을 클릭하고, "동의 및 설치" 버튼을 클릭해서 인스톨러를 내려받습니다.

"Chrome 다운로드" 버튼을 클릭합니다.

2 　이외에도 편리하게 사용할 수 있는 패키지가 매우 많습니다. 관심 있다면 구글 등에서 검색해서 많이 사용되는 패키지들을 찾아보세요.

chapter1

chapter2

chapter3

chapter4

chapter5

chapter6

chapter7

02 화면의 지시에 따라 설치

내려받은 ZIP 파일(macOS는 dmg 파일)을 더블 클릭
해서 압축을 해제하고, 출력되는 화면에 따라서 컴퓨터
에 설치합니다.

"동의 및 설치"를 클릭합니다.

macOS에서는 Chrome 아
이콘을 애플리케이션 폴더
에 드래그 앤드 드롭합니다.

03 구글 크롬 실행

설치가 완료됐다면 구글 크롬을 실행해 봅니다.

이와 같은 화면이 열리면 설치가 완료된 것입니다.

이외의 브라우저

이외에도 다양한 브라우저가 있습니다. 최종적으로는 구글 크롬 이외의 브라우저에서도 잘 출력되는지
확인해야 하므로 설치할 수 있는 것은 설치해두는 것이 좋습니다. 참고로 윈도우에서는 "사파리"를 설
치할 수 없고, macOS에서는 "마이크로소프트 엣지"와 "마이크로소프트 인터넷 익스플로러"를 설치할
수 없습니다.

사파리 (Safari)	macOS, 아이폰, 아이패드로 익숙한 애플에서 개발한 웹 브라우저입니다. https://www.apple.com/safari/
파이어폭스 (Firefox)	확장 기능을 풍부하게 갖춘 웹 브라우저입니다. https://www.mozilla.org/firefox/
마이크로소프트 엣지 (Microsoft Edge)	마이크로소프트가 개발한 윈도우 10 표준 탑재 웹 브라우저입니다. http://www.microsoft.com/ko-kr/windows/microsoft-edge
마이크로소프트 인터넷 익스플로러 (Microsoft Internet Explorer)	오래된 윈도우에 탑재된 웹 브라우저입니다. 최신 웹 표준을 지원하지 않습니다. https://support.microsoft.com/ko-kr/help/17621/internet-explorer-downloads

■ 그래픽 도구 확인

웹 페이지의 외관이 되는 디자인 시안은 그래픽 도구라고 부르는 애플리케이션으로 만듭니다.

◗ 많이 사용되는 그래픽 도구

어도비 XD (Adobe XD)	디자인 시안을 작성할 수 있을 뿐만 아니라, 클릭과 탭으로 다음 화면으로 이동하는 등 실제로 동작하는 것과 같은 "프로토타입"이라 불리는 시제품도 만들어볼 수 있습니다. 간단하면서 성능이 좋은 것은 물론이고 무료로 사용할 수 있습니다. 다만 이미지 가공과 편집을 잘하지 못하므로 다른 애플리케이션과 함께 활용해야 합니다. https://www.adobe.com/kr/products/xd.html
어도비 포토샵 (Adobe Photoshop)	오래전부터 웹 제작 업계에서는 디자인 시안 제작에 포토샵을 많이 사용했습니다. 원래 이미지 가공과 보정을 위한 애플리케이션이므로 레이아웃과 관련된 기능을 제공하지 않았지만, 현재는 웹 또는 애플리케이션 디자인을 지원하는 기능도 많이 추가됐습니다. Creative Cloud의 포토그래피 플랜으로 월 11,000원부터 사용할 수 있습니다. https://www.adobe.com/kr/products/photoshop.html
어도비 일러스트레이터 (Adobe illustrator)	로고와 아이콘 등 사진 이외의 이미지를 작성할 때 많이 사용되는 애플리케이션입니다. 잡지, 포스터 등의 레이아웃을 만들 때도 많이 활용됩니다. 복잡한 색을 잘 표현하지 못하므로 윤곽이 확실한 일러스트 제작 등에 주로 사용됩니다. Creative Cloud 단일 앱 플랜으로 월 24,000원부터, Creative Cloud 전체 플랜으로 월 62,000원부터 사용할 수 있습니다. https://www.adobe.com/kr/products/illustrator.html
스케치 (Sketch)	어도비 일러스트레이터와 마찬가지로 사진을 편집할 수 없으며, 일러스트와 아이콘 등을 다루는 데 특화돼 있습니다. 최근 인기가 매우 많습니다. 다만 macOS에서만 사용할 수 있습니다. 윈도우에서는 사용할 수 없으므로 주의해주세요. 가격은 매년 $99입니다. https://www.sketchapp.com/

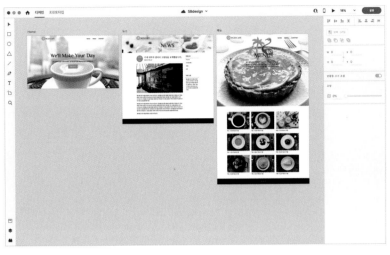

Adobe XD를 사용해서 만든 디자인 시안의 예입니다. 이 책에서 만든 데모 사이트의 디자인 시안은 Adobe XD를 사용했습니다.

 POINT

웹 제작을 할 때 필요한 도구의 종류는 매우 많습니다. 소개한 것들부터 차근차근 사용해보세요.

 POINT

한 도구에 익숙해졌다면 다른 도구도 테스트 해보면서 자신에게 맞는 도구를 찾아보세요.

📎 이외의 그래픽 도구

이외에도 여러 그래픽 도구가 있습니다. 텍스트 에디터와 마찬가지로 자신에게 맞는 도구를 찾으며 사용해보세요.

어피니티 디자이너 (Affinity Designer)	일러스트 그림 도구입니다. 아이패드에서도 사용할 수 있습니다. 확대 축소 기능이 잘 돼 있어서 세부적인 조정도 할 수 있습니다. https://affinity.serif.com/en-us/designer/
어피니티 포토 (Affinity Photo)	이미지 보정과 가공에 특화된 도구입니다. 아이패드에서도 사용할 수 있습니다. https://affinity.serif.com/en-us/photo/
픽셀메이터 (Pixelmator)	고급 기능을 갖춘 이미지 편집 도구입니다. 저렴한 가격으로 사용할 수 있습니다. macOS 전용입니다. https://www.pixelmator.com/pro/
김프 (GIMP)	간단한 이미지 보정, 레이어를 사용한 가공을 할 수 있는 무료 도구입니다. https://www.gimp.org/
파이어알파카 (FireAlpaca)	일러스트 그림에 특화된 도구입니다. 무료입니다. https://firealpaca.com/kr/

chapter1
chapter2
chapter3
chapter4
chapter5
chapter6
chapter7

다양한 텍스트 에디터

VS Code 이외에도 다양한 에디터가 웹 사이트 제작에 사용됩니다. 유료인 것도 있고, 무료인 것도 있습니다. 유료인 경우 시험 삼아서 체험판을 이용해보는 것도 좋습니다.

브라켓 (Brackets)	작성 및 편집한 내용을 즉시 실시간으로 확인할 수 있는 에디터입니다. 무료입니다. http://brackets.io
드림위버 (Dreamweaver)	파일을 웹 서버에 전송하는 기능, 데이터베이스를 지원하는 고급 개발에 필요한 기능을 갖추고 있습니다. https://www.adobe.com/kr/products/dreamweaver.html
코다 (Coda)	파일 전송 등 다양한 기능이 있으면서 빨라서 인기 있는 에디터입니다. https://panic.com/coda
서브라임 텍스트 (Sublime Text)	굉장히 빠르고, 다양한 확장 기능을 추가할 수 있어서 주로 개발자들이 좋아하는 에디터입니다. https://www.sublimetext.com

CHAPTER 2

웹 기본 구조 만들기 – HTML 기본

웹 사이트는 콘텐츠를 담고 있는 "HTML"이라는 파일을 기반으로 만들어집니다. HTML은 알파벳과 기호를 어떠한 규칙과 구조에 따라 조합한 파일이며, 각 규칙에는 특정 역할이 있습니다. 이러한 규칙과 구조를 제대로 이해해서 올바른 페이지 구조를 갖춘 웹 사이트를 만들도록 합시다.

WEBSITE | WEB DESIGN | HTML | CSS | SINGLE PAGE | MEDIA

2-1

CHAPTER

HTML이란?

HTML은 웹 페이지를 만들 때 사용하는 언어입니다. HTML을 사용해서 각 문장과 문자열이 무엇을 나타내는지 컴퓨터에 알려줄 수 있습니다.

■ 컴퓨터에 지시를 내리는 HTML

HTML이란 "Hyper Text Markup Language(하이퍼 텍스트 마크업 랭귀지)"의 약자로, 웹 페이지를 만들 때 사용하는 언어입니다. 웹 페이지에 출력할 문장 등을 "〈"와 "〉"로 감싼 "**태그**"라고 부르는 특수한 문자열로 감싸서 만듭니다.

"태그"에는 다양한 종류가 있으며, 종류별로 의미도 다릅니다. 태그로 문자열을 감싸서 "이건 제목이야", "이건 링크이고 이걸 클릭하면 저쪽 페이지로 이동해야 해"라는 지시를 내리게 됩니다. 이처럼 컴퓨터가 해당 페이지의 구조를 이해할 수 있게 만들어주는 것이 HTML 태그의 역할입니다. 인터넷 위에 존재하는 많은 웹 사이트가 HTML을 사용해서 만들어졌습니다.

HTML로 어떤 부분이 무엇을 나타내는지 지시합니다.

2-2

CHAPTER

HTML 파일 만들기

그럼 실제로 HTML 파일을 만들어봅시다. 샘플 데이터가 따로 있지만, 하나하나 직접 입력해보면서 HTML을 경험해보는 것이 훨씬 이해하기 좋을 것입니다.

chapter1

chapter2

chapter3

chapter4

chapter5

chapter6

chapter7

■ 텍스트 에디터 실행하기

일단 HTML을 작성할 텍스트 에디터를 실행합니다. VS Code라면 아래 그림과 같이 되어 있을 것입니다(파일을 입력할 수 있는 화면이 나오지 않는다면 [File(파일)] > [New File(새 텍스트 파일)]을 클릭해주세요).

■ 코드 작성하기

다음과 같이 샘플 코드를 작성해봅시다.

📄 chapter2/c2-02-1/index.html

```
<!doctype html>
<html lang="ko">
    <head>
        <meta charset="UTF-8">
        <title>고양이의 일상</title>
        <meta name="description" content="고양이가 좋아하는 것과 일상을 소개합니다.">
    </head>
```

```
    <body>
        <h1>고양이의 하루</h1>
        <p>계속 잠을 잡니다.</p>
    </body>
</html>
```

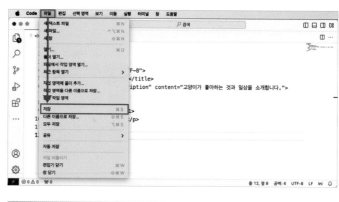

파일 저장하기

메뉴의 [File(파일)] 〉 [Save(저
장)]를 클릭합니다. 단축키를 사용
하는 경우 윈도우에서는 [Ctrl] +
[S](macOS에서는 [⌘] + [S])를
누릅니다.

파일 이름은 "index.html"로 합니
다. 저장 위치는 쉽게 확인할 수 있
는 바탕화면으로 설정하겠습니다.

※ 일부 텍스트 에디터는 저장 시
점에 파일 확장자를 통해 HTML
파일임을 인식하고, 코드에 색을
넣어 보여주고 입력을 도와주는 보
조 기능을 활성화해줍니다.

웹 브라우저에서 열어 보기

바탕 화면에 저장한 index.html 파일을 더블 클릭하면 웹 브라우저가 열리면서 그림과 같이 출력됩니다.

처음 만든 웹 페이지가 출력됐습니다.

HTML 파일 이름 규칙

HTML 파일은 파일 이름을 아무렇게 지정한다고 되는 것이 아닙니다. 일단 파일을 만들 때의 규칙을 확인해봅시다.

파일 이름에 확장자 붙이기

확장자란 해당 파일의 종류를 나타내는 문자열입니다. 파일 이름에서 점(.) 뒤에 붙는 부분입니다. 웹에서는 ".html", ".css", ".jpg" 등의 파일을 자주 볼 수 있습니다.

좋은 예	나쁜 예
mypage.html(확장자 있음)	mypage(확장자 없음)

한글 사용하지 않기

파일 이름 또는 폴더 이름은 알파벳만 사용하는 것이 좋습니다. 이후에 사용하게 되는 웹 서버가 한글 등의 문자를 인식하지 못하는 경우가 있기 때문입니다. 따라서 파일 이름을 알파벳으로 짓는 습관을 길러줍시다.

좋은 예	나쁜 예
mypage.html(알파벳)	마이페이지.html(한글)

사용할 수 없는 기호에 주의하기

파일 이름으로 사용할 수 없는 기호가 있습니다. ₩(역 슬래시), :(콜론), ,(쉼표), ;(세미콜론), "(큰따옴표), 〈(작다), 〉(크다), |(파이프라인), *(애스터리스크) 등은 사용할 수 없습니다. 추가로 /(슬래시)는 파일을 저장하고 있는 폴더를 구별할 때 사용하므로 파일 이름에 사용하지 않습니다. 기본적으로 –(하이픈)과 _(언더스코어) 이외의 기호는 사용하지 않는 것이 좋습니다.

chapter1

chapter2

chapter3

chapter4

chapter5

chapter6

chapter7

좋은 예	나쁜 예
my-page.html, my_page.html	my*page.html, my/page.html

🔖 띄어쓰기 넣지 않기

파일 이름 내부에 띄어쓰기(스페이스)를 넣지 않습니다. 파일 이름의 단어를 구별하고 싶을 때는 −(하이픈) 등의 기호를 사용합니다.

좋은 예	나쁜 예
my-page.html	my page.html

🔖 소문자로 통일하기

사용자가 웹 페이지를 보는 환경에 따라서 파일 이름의 대소문자를 구별하는 경우가 있습니다. 따라서 기본적으로 모두 소문자로 작성하는 것이 좋습니다.

좋은 예	나쁜 예
mypage.html	MyPage.html, mypage.HTML

🔖 홈페이지는 "index.html"로 지정하기

웹 사이트에 접근했을 때 가장 먼저 출력되는 페이지에는 "**index.html**"이라는 이름을 붙이는 것이 일반적입니다. index.html이라는 파일 이름을 사용하면 URL 입력을 생략할 수도 있습니다. 예를 들어 웹 사이트의 홈페이지 URL이 "http://example.com/index.html"이라면 "http://example.com/"이라고 입력해도 같은 페이지가 출력됩니다.

✅ POINT

텍스트 에디터에서 ".html"이라는 확장자를 붙여서 파일을 생성하면 웹 브라우저에서 출력할 수 있습니다.

✅ POINT

웹 사이트 전용 파일에는 다양한 규칙이 있습니다. 이를 지키면서 짧고, 어떤 내용이 들어 있는지 쉽게 알 수 있는 파일 이름을 붙여줍니다.

2-3
CHAPTER

HTML 파일의 골격

초보자가 처음 HTML을 접하면 어떤 암호처럼 보일지도 모르겠습니다. 하지만 하나하나 이해하면 괜찮습니다. 일단 이전 절에서 작성한 코드의 내용을 차근차근 확인해봅시다.

▨ ⟨!doctype html⟩

"⟨!doctype html⟩"은 독 타입(Doctype) 선언이라고 부르며, 해당 페이지가 어떤 버전의 HTML에 맞게 작성됐는지 나타냅니다. HTML 버전에는 "HTML 4.01", "XHTML 1.1" 등이 있지만, 이 책에서는 현재 주류라고 할 수 있는 가장 최신 버전의 **"HTML5"**를 사용하고 있습니다. 위 코드는 HTML5 버전을 나타내는 독 타입입니다. 웹 브라우저는 이 코드가 지정돼 있지 않으면 HTML5 문서로 인식합니다.

▨ ⟨html⟩~⟨/html⟩

독 타입 선언 바로 뒤에 작성합니다. 이는 HTML 문서라는 것을 나타내는 태그입니다. "lang"은 웹 페이지의 언어를 설정할 수 있는 부분입니다. "ko"는 Korean의 약자입니다. 따라서 한국어로 작성된 HTML 문서임을 나타냅니다.

▨ ⟨head⟩~⟨/head⟩

이 부분은 페이지의 제목과 설명, 사용할 외부 파일 링크 등과 같은 페이지의 정보를 작성하는 부분입니다. 웹 브라우저에는 따로 출력되지 않습니다.

▨ ⟨meta charset="UTF-8"⟩

이는 문자 코드를 "UTF-8"로 하겠다는 지정입니다. 이 부분을 제대로 작성하지 않으면 문자 깨짐이 발생해서 문자가 제대로 출력되지 않는 경우도 있으므로 반드시 작성해줍니다. "meta"는 "메타 요소"라고 부릅니다.

chapter1
chapter2
chapter3
chapter4
chapter5
chapter6
chapter7

⬛ ⟨title⟩~⟨/title⟩

페이지의 제목을 작성합니다. 여기에 작성한 이름이 브라우저 탭에 출력됩니다. 또한 사용자가 웹 사이트를 북마크했을 때, 검색했을 때의 페이지 제목으로도 출력됩니다.

브라우저에서 페이지를 출력했을 때, 탭 부분에 제목으로 출력됩니다.

⬛ ⟨meta name="description" content="~"⟩

페이지의 설명을 입력합니다. 검색 엔진으로 페이지를 검색했을 때, 페이지 제목과 함께 출력되는 부분입니다. 사용자가 검색했을 때 어떤 사이트인지 빠르게 알려줄 수 있게 필요한 키워드를 섞어 설명을 작성하면 좋습니다.

⬛ ⟨body⟩~⟨/body⟩

HTML 문서의 본체 부분입니다. 여기에 콘텐츠를 입력하면 실제로 브라우저에 출력됩니다. "body"는 "바디"라고 부릅니다.

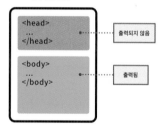

HTML의 전체적인 이미지입니다. 실제로 웹 브라우저에 출력되는 것은 ⟨body⟩ 내부의 콘텐츠입니다. ⟨head⟩ 내부의 내용은 출력되지 않습니다.

 POINT

⟨head⟩ 내부에는 페이지의 정보, ⟨body⟩ 내부에는 실제로 출력할 콘텐츠를 작성합니다.

 POINT

이번 절에서 설명한 내용은 웹 페이지를 만들 때 필수적인 요소입니다. 이러한 것들이 없으면 환경에 따라서 웹 페이지를 제대로 출력하지 못하는 경우도 있으므로 반드시 작성해주세요.

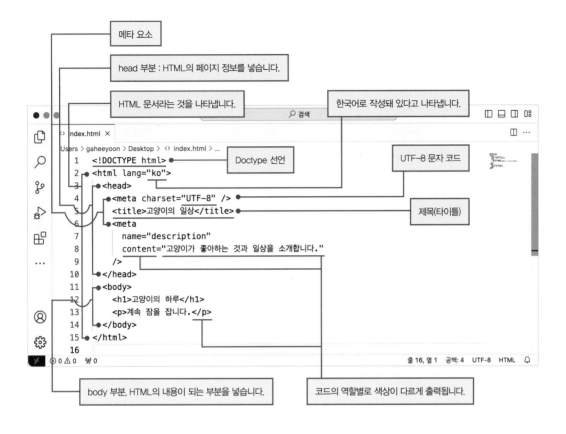

메타 요소

head 부분 : HTML의 페이지 정보를 넣습니다.

HTML 문서라는 것을 나타냅니다.

한국어로 작성돼 있다고 나타냅니다.

Doctype 선언

UTF-8 문자 코드

UTF-8 문자 코드

제목(타이틀)

body 부분, HTML의 내용이 되는 부분을 넣습니다.

코드의 역할별로 색상이 다르게 출력됩니다.

```
1  <!DOCTYPE html>
2  <html lang="ko">
3  <head>
4      <meta charset="UTF-8" />
5      <title>고양이의 일상</title>
6      <meta
7          name="description"
8          content="고양이가 좋아하는 것과 일상을 소개합니다."
9      />
10  </head>
11  <body>
12      <h1>고양이의 하루</h1>
13      <p>계속 잠을 잡니다.</p>
14  </body>
15  </html>
16
```

COLUMN

—

문자 코드에 따른 차이

문자 코드는 컴퓨터에서 문자열을 출력할 때 사용되는 출력 방법으로, 굉장히 다양한 규격이 있습니다.

이전에는 주로 윈도우에서 사용되는 "CP949(EUC-KR)"를 많이 사용했지만, 아이폰 등의 iOS 장치에서는 문자 깨짐이 발생하는 문제가 있습니다. 그래서 현재는 전 세계에서 가장 널리 사용되는 "UTF-8" 규격에 맞춰 사용하는 경우가 많습니다.

2-4

CHAPTER

HTML의 기본 작성 방법

이전 절에서는 샘플 코드를 사용해서 HTML 파일을 작성해봤습니다. 이번 절에서는 HTML을 어떤 규칙으로 작성하는지 살펴보겠습니다.

■ HTML 기본 문법과 태그

샘플 코드에서는 "〈○○〉"와 "〈/○○〉"라는 암호 같은 기호를 사용했습니다. 이는 **"태그"**라고 부르는 것이며, HTML은 기본적으로 문자열을 이러한 태그로 감싸며 작성합니다. 태그는 정말 다양한 종류가 있으며, "어떤 태그로 감싸여 있는가"에 따라서 해당 부분의 역할이 달라집니다.

추가로 "〈"와 "〉"로 감싸인 앞부분에 작성하는 태그를 **시작 태그**라고 부르며, "/"가 붙어있고 뒷부분에 작성하는 태그를 **종료 태그**라고 부릅니다. 이러한 시작 태그와 종료 태그는 기본적으로 한 쌍으로 사용하지만, 경우에 따라서는 종료 태그가 없는 경우도 있습니다. 시작 태그부터 종료 태그까지의 한 덩어리를 **요소**라고 부릅니다.

요소

<태그 이름> 콘텐츠 내용 </태그 이름>
시작 태그   종료 태그

HTML은 문자열을 시작 태그와 종료 태그로
감싸면서 작성해 나갑니다.

■ 태그를 작성하는 규칙

기본적으로 대문자와 소문자를 구분하지 않습니다. 다만 버전에 따라서는 소문자로 작성해야 하는 경우도 있으므로 일반적으로 소문자로 통일해서 사용하는 것이 좋습니다.

■ 태그 내부에 있는 태그

HTML을 작성할 때는 시작 태그와 종료 태그 사이에 다른 태그가 들어가는 경우도 많습니다. 이전의 샘플 코드를 보면 〈html〉 태그 내부에 〈head〉 태그, 〈head〉 태그 내부에 〈title〉 태그가 들어있습니다. 이렇게 작성할 때는 반드시 가까운 태그 순서대로 종료 태그를 작성해야 합니다.

좋은 예	나쁜 예
〈p〉〈strong〉중첩해서〈/strong〉 작성하는 방법〈/p〉	〈p〉〈strong〉중첩해서〈/p〉 작성하는 방법〈/strong〉
가까운 태그 순서대로 종료 태그가 작성됐음	종료 태그가 엉켜버림

■ 태그에 정보 추가하기

태그에 따라서는 시작 태그 내부에 해당 태그와 관련된 추가적인 정보를 작성하는 경우도 있습니다. 이 정보를 **속성**이라고 부르며, 태그 이름 뒤에 띄어쓰기를 넣은 뒤 작성합니다.

추가로 이러한 정보의 내용을 **값**이라고 부르며, 큰따옴표(")로 감싸서 작성합니다. 속성은 태그에 따라서 다르므로 주의하세요.

예를 들어 a 태그는 링크를 만들 때 사용하는 태그입니다. 링크 대상 URL은 시작 태그 내부에 href 속성을 사용해서 작성합니다.

about.html로 이동하는 링크를 지정하는 예

 POINT

태그에는 다양한 종류가 있으며, 각각의 역할이 다릅니다.
시작 태그에 속성을 작성해서 추가적인 정보를 전달할 수
있습니다.

chapter1
chapter2
chapter3
chapter4
chapter5
chapter6
chapter7

2-5
CHAPTER

제목 붙이기

그럼 실제로 HTML 태그를 사용해봅시다. 일단 제목을 만들 때 사용하는 태그입니다.

■ 제목 태그 〈h1〉~〈h6〉 태그

제목은 〈h1〉~〈h6〉 태그를 사용해서 만듭니다. "h"는 영어로 "제목"을 의미하는 "heading"의 약자입니다. 〈h1〉, 〈h2〉, 〈h3〉, 〈h4〉, 〈h5〉, 〈h6〉로 6가지 종류가 있습니다. 〈h1〉이 가장 큰 제목이며, 웹 페이지의 제목과 기사 제목 등에 많이 사용합니다. "h" 뒤의 숫자가 커질수록 작은 제목이 됩니다.

📄 chapter3/c2-05-1/index.html

```
〈h1〉가장 큰 제목 출력하기〈/h1〉
〈h2〉2번째로 큰 제목 출력하기〈/h2〉
〈h3〉3번째로 큰 제목 출력하기〈/h3〉
〈h4〉4번째로 큰 제목 출력하기〈/h4〉
〈h5〉5번째로 큰 제목 출력하기〈/h5〉
〈h6〉6번째로 큰 제목 출력하기〈/h6〉
```

가장 큰 제목 출력하기

2번째로 큰 제목 출력하기

3번째로 큰 제목 출력하기

4번째로 큰 제목 출력하기

5번째로 큰 제목 출력하기

6번째로 큰 제목 출력하기

〈h1〉~〈h6〉를 실제로 출력한 예입니다. 제목 태그를 사용하면 크기가 크고 두꺼우며, 위아래에 여백이 있는 글자가 만들어집니다.

■ 제목 태그를 사용하는 순서

가장 큰 제목 태그는 〈h1〉이며, 이어서 〈h2〉, 〈h3〉…처럼 큰 제목부터 숫자 순서로 사용합니다. 문자의 크기 등 외관을 이유로 갑자기 〈h5〉를 사용하면 안 됩니다. 순서를 지켜야 잘 만들어진 웹 페이지 구성이라고 할 수 있습니다.

추가로 큰 제목인 〈h1〉은 기본적으로 하나의 웹 페이지에 하나만 사용하는 것이 좋다고 할 수 있습니다. 기사의 제목 등 "해당 페이지가 무엇을 나타내는가"라는 문장에 사용하면 좋습니다.

기사 내부에 작성되는 내용을 몇 가지 부분으로 나누고, 그 부분별로 제목을 붙여 사용합니다. 일반적으로 대부분의 웹 페이지는 〈h4〉 정도까지만 사용합니다. 하지만 필요하다면 〈h5〉와 〈h6〉 등을 사용해도 괜찮습니다.

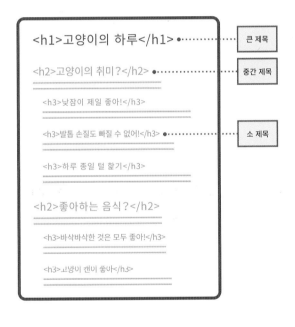

chapter1

chapter2

chapter3

chapter4

chapter5

chapter6

chapter7

2-6

CHAPTER

문장 출력하기

이어서 문장을 감싸는 ⟨p⟩ 태그입니다. 이 태그는 웹 페이지 내부에서 가장 많이 사용되는 태그라고 할 수 있습니다.

■ 단락을 출력하는 ⟨p⟩ 태그

⟨p⟩ 태그는 단락을 출력하는 태그입니다. "p"는 영어로 단락을 의미하는 "Paragraph"의 "p"에서 왔으며, 문장을 모아 출력할 때는 이 태그를 사용합니다. ⟨p⟩ 태그를 사용하면 감싼 문장이 단락이 됩니다. 웹 브라우저의 출력에서는 단락별로 줄바꿈이 되며, 단락 사이에는 작은 여백이 발생합니다. 줄바꿈하지 않은 긴 문장은 읽기가 어려우므로 ⟨p⟩ 태그를 추가해서 단락을 나누어 출력하는 것이 좋습니다.

📄 chapter3/c2-06-1/index.html

```
⟨p⟩몸에 좋은 자연 식품을 제공하는 WCB CAFE입니다. 첨가물을 넣지 않은 재료를 사용한 메뉴가 특징입
니다.⟨/p⟩
⟨p⟩맛있는 블렌드 커피와 건강한 유기농 음식으로 맛과 몸의 건강을 함께 챙기세요.⟨/p⟩
```

몸에 좋은 자연 식품을 제공하는 WCB CAFE입니다. 첨가물을 넣지 않은 재료를 사용한 메뉴가 특징입니다.

맛있는 블렌드 커피와 건강한 유기농 음식으로 맛과 몸의 건강을 함께 챙기세요.

⟨p⟩ 태그를 연속해서 사용하면 자동으로 줄바꿈됩니다.

chapter1

chapter2

chapter3

chapter4

chapter5

chapter6

chapter7

2-7
CHAPTER

이미지 삽입하기

이미지는 웹 페이지에 다채로움을 주는 요소 중 하나입니다. 제대로 작성하지 않으면 원하는 대로 출력되지 않는 경우도 있습니다. 그럼 이미지를 삽입하는 방법을 살펴보겠습니다.

이미지를 출력하는 〈img〉 태그

이미지에는 〈img〉 태그를 사용합니다. 종료 태그가 없으므로 단독으로 사용하는 것이 특징입니다.

속성 지정하기

HTML 코드 내부에 〈img〉라고 작성하기만 해서는 이미지가 출력되지 않습니다. "어떤 이미지를 출력할 것인가"를 **src 속성**에 설정해야 합니다. 이미지가 HTML 파일과 같은 폴더 경로에 있다면 출력하고 싶은 파일 이름을 작성하고, 다른 폴더에 있다면 폴더 이름을 포함해서 이미지의 경로를 지정해야 합니다.

추가로 **alt 속성**도 필수입니다. alt 속성은 웹 브라우저에서 이미지를 제대로 출력하지 못할 때 이미지 대신 출력할 텍스트를 의미합니다. alt 속성을 작성하면 이미지의 의미를 정확하게 전달할 수 있습니다. 지정할 이미지가 어떤 이미지인지 알 수 있게 작성해줍니다.

📄 chapter2/c2-07-1/index.html

〈img〉 태그와 src 속성을 지정하면 이미지 태그가 출력됩니다.

이미지를 출력할 수 없는 경우에는 alt 속성의 텍스트가 출력됩니다.

■ 파일 경로 지정하기

파일 경로란 HTML, CSS, 이미지 등의 파일을 불러오기 위해서 해당 파일이 어디 있는지 지정하는 것을 의미합니다. 호출하는 페이지(예를 들어 index.html)에서 봤을 때 대상 파일의 저장 위치를 작성하면 됩니다.

▶ 상대 경로

기본적으로 경로를 작성할 호출하는 페이지에서 본 대상 파일의 위치를 지정합니다. 파일이 같은 폴더에 저장돼 있다면 간단하게 파일 이름을 적어주면 됩니다. 예를 들어 "index.html"에서 "cherry-blossom.jpg"를 출력하고 싶다면 src 속성에 그냥 "cherry-blossom.jpg"라고 적으면 됩니다.

〈img src="cherry-blossom" alt="아름다운 벚꽃"〉이라고 HTML에 작성

그럼 다른 폴더에 있는 파일을 호출할 때는 어떻게 해야 할까요? 호출하는 파일과 같은 단계에 있는 폴더 내부의 파일을 지정할 때는 "/"를 사용해서 "〈폴더 이름〉/〈파일 이름〉" 형태로 작성합니다. 예를 들어 "index.html"과 같은 단계에 있는 "images 폴더" 내부의 "cherry-blossom.jpg"를 출력할 때는 "images/cherry-blossom.jpg"라고 작성합니다.

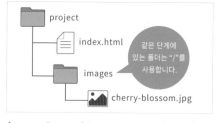

〈img src="images/cherry-blossom.jpg" alt="아름다운 벚꽃"〉이라고 HTML에 작성

두 파일이 다른 폴더에 있을 때는 "../"를 사용해 **상위 단계로 올라간 다음** 지정할 수 있습니다. 예를 들어 "top 폴더" 내부에 있는 "index.html"에서 "images 폴더"에 있는 "cherry-blossom.jpg"를 출력할 때는 "../images/cherry-blossom.jpg"라고 작성합니다.

✅ POINT

이미지가 제대로 출력되지 않는다면 경로를 잘못 지정했을 가능성이 높습니다. 다시 한번 이미지 파일의 위치 관계를 확인해보기 바랍니다.

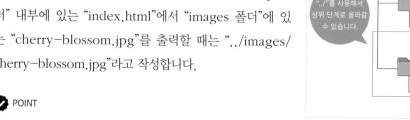

〈img src="../images/cherry-blossom.jpg" alt="아름다운 벚꽃"〉이라고 HTML에 작성

절대 경로

절대 경로는 호출하고 싶은 파일이 다른 웹 사이트에 공개된 경우 등에 사용합니다. 상대 경로처럼 저장된 위치와는 관계가 없습니다. "http://" 또는 "https://" 등으로 시작하고, 도메인 이름에 이어서 파일의 경로를 URL로 지정합니다. 예를 들어 "http://example.com/images/cherry-blossom.jpg"와 같이 작성합니다.

 POINT

링크를 만들 때도 이처럼 파일 경로를 지정해야 합니다. 따라서 작성 방법을 확실하게 기억해주세요.

 POINT

이미지를 출력할 때는 〈img〉 태그에 src 속성과 alt 속성을 지정해야 합니다. 파일 경로를 제대로 지정하지 않았다면 이미지가 출력되지 않습니다.

COLUMN

—

읽기 쉬운 줄 수와 문자 수?

한 문단의 줄 수가 너무 많아지면 사용자가 집중해서 읽기 힘듭니다. 간단한 기준으로는 한 문단에 3~5줄 정도를 넣는 것이 좋습니다.

추가로 한 줄의 문자 수도 너무 많으면 사용자가 글을 읽을 때 눈을 굉장히 많이 움직여야 해서 읽기 힘듭니다. 따라서 30~45문자 정도로 하는 것이 읽기 쉽습니다.

줄 수와 문자 수 출력은 사용자 측의 브라우저 설정과 너비에 따라서 달라질 수 있습니다. 하지만 어느 정도의 기준을 갖고 제작하는 것이 좋습니다.

chapter1

chapter2

chapter3

chapter4

chapter5

chapter6

chapter7

2-8

CHAPTER

링크 만들기

링크는 웹 페이지의 필수 요소라고 할 수 있습니다. 텍스트와 이미지를 클릭하면 사용자를 다른 페이지로 이동시킴으로써 웹 사이트를 확장할 수 있습니다.

■ 링크를 만드는 〈a〉 태그

링크를 만들 때는 링크를 넣고 싶은 부분을 〈a href=""〉와 〈/a〉 태그 사이에 끼워 넣습니다. 링크 대상은 href 속성에 지정합니다. 같은 폴더 내부의 다른 파일로 이동할 때는 파일 경로를 지정하기만 하면 됩니다. 하지만 다른 웹 사이트의 URL을 지정할 때는 앞에 "http://" 또는 "https://"를 앞에 넣어야 한다는 것을 잊지 말아 주세요. "google.co.kr" 또는 "www.google.co.kr"이라고만 지정하면 페이지가 이동하지 않습니다.

🔲 chapter2/c2-08-1/index.html

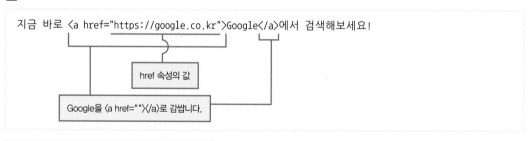

지금 바로 **Google**에서 검색해보세요!   디폴트로 링크 부분은 파란색 문자가 되며, 밑줄이 생깁니다.

▶ 이미지를 링크로 만들기

이전 절에서 살펴보았던 〈img〉 태그와 조합하면 이미지 링크를 만들 수 있습니다. 〈img〉 태그를 〈a〉 태그로 감싸서 링크를 만듭니다. 사용자가 이미지를 클릭하면 지정한 페이지로 이동하게 됩니다.

🔲 chapter2/c2-08-2/index.html

```
<a href="https://google.co.kr">
    <img src="cherry-blossom.jpg" alt="아름다운 벚꽃">
</a>
```

〈img〉 태그를 〈a〉 태그로 감쌉니다.

▶ 메일 전용 링크

메일 주소로 링크를 만들 때는 href 속성에 "mailto:"라고 작성하고, 이어서 메일 주소를 넣어줍니다. 사용자가 링크를 클릭하면 사용하고 있는 메일 클라이언트가 실행되며, 자동으로 메일 주소가 받는 사람으로 입력됩니다.

🄷 chapter2/c2-08-3/index.html

```
<a href="mailto:info@example.com">문의</a>
```

mailto:라고 작성   받는 사람 메일 주소

COLUMN

—

링크 대상 페이지를 다른 탭에 출력하기

일반적으로 링크 대상 페이지는 동일한 탭에 출력됩니다. 하지만 target 속성의 값을 "_blank"로 지정하면 다른 탭에 출력됩니다.

예

```
<a href="https://google.co.kr" target="_blank">Google</a>
```

다만 링크를 다른 탭에 출력하게 구현하는 것은 다양한 찬성 반대 의견이 있습니다. 사용자가 링크를 어떤 방식으로 열지는 사용자가 선택해야 한다는 것입니다. target 속성으로 링크가 열리는 방법을 지정하면 사용자가 이러한 선택을 할 수 없게 됩니다. 따라서 이러한 것을 고려하면서 적절한 경우에만 사용하기 바랍니다.

chapter1
chapter2
chapter3
chapter4
chapter5
chapter6
chapter7

2-9

CHAPTER

리스트 출력하기

리스트 태그를 사용해서 웹 사이트에 사용되는 검은 점이 있는 목록과 숫자가 붙어있는 목록을 만드는 방법을 살펴보겠습니다.

기본적인 리스트를 만드는 "⟨ul⟩ 태그 + ⟨li⟩ 태그"

기본적인 리스트를 출력할 때는 ⟨ul⟩ 태그를 사용합니다. "ul"은 "Unordered List"의 약자로 "순서 없는 리스트"를 의미합니다. 리스트 출력은 ⟨ul⟩ 태그만으로는 작동하지 않습니다. ⟨ul⟩ 태그 내부에 ⟨li⟩ 태그를 사용해 항목을 추가해야 합니다. "li"는 "List Item"의 약자로 리스트의 항목을 의미합니다.

⟨li⟩ 태그는 여러 개 넣을 수 있습니다. 리스트로 출력하고 싶은 항목의 수만큼 넣어주면 됩니다.

🔲 chapter2/c2-09-1/index.html

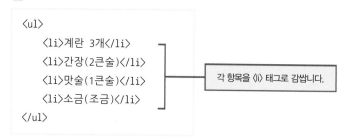

```
<ul>
    <li>계란 3개</li>
    <li>간장(2큰술)</li>
    <li>맛술(1큰술)</li>
    <li>소금(조금)</li>
</ul>
```

각 항목을 ⟨li⟩ 태그로 감쌉니다.

- **계란 3개**
- **간장(2큰술)**
- **맛술(1큰술)**
- **소금(조금)**

리스트의 항목 앞에 검은 점이 붙어 출력됩니다.

순서 있는 리스트를 만드는 "⟨ol⟩ 태그 + ⟨li⟩ 태그"

번호가 붙어 있는 리스트를 만들 때는 ⟨ol⟩ 태그를 사용합니다. "ol"은 "Ordered List"의 줄임말로, "정렬된 리스트"라는 의미입니다. 작성 방법은 ⟨ul⟩ 태그와 마찬가지로 ⟨ol⟩ 태그 내부에 ⟨li⟩ 태그를 넣어 리스트의 항목을 추가합니다.

🔲 chapter2/c2-09-2/index.html

```
<ol>
    <li>계란을 잘 풀고, 조미료를 넣어줍니다.</li>
    <li>계란말이팬에 잘 풀은 계란을 1/4만큼 조금씩 넣어줍니다.</li>
    <li>반숙 상태가 되면 젓가락으로 조금씩 안쪽으로 말아줍니다.</li>
    <li>이를 반복해서 끝까지 잘 구워줍니다. </li>
</ol>
```

번호 있는 리스트로 만들고 싶은 항목을 ⟨li⟩ 태그로 감쌉니다

1. 계란을 잘 풀고, 조미료를 넣어줍니다.
2. 계란말이팬에 잘 푼 계란을 1/4만큼 조금씩 넣어줍니다.
3. 반숙 상태가 되면 젓가락으로 조금씩 안쪽으로 말아줍니다.
4. 이를 반복해서 끝까지 잘 구워줍니다.

앞쪽에 숫자가 붙었습니다.

COLUMN

—

HTML 소스 코드를 보는 방법

모든 웹 사이트는 소스 코드를 확인해볼 수 있습니다. 웹 페이지를 열고, 마우스 오른쪽 버튼을 클릭한 다음 "소스 보기" 또는 "소스"를 클릭합니다. 클릭하면 새로운 탭에 HTML 코드가 적힌 페이지가 출력됩니다. 다른 사람은 코드를 어떻게 구성하는지 확인할 수 있으므로 참고해보면 좋을 것입니다.

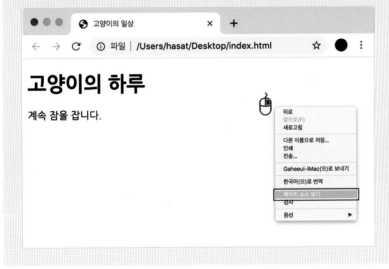

chapter1
chapter2
chapter3
chapter4
chapter5
chapter6
chapter7

2-10

CHAPTER

표 만들기

시간표, 요금표처럼 다양한 표를 만들 때 사용하는 것이 〈table〉 태그입니다. 조금 복잡하므로 기본적인 구조를 확실하게 기억해둡시다.

■ 표 기본

표는 여러 개의 태그를 조합해서 만듭니다. 일단 주요 태그를 확인해봅시다.

태그	설명
〈table〉	표를 나타내는 태그입니다. 표 전체를 감쌉니다.
〈tr〉	"Table Row"의 약자로 표의 한 행을 나타냅니다.
〈th〉	"Table Header"의 약자로 표의 제목 셀을 나타냅니다.
〈td〉	"Table Data"의 약자로 표의 데이터 셀을 나타냅니다.

〈table〉 태그 내부에 〈tr〉 태그로 행을 추가하고, 이 내부에 〈th〉 태그 또는 〈td〉 태그로 셀을 만들어서 표를 구성합니다. 〈tr〉 내부의 셀은 같은 개수로 맞춰줘야 합니다. 수를 맞추지 않으면 레이아웃이 깨집니다. 참고로 제목이 필요 없을 때는 〈th〉 태그를 생략할 수 있습니다.

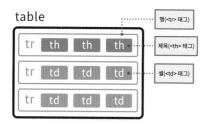

🏅 POINT

표 전체를 〈table〉로 감싸고, 행은 〈tr〉 태그, 제목은 〈th〉 태그, 셀은 〈td〉 태그로 만듭니다.

그럼 간단하게 표를 만들어봅시다.

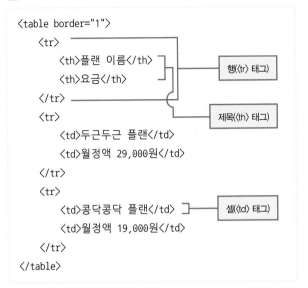

chapter3/c2-10-1/index.html

```
<table border="1">
    <tr>
        <th>플랜 이름</th>
        <th>요금</th>
    </tr>
    <tr>
        <td>두근두근 플랜</td>
        <td>월정액 29,000원</td>
    </tr>
    <tr>
        <td>콩닥콩닥 플랜</td>
        <td>월정액 19,000원</td>
    </tr>
</table>
```

행(〈tr〉 태그)

제목(〈th〉 태그)

셀(〈td〉 태그)

플랜 이름	요금
두근두근 플랜	월정액 29,000원
콩닥콩닥 플랜	월정액 19,000원

3개의 행, 2개의 열을 가진 표가 출력됩니다.

※ 기본값으로 표의 테두리 선이 보이지 않습니다. 표의 구조를 조금 쉽게 이해할 수 있게 〈table〉 태그에 border="1"을 추가했습니다. 일반적으로 테두리는 3장에서 설명하는 CSS를 사용해서 장식합니다.

셀 병합하기

여러 개의 셀을 하나의 셀로 병합할 수도 있습니다. 일단은 기본이 되는 표를 만들어봅시다.

chapter2/c2-10-2/index.html

```
<table border="1">
    <tr>
        <th>셀 1</th>
        <th>셀 2</th>
    </tr>
    <tr>
        <td>셀 3</td>
        <td>셀 4</td>
    </tr>
    <tr>
        <td>셀 5</td>
        <td>셀 6</td>
    </tr>
</table>
```

병합 전의 표는 이처럼 6개의 셀을 출력하고 있습니다.

chapter1
chapter2
chapter3
chapter4
chapter5
chapter6
chapter7

▶ 수평 방향으로 병합하기

셀을 수평 방향으로 병합할 때는 병합하고 싶은 〈th〉 또는 〈td〉 태그에 **colspan 속성**을 추가합니다. "colspan"에는 병합하고 싶은 셀의 수를 작성합니다.

현재 예에서 제목 셀 2개를 병합하고 싶다면, 〈th〉 태그에 colspan="2"를 추가하고, 〈th〉 태그를 2개에서 1개로 줄입니다.

제목 부분의 셀이 수평 방향으로 병합됐습니다.

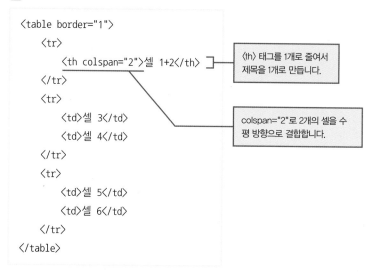

```
<table border="1">
    <tr>
        <th colspan="2">셀 1+2</th>
    </tr>
    <tr>
        <td>셀 3</td>
        <td>셀 4</td>
    </tr>
    <tr>
        <td>셀 5</td>
        <td>셀 6</td>
    </tr>
</table>
```

〈th〉 태그를 1개로 줄여서 제목을 1개로 만듭니다.

colspan="2"로 2개의 셀을 수평 방향으로 결합합니다.

▶ 수직 방향으로 병합하기

셀을 수직 방향으로 병합할 때는 **rowspan 속성**을 추가합니다. 수평 방향으로 결합할 때와 마찬가지로 병합하고 싶은 셀의 수를 작성합니다.

현재 예에서 셀3과 셀5라고 쓰인 셀을 병합한다면 셀3이 있는 〈td〉 태그에 rowspan="2"를 추가하고, 셀5의 〈td〉 태그를 제거합니다.

chapter1

chapter2

chapter3

chapter4

chapter5

chapter6

chapter7

chapter2/c2-10-4/index.html

```
<table border="1">
    <tr>
        <th>셀 1</th>
        <th>셀 2</th>
    </tr>
    <tr>
        <td rowspan="2">셀 3+5</td>
        <td>셀 4</td>
    </tr>
    <tr>
        <td>셀 6</td>
    </tr>
</table>
```

rowspan="2"로 2개의 셀을
수직 방향으로 결합합니다.

셀5 부분을 제거했습니다.

셀3과 셀5가 수직 방향으로
병합됐습니다.

COLUMN

—

주석 사용하기

HTML 코드 내부에 주석을 적어봅시다. 텍스트를 "〈!--"와 "--〉"로 감싸면 됩니다. 이러한 주석은 웹 브라우저에는
출력되지 않으므로 웹 페이지를 제작할 때 스스로 주의해야 하는 부분 등을 작성하는 데 사용하면 좋습니다.

```
<!-- 메인 콘텐츠 ↓ -->

<!-- <h2>최신 스마트폰 정보</h2> -->

<!-- 여러 줄을
주석으로
처리할 수도 있습니다. -->
```

추가로 주석 내부에 코드를 넣을 수도 있으므로 일시적으로 일부 코드를 출력하지 않고 싶을 때도 사용합니다.

2-11

CHAPTER

입력 양식 만들기

우리는 문의 페이지, 검색 박스, 회원 가입 등 매일 다양한 화면에서 입력 양식을 보고 있습니다. 사용자가 텍스트를 입력하거나 선택하는 등의 입력 양식을 만들어봅시다.

■ 여러 개의 부품 조합하기

웹 사이트에서 볼 수 있는 **입력 양식**에는 텍스트 입력란, 버튼 등 다양한 부품이 있습니다. HTML 태그를 사용해 필요한 부품을 조합해서 입력 양식을 만듭니다.

저자/역자분을 모십니다

배움은 가장 중요한 경쟁력입니다.
집필을 통해 지식을 정리하고, 새로운 인연과 기회를 얻을 수 있습니다.
주저하지 말고 두드려보세요.

여러분의 도전을 도와드리겠습니다.

* 필수항목

이름 *

내 답변

이메일 *

내 답변

입력 양식의 예입니다. 여러 요소를 사용해 만들어진 입력 양식입니다.

제안 내용 *
자신의 이력과 집필 주제 혹은 번역하고 싶은 책을 간단하게 정리해서 적어주세요.

내 답변

■ 입력 양식란을 만드는 〈form〉 태그

〈form〉 태그는 입력 양식을 만들기 위한 태그이며, 입력 양식에서 사용하는 모든 부품은 〈form〉 태그 내부에 넣어줍니다. 주요 속성을 정리하면 다음과 같습니다.

📇 주요 속성

속성	설명
action	데이터의 전송 대상 페이지를 지정합니다.
method	데이터 전송 방법을 지정합니다. 주로 get 또는 post를 사용합니다.
name	입력 양식의 이름을 지정합니다.

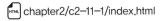 chapter2/c2-11-1/index.html

```html
<form action="example.php" method="post" name="contact-form">
    여기에 입력 양식을 넣습니다.
</form>
```

이 예에서는 입력한 내용을 example.php에
전달하게 처리돼 있습니다.

 POINT

〈form〉 태그는 입력, 전송 버튼을 만들 때 사용하는 요소지만, 그 입력 양식에 대한 처리가 HTML과 CSS에서 이뤄지는 것은
아닙니다. 실질적인 데이터 처리는 PHP 등의 다른 프로그래밍 언어에 의해서 이뤄집니다.

이러한 내용은 HTML과 CSS를 설명하는 이 책의 범위를 넘는 내용이므로 별도로 설명하지 않겠습니다.

■ 입력 양식에 사용하는 부품

입력 양식 내부의 각 부품을 만들기 위한 태그를 소개하겠습니다. 대부분 〈input〉 태그를 사용하며,
type 속성으로 용도를 지정하는 형태로 사용합니다.

▶ 한 줄 텍스트 입력란 〈input type="text"〉

〈input〉 태그에 type 속성을 text로 지정하면 한 줄 텍스트를 입력하는 영역을 만들 수 있습니다. 이름
입력, 검색 박스 등을 만들 때 사용합니다.

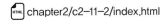 chapter2/c2-11-2/index.html

```html
이름: <input type="text">
```

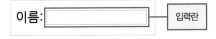

입력란을 클릭하면 실제로 문자를 입력할 수 있습니다.

입력란에 처음부터 텍스트 출력하기

입력란에 미리 텍스트를 출력해둘 수도 있습니다. 이때는 placeholder 속성을 사용합니다.

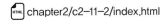 chapter2/c2-11-3/index.html

```html
이름: <input type="text" placeholder="이름">
```

입력란에 미리 텍스트를 입력해줍니다.

입력란 클릭

사용자가 입력란을 클릭하고, 문자를 입력하기 시작하면 placeholder의 값은 사라지고, 사용자가 문자를 입력할 수 있는 상태로 변경됩니다.

다양한 종류의 한 줄 텍스트 입력란

한 줄 텍스트 입력란은 다양한 용도로 사용할 수 있습니다. 예를 들어 메일 주소 입력란은 type="email", 웹 사이트 URL은 type="url" 등을 지정합니다. 이를 지정하면 서식을 브라우저가 자동으로 확인해줍니다.

📄 주요 한 줄 텍스트 입력란의 속성값

속성값	용도
text	기본적인 텍스트(초깃값)
search	검색 전용 텍스트
email	메일 주소
tel	전화번호
url	웹 사이트의 URL

▶ 라디오 버튼을 만드는 〈input type="radio"〉

여러 선택지 중에서 하나만 선택하게 만들고 싶으면 **라디오 버튼**을 사용합니다. 라디오 버튼은 사용자가 1개를 클릭해서 선택하면 자동으로 다른 선택지는 선택할 수 없게 됩니다.

📄 주요 속성

속성	용도
name	라디오 버튼의 이름
value	전송될 선택지의 값
checked	처음부터 선택돼 있게 하고 싶을 때 지정

여러 개의 선택지가 있는 라디오 버튼은 항목들의 name 속성을 일치시켜 하나의 그룹으로 만들 수 있습니다. 이렇게 하나의 그룹으로 만들면 그룹 중에서 1개만 선택할 수 있게 됩니다. **checked 속성**을 지정한 라디오 버튼은 처음부터 선택된 상태가 되므로 많이 사용되는 항목 또는 선택했으면 하는 항목에 이를 넣어두면 좋습니다.

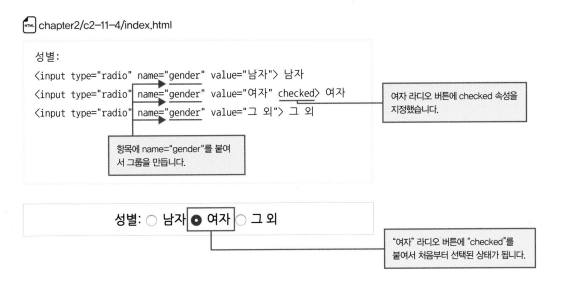

chapter2/c2-11-4/index.html

성별:
```
<input type="radio" name="gender" value="남자"> 남자
<input type="radio" name="gender" value="여자" checked> 여자
<input type="radio" name="gender" value="그 외"> 그 외
```

여자 라디오 버튼에 checked 속성을 지정했습니다.

항목에 name="gender"를 붙여서 그룹을 만듭니다.

성별: ○ 남자 ◉ 여자 ○ 그 외

"여자" 라디오 버튼에 "checked"를 붙여서 처음부터 선택된 상태가 됩니다.

체크 박스를 만드는 〈input type="checkbox"〉

체크 박스는 라디오 버튼처럼 사용자에게 여러 개의 선택지에서 선택을 받을 수 있는 요소이지만, 라디오 버튼과 다르게 여러 개의 항목을 선택할 수 있습니다.

📇 주요 속성

속성	용도
name	체크 박스의 이름
value	전송될 선택지의 값
checked	처음부터 선택돼 있게 하고 싶을 때 지정

라디오 버튼과 마찬가지로 항목들의 name 속성을 일치시켜 하나의 그룹으로 만들 수 있습니다. 추가로 checked 속성도 마찬가지로 지정한 것을 처음부터 선택된 상태가 되게 만듭니다.

chapter1
chapter2
chapter3
chapter4
chapter5
chapter6
chapter7

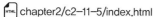

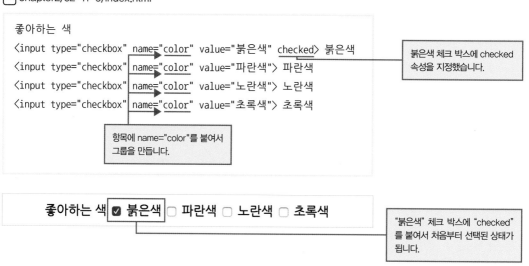

좋아하는 색
<input type="checkbox" name="color" value="붉은색" checked> 붉은색
<input type="checkbox" name="color" value="파란색"> 파란색
<input type="checkbox" name="color" value="노란색"> 노란색
<input type="checkbox" name="color" value="초록색"> 초록색

> 붉은색 체크 박스에 checked 속성을 지정했습니다.

> 항목에 name="color"를 붙여서 그룹을 만듭니다.

좋아하는 색 ☑ 붉은색 ☐ 파란색 ☐ 노란색 ☐ 초록색

> "붉은색" 체크 박스에 "checked"를 붙여서 처음부터 선택된 상태가 됩니다.

▶ 전송 버튼을 만드는 〈input type="submit"〉

입력 양식에 입력한 내용을 전송하는 요소입니다. 버튼 위에 출력되는 텍스트가 "전송"이 아니어도 괜찮습니다. 예를 들어 검색 입력 양식이라면 "검색", 회원 가입 입력 양식이라면 "가입" 등 용도에 따라 적절하게 변경하면 됩니다.

📧 주요 속성

속성	용도
name	버튼의 이름
value	버튼에 출력되는 글자

chapter2/c2-11-6/index.html

〈input type="submit" value="전송"〉

> 여기에 지정한 값이 버튼에 출력됩니다.

전송

디폴트로는 의외로 작은 크기로 출력됩니다. 글자 크기 또는 배경색 등을 다음 장에서 배우는 CSS로 변경할 수 있습니다.

버튼에 이미지를 사용하고 싶은 경우

전송 버튼에 이미지를 사용하고 싶다면 type 속성을 image로 적용하고, 이미지 파일을 지정합니다.

📠 주요 속성

속성	용도
name	버튼의 이름
src	버튼에 사용하고 싶은 이미지 파일의 경로, 파일 이름
alt	이미지를 설명하는 글자

🔖 chapter2/c2-11-7/index.html

```
<input type="image" src="images/button.png" alt="전송">
```

버튼에 "button.png"
이미지를 지정했습니다.

CSS로 장식하기 힘든 경우에는 이미지를 사용해서 버튼을
만드는 것도 좋습니다.

▶ 선택 박스를 만드는 〈select〉 태그 + 〈option〉 태그

선택 박스를 클릭하면 선택지가 출력되는 요소입니다. 사용자에게 주소를 선택하게 만들고 싶을 때 등에 사용됩니다. 선택지 전체를 〈select〉 태그로 감싸고, 선택 항목을 〈option〉 태그로 각각 감싸줍니다.

📠 〈select〉 태그의 주요 속성

속성	용도
name	버튼의 이름
multiple	shift 또는 ctrl 키(macOS의 경우 ⌘ 키)로 여러 항목을 선택할 수 있게 됩니다.

📠 〈option〉 태그의 주요 속성

속성	용도
value	전송될 선택지의 값
selected	처음부터 항목이 선택돼 있게 하고 싶을 때 지정합니다.

chapter1
chapter2
chapter3
chapter4
chapter5
chapter6
chapter7

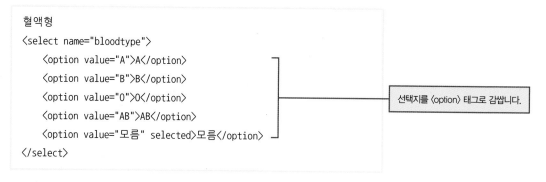
chapter2/c2-11-8/index.html

```
혈액형
<select name="bloodtype">
    <option value="A">A</option>
    <option value="B">B</option>
    <option value="O">O</option>
    <option value="AB">AB</option>
    <option value="모름" selected>모름</option>
</select>
```

선택지를 〈option〉 태그로 감쌉니다.

선택지가 많은 경우에는 선택 박스를 만들어서, 페이지의 공간을 절약할 수 있습니다.

▶ 여러 줄 텍스트 입력란을 만드는 〈textarea〉 태그

〈textarea〉 태그를 사용하면 여러 줄의 텍스트를 입력할 수 있는 요소를 만들 수 있습니다. 문의 내용 또는 메시지 등을 입력할 때 많이 사용됩니다. 〈textarea〉 태그로 감싼 부분이 초깃값으로 출력됩니다.

chapter2/c2-11-9/index.html

```
<textarea name="message">메시지 입력</textarea>
```

〈textarea〉 태그로 감쌉니다.

다만 〈textarea〉 태그로 감싼 텍스트는 입력란을 클릭했을 때도 사라지지 않습니다. 사용성이 좋지 않을 가능성이 있으므로 한 줄 텍스트 입력과 마찬가지로 디폴트로 출력할 텍스트는 placeholder 속성으로 지정하는 것이 좋습니다.

chapter2/c2-11-10/index.html

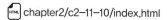

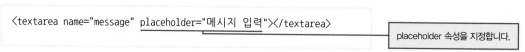

```
<textarea name="message" placeholder="메시지 입력"></textarea>
```

placeholder 속성을 지정합니다.

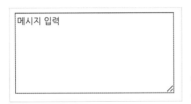

텍스트 입력란입니다. 박스의 크기 등은 CHAPTER 3에서
설명하는 CSS로 설정합니다.

chapter1
chapter2
chapter3
chapter4
chapter5
chapter6
chapter7

COLUMN

—

입력 양식을 실제로 작동시키려면 프로그래밍이 필요해요!

HTML에서 입력 양식을 사용하면 각 요소를 화면에 출력할 수는 있지만, 실제로 입력된 정보를 전송해서 사용하려면
PHP 등의 프로그래밍을 사용해야 합니다. 다만 최근에는 이러한 지식이 없이도 데이터를 처리할 수 있게 해주는 서
비스가 나왔으므로 PHP 등의 프로그래밍 언어와 관련된 지식이 없다면 이러한 서비스를 활용해보는 것도 좋습니다.
이러한 서비스에 대해서는 265페이지에서 다루겠습니다.

2-12
CHAPTER

사용하기 쉬운 입력 양식 만들기

인터넷에서 입력 양식들을 보면 양식 옆에 "이름", "전화번호" 등의 글자가 적힌 것을 볼 수 있습니다. 이러한 텍스트를 "레이블(label)"이라고 부릅니다. 레이블을 붙이면 보다 사용하기 쉬운 입력 양식을 만들 수 있습니다.

■ 입력 양식의 레이블을 만드는 〈label〉 태그

레이블에는 〈label〉 태그를 사용합니다. 〈label〉 태그를 사용하면 입력 양식 부분과 레이블이 연결돼, 레이블을 선택했을 때 입력 양식 부분에 초점이 맞춰집니다. 사용자에 따라서 작은 라디오 버튼, 체크 박스를 클릭하는 것이 힘들 수 있으므로 보다 사용하기 쉬운 입력 양식을 만들려면 〈label〉 태그를 사용하는 것이 좋습니다.

레이블을 사용하는 방법은 간단합니다. 레이블 텍스트 부분을 〈label〉 태그로 감싸고, **for 속성**을 지정합니다. 이때 연결하고 싶은 입력 양식에 **id 속성**을 줘야 합니다. for 속성과 id 속성의 값(식별 이름)을 같게 입력하면 레이블과 입력 양식이 연결됩니다.

📄 chapter2/c2-12-1/index.html

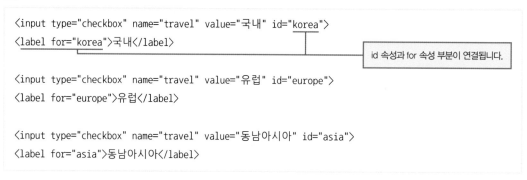

```
<input type="checkbox" name="travel" value="국내" id="korea">
<label for="korea">국내</label>                          ┌─────────────────────────────┐
                                                         │ id 속성과 for 속성 부분이 연결됩니다. │
                                                         └─────────────────────────────┘
<input type="checkbox" name="travel" value="유럽" id="europe">
<label for="europe">유럽</label>

<input type="checkbox" name="travel" value="동남아시아" id="asia">
<label for="asia">동남아시아</label>
```

☐ 국내 ☑ 유럽 ☐ 동남아시아   ☐ 국내 ☑ 유럽 ☐ 동남아시아

아무것도 설정하지 않으면 체크 박스만 클릭할 수 있지만(왼쪽 하늘색 사각형 부분), 〈label〉 태그를 사용해서 연결하면 텍스트 부분을 클릭해서 체크 박스를 선택할 수 있습니다(오른쪽 하늘색 사각형 부분)

▶ 식별 이름을 붙일 때의 주의 사항

식별 이름을 붙일 때는 몇 가지 주의 사항이 있습니다. 같은 파일 내부에서 1개만 사용할 수 있으며, 중복할 수 없습니다. 또한 식별 이름은 알파벳 또는 숫자 등을 사용합니다. 이때 숫자 또는 기호로 시작하면 안 됩니다.

좋은 예	나쁜 예
name-1	1-name / ―name / 이름1

chapter1

chapter2

chapter3

chapter4

chapter5

chapter6

chapter7

2-13

CHAPTER

블록 요소로 그룹 나누기

지금까지 하나의 세부 요소를 나타내는 태그를 소개했습니다. 하지만 이러한 태그들을 나열하는 것만으로는 레이아웃을 만들 수 없습니다. 이러한 태그들을 모아 그룹으로 만들어야 레이아웃을 만들 수 있습니다.

■ 그룹 구분하기

웹 사이트는 여러 구성 요소들이 뭉쳐서 만들어집니다. 예를 들어 내비게이션 메뉴, 본문, 연관 기사 목록, 웹 사이트 소개 등이 구성 요소라고 할 수 있습니다. 이러한 구성 요소들을 어떠한 태그들로 묶으면 그룹으로 만들 수 있습니다.

예를 들어 오른쪽의 ❶처럼 제목과 관련된 문장들이 있다고 합시다. 이때 "내일의 날씨"와 "추천하는 옷"은 다른 테마이므로 다른 그룹으로 묶어서 정리하는 것이 좋습니다.

그룹을 구분하기 위한 태그들을 사용해서 ❷처럼 그룹을 나눌 수 있습니다.

다만 이렇게 구분하는 것만으로는 웹 브라우저 출력에 차이가 없습니다❸.

HTML만으로는 출력에 변화가 없지만, 3장에서 배우는 CSS를 사용하면 그룹별로 색상을 적용하거나❹ 레이아웃을 변경할 수 있습니다.

🄷 chapter2/c2-13-1/index.html ❶

```
<h1>내일의 날씨</h1>
<p>내일은 흐린 뒤 맑을 예정입니다.</p>
<h2>추천 스타일</h2>
<p>따뜻하지만 일교차가 있으므로 걸쳐 입을 옷을 함께 준비해주세요.</p>
```

🄷 chapter2/c2-13-2/index.html ❷

```
<article>
    <h1>내일의 날씨</h1>
    <p>내일은 흐린 뒤 맑을 예정입니다.</p>
</article>
<section>
    <h2>추천 스타일</h2>
    <p>따뜻하지만 일교차가 있으므로 걸쳐 입을 옷을 함께 준비해주세요.</p>
</section>
```

❸

내일의 날씨

내일은 흐린 뒤 맑을 예정입니다.

추천 스타일

따뜻하지만 일교차가 있으므로 걸쳐 입을 옷을 함께 준비해주세요.

그룹을 나누더라도 출력이 따로 변하지는 않습니다.

참고로 〈h1〉, 〈p〉 태그처럼 앞뒤에 줄바꿈이 들어가는 블록을 만드는 태그를 "블록 요소"라고 부릅니다. 반면 〈a〉, 〈img〉 태그처럼 텍스트의 일부로서 다뤄지는 태그를 "인라인 요소"라고 부릅니다.

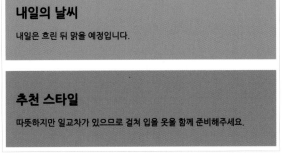

내일의 날씨

내일은 흐린 뒤 맑을 예정입니다.

추천 스타일

따뜻하지만 일교차가 있으므로 걸쳐 입을 옷을 함께 준비해주세요.

그룹별로 배경색을 다르게 적용할 수도 있습니다.

그룹을 만들기 위한 태그에는 각각의 의미가 있으며, 컴퓨터에게 "이 부분은 이런 내용이야"라고 알려주는 역할도 하게 됩니다. 용도에 맞게 어떤 태그로 감싸야 하는지 꼭 생각해줘야 합니다. 그럼 일반적으로 자주 보이는 구성의 웹 사이트를 예로 설명하겠습니다.

이러한 웹 사이트 구성을 기반으로 살펴봅시다.

■ 페이지 상부의 헤더를 만드는 〈header〉 태그

페이지 상부에 있는 요소를 감쌉니다. 일반적으로 로고, 페이지 제목, 내비게이션 메뉴가 포함됩니다. HTML 파일의 앞에 작성하는 head 요소와는 다른 태그이므로 주의해주세요.

```
〈header〉
    〈h1〉페이지 제목〈/h1〉
    〈p〉웹 개발 업계의 최신 정보를 소개하는 사이트입니다.〈/p〉
〈/header〉
```

〈header〉 태그 부분을 하늘색으로 표시했습니다.

chapter1
chapter2
chapter3
chapter4
chapter5
chapter6
chapter7

■ 내비게이션 메뉴를 만드는 〈nav〉 태그

내비게이션 메뉴를 감쌉니다. 〈nav〉 태그는 〈header〉 태그 내부에 포함되는 경우가 많습니다. 기본적으로 메인 메뉴가 아닌 부분에는 사용하지 않습니다.

```
<header>
  <h1>페이지 제목</h1>
  <nav>
    <ul>
      <li><a href="#">서비스 소개</a></li>
      <li><a href="#">비용 정보</a></li>
      <li><a href="#">문의</a></li>
    </ul>
  </nav>
</header>
```

〈nav〉 태그 부분을 하늘색으로 표시했습니다.

■ 기사 부분을 만드는 〈article〉 태그

"article"은 영어로 "기사"를 의미합니다. 따라서 HTML에서도 페이지 내부의 기사 부분, 해당 내용만 보아도 독립적으로 구성이 되는 내용에는 〈article〉 태그를 사용합니다. 뉴스 사이트, 블로그 사이트의 기사 부분을 생각하면 쉽게 이해할 수 있을 것입니다.

```
<article>
  <h2>기사 제목</h2>
  <p>[최신 스마트폰 정보] 새로운 모델이 발표되었습니다.</p>
</article>
```

〈article〉 태그 부분을 하늘색으로 표시했습니다.

■ 테마를 가진 그룹을 만드는 〈section〉 태그

〈section〉은 의미를 가진 그룹을 감싸는 태그입니다. 〈article〉과 비슷하게 생각할 수도 있지만, 기사와 다르게 해당 부분만으로는 크게 완결되지 않습니다. **그냥 어떤 하나의 테마를 갖고 있다**라는 것이 중요합니다.

```
<section>
  <h2>추천 기사</h2>
  <ul>
    <li><a href="#">스마트워치를 사야 할까?</a></li>
    <li><a href="#">공부할 때 함께하면 좋은 스마트 기기
</a></li>
  </ul>
</section>
```

〈section〉 태그 부분을 하늘색으로 표시했습니다.

■ 페이지의 메인 콘텐츠 부분을 만드는 〈main〉 태그

해당 페이지의 핵심이 되는 콘텐츠 전체는 〈main〉 태그로 감쌉니다. 내부에 다양한 그룹이 들어가게 됩니다.

```
<main>
  <article>
    <h2>기사 제목</h2>
    <p>[최신 스마트폰 정보] 새로운 모델이 발표되었습니다.</
p>
  </article>

  <section>
    <h2>추천 기사</h2>
    <ul>
      <li><a href="#">스마트 워치를 사야 할까?</a></li>
      <li><a href="#">공부할 때 함께하면 좋은 스마트 기기</
a></li>
    </ul>
  </section>
</main>
```

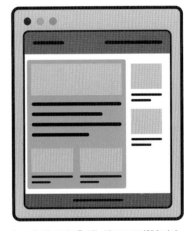

〈main〉 태그 부분을 하늘색으로 표시했습니다.

chapter1

chapter2

chapter3

chapter4

chapter5

chapter6

chapter7

▓ 메인 콘텐츠가 아닌 추가 정보 〈aside〉 태그

본문이 아닌 추가 정보는 〈aside〉 태그로 감쌉니다. 현재 예에서
는 사이드바에 〈aside〉 태그를 사용했습니다. 메인 콘텐츠와는
관계성이 낮은 정보를 사용했습니다.

```
<aside>
    <h3>콘텐츠 작성자</h3>
    <p>이 웹 사이트에서 글을 쓰고 있는 Mana입니다. 잘 부탁드
립니다!</p>
</aside>
```

〈aside〉 태그 부분을 하늘색으로 표시했습니다.

▓ 페이지 하부의 푸터 부분을 만드는 〈footer〉 태그

페이지 하부에 있는 부분을 감쌉니다. 일반적으로 저작권, SNS
링크 등을 포함하게 됩니다.

```
<footer>
    <ul>
        <li><a href="#">Facebook</a></li>
        <li><a href="#">Twitter</a></li>
    </ul>
    <p>Copyright 2019 Mana</p>
</footer>
```

〈footer〉 태그 부분을 하늘색으로 표시했습니다.

■ 의미를 가지지 않는 블록 요소를 만드는 〈div〉 태그

지금까지는 어떠한 목적을 가진 블록 요소를 소개했습니다. 그런데 어떤 용도에도 속하지 않거나, 단순하게 디자인을 위해 그룹으로 묶어야 하는 경우가 있습니다. 이러할 때는 〈div〉 태그를 사용합니다. 〈div〉 태그는 특별한 의미를 가지지 않는 태그입니다. 일단 묶어야 하는데 어떠한 태그로 묶어야 할지 모를 때 사용해주세요.

```
<div>
  <img src="phone1.jpg" alt="스마트폰 사진">
  <p>정면 사진</p>
</div>
<div>
  <img src="phone2.jpg" alt="스마트폰 사진">
  <p>세 가지 종류의 색상</p>
</div>
```

chapter1

chapter2

chapter3

chapter4

chapter5

chapter6

chapter7

2-14

CHAPTER

자주 사용하는 HTML 태그 목록

사용 빈도가 높은 탭을 정리하면 다음과 같습니다. 기본 구조, 콘텐츠 내부에서 사용하는 태그는 꼭 기억해주세요.

📇 기본 구조, head 내부에 사용하는 태그

태그	용도
html	HTML 문서 자체를 나타냅니다. HTML 문서의 시작이 되는 요소입니다.
head	HTML 문서의 헤더 부분입니다. 브라우저에는 출력되지 않습니다. 내부에 검색 엔진을 위한 설명, CSS 파일의 링크, 페이지 제목 등을 작성합니다.
meta	언어와 설명 등 페이지의 정보를 작성합니다.
title	페이지의 제목입니다. 이 부분이 브라우저의 탭과 북마크에 페이지의 제목으로 출력됩니다.
link	참조할 외부 파일입니다. 주로 CSS 파일을 읽어 들일 때 사용합니다.
body	HTML 문서의 콘텐츠 부분입니다. body 태그 내부에 작성된 요소는 브라우저에 출력됩니다.

📇 콘텐츠로 사용하는 태그

태그	용도
h1~h6	제목을 출력합니다. 숫자 순서로 작성합니다.
p	문서의 문단입니다.
img	이미지를 출력합니다. src 속성으로 출력하고 싶은 이미지를 지정합니다.
a	링크를 생성합니다. 링크 대상은 href 속성으로 지정합니다.
ul	순서 없는 목록을 나타냅니다.
ol	순서 있는 목록을 나타냅니다.
li	목록의 항목을 나타냅니다.
br	줄바꿈합니다.
strong	중요한 항목을 만들 때 사용합니다. 일반적으로 두꺼운 글자로 출력됩니다.
blockquote	인용문을 나타냅니다.
small	저작권 또는 법적 설명을 나타냅니다.

태그	용도
span	의미 없는 인라인 요소를 만들 때 사용합니다. CSS로 일부분만 장식할 때 사용합니다.
audio	음악 데이터를 출력할 때 사용합니다.
video	동영상 데이터를 출력할 때 사용합니다.
script	스크립트 데이터를 넣거나 참조할 때 사용합니다. 일반적으로 자바스크립트 코드를 사용합니다.

표

태그	용도
table	표를 나타내는 태그입니다. 표 전체를 감쌉니다.
tr	표의 한 줄을 감쌉니다.
th	표의 제목 셀을 만듭니다.
td	표의 데이터 셀을 만듭니다.

콘텐츠에 사용하는 태그

태그	용도
form	입력 양식을 만듭니다.
〈input type="text"〉	한 줄 텍스트 입력란
〈input type="radio"〉	라디오 버튼, 선택 항목 중에 하나만 선택할 수 있습니다.
〈input type="checkbox"〉	체크 박스, 여러 개의 항목을 선택할 수 있습니다.
〈input type="submit"〉	전송 버튼
select	선택 박스
option	선택 박스의 선택 항목을 만듭니다.
textarea	여러 줄 텍스트 입력란을 만듭니다.
label	입력 양식의 레이블입니다. 입력 양식과 연결해서 사용합니다.

그룹 구분 전용 블록 요소

태그	용도
header	페이지 상부에 있는 요소입니다. 주로 로고, 페이지 제목, 메인 내비게이션 메뉴를 감쌉니다.
nav	메인 내비게이션 메뉴
article	페이지 내부의 기사가 되는 부분입니다. 해당 부분만 보아도 독립된 페이지로 만들 수 있는 내용을 감싸줍니다.

chapter1

chapter2

chapter3

chapter4

chapter5

chapter6

chapter7

태그	용도
section	하나의 테마를 가진 그룹
main	페이지의 메인 콘텐츠 부분
aside	본문이 아닌 추가 정보, 메인 콘텐츠와 연관성이 낮은 정보에 사용합니다.
footer	페이지 하부에 있는 요소, 일반적으로 저작권 또는 SNS 링크 등을 포함합니다.
div	의미를 갖지 않는 블록 요소

웹 디자인 만들기: CSS 기본

HTML을 사용해서 만든 웹 페이지는 흰색 배경에 검은색 글자밖에 없는 굉장히 간단한 모양입니다. 여기에 색을 넣고, 문자의 크기를 변경하고, 레이아웃을 적용하려면 CSS라는 파일이 필요합니다. 이번 장에서는 CSS의 기본을 배워서 웹 페이지의 토대라고 할 수 있는 HTML을 장식하는 방법을 살펴보겠습니다.

WEBSITE | WEB DESIGN | HTML | CSS | SINGLE PAGE | MEDIA

3-1

CHAPTER

CSS란?

HTML만 있고 CSS가 없는 웹 사이트는 흰색의 배경과 검은색 글자밖에 없는 형태로 단순하게 출력됩니다. CSS는 웹 사이트의 토대가 되는 HTML의 외관을 조정하는 언어입니다. CSS를 사용하면 화려한 장식을 통한 웹 디자인이 가능해지므로 굉장히 재미있을 것입니다.

■ HTML을 장식하는 언어인 CSS

CSS는 "Cascading Style Sheets"의 약자로 문서의 외관을 장식할 때 사용하는 언어입니다. CSS 파일을 저장할 때는 확장자를 ".css"로 지정합니다.

그럼 한번 웹 사이트에서 사용되고 있는 CSS를 비활성화해서 CSS의 역할이 무엇인지 살펴봅시다. 예를 들어 오른쪽 위의 웹 사이트(http://www.webcreatormana.com/)에는 배경에 이미지가 있으며, 레이아웃이 조정돼 있고, 문자 등도 장식돼 있습니다.

이 웹 사이트의 CSS를 비활성화하면 오른쪽 아래 그림처럼 됩니다. 이것이 HTML만으로 구성된 간단한 문서입니다. CSS가 웹 사이트에서 어떠한 역할을 하는지 쉽게 이해할 수 있을 것이라 생각합니다. 이처럼 CSS는 웹 사이트의 외관을 크게 변화시킵니다. 그럼 조금씩 CSS에 대해서 살펴봅시다.

CSS를 비활성화합니다.

CSS를 비활성화한 상태입니다. 배경의 장식이 없어지고, 레이아웃이 무너졌으며, 굉장히 휑해졌습니다.

3-2

CHAPTER

CSS를 적용하는 방법

HTML로 만든 웹 페이지에 CSS를 적용할 때는 어떻게 할까요? 크게 3가지 방법이 있습니다.

chapter1
chapter2
chapter3
chapter4
chapter5
chapter6
chapter7

■ CSS 파일을 읽어 들여 적용하기

첫 번째는 ".css"라는 확장자의 CSS 파일을 만들고, 이를 HTML 파일에서 읽어 들여서 적용하는 방법입니다. 웹 사이트를 제작할 때는 이 방법이 가장 일반적이라고 할 수 있습니다. 하나의 CSS 파일을 여러 HTML 파일에서 읽어 들여서 한 번에 관리할 수 있습니다. 수정이 필요한 경우에도 CSS 파일 하나만 수정하면 되므로 굉장히 편리합니다.

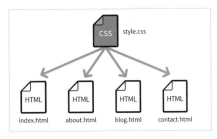

하나의 CSS를 여러 HTML에 적용할 수 있습니다.

▶ 적용 방법

HTML 파일의 〈head〉 내부에 〈link〉 태그를 사용해서 CSS 파일을 지정합니다. **rel 속성**에 "stylesheet", **href 속성**에 CSS 파일을 지정하면 CSS 파일에 작성된 장식을 적용할 수 있습니다.

📄 chapter3/c3-02-1/index.html

```
<!doctype html>
<html lang="ko">
    <head>
        <meta charset="UTF-8">
        <title>고양이의 일상</title>
        <meta name="description" content="고양이가 좋아하는 것과 일상을 소개합니다.">
        <link rel="stylesheet" href="style.css">
    </head>

    <body>
        <h1>고양이의 하루</h1>
        <p>계속 잠을 잡니다.</p>
    </body>
</html>
```

rel 속성에 "stylesheet", href 속성에 CSS 파일("style.css")을 지정합니다.

■ HTML 파일의 〈head〉 내부에 〈style〉 태그를 넣어 지정하기

두 번째는 HTML 파일의 〈head〉 내부에 CSS를 작성하는 방법입니다. 이렇게 하면 해당 HTML 파일에만 CSS가 적용됩니다. 이전의 적용 방법과 다르게 다른 파일에 CSS가 반영되지 않으므로 주의하세요. 특정 페이지만 디자인을 변경하고 싶은 경우 등에 사용합니다.

HTML 파일의 〈head〉 내부에 작성한 CSS는 해당 HTML 파일 내부에만 적용됩니다.

▶ 적용 방법

HTML 파일의 〈head〉 내부에 〈style〉 태그를 추가하고, 내부에 CSS를 작성합니다.

chapter3/c3-02-2/index.html

```
<!doctype html>
<html lang="ko">
    <head>
        <meta charset="UTF-8">
        <title>고양이의 일상</title>
        <meta name="description" content="고양이가 좋아하는 것과 일상을 소개합니다.">
        <style>
            h1 { color: #f00; }
            p { font-size: 18px; }
        </style>
    </head>

    <body>
        <h1>고양이의 하루</h1>
        <p>계속 잠을 잡니다.</p>
    </body>
</html>
```

> HTML의 〈head〉 내부에 〈style〉 태그로 감싸고 CSS를 작성합니다.

※ CSS 파일 적성 방법은 다음 절의 "CSS 파일 만들기"에서 설명합니다.

■ HTML 태그 내부에 style 속성 지정하기

세 번째는 HTML 태그에 직접 CSS를 작성하는 방법입니다. 직
접 작성된 태그에만 적용됩니다. 하나하나의 태그에 지정하는
것이 번거롭고, 유지 보수도 어려워서 잘 사용하지 않습니다.
하지만 다른 지정 방법보다 CSS를 적용하는 우선순위 높아서
CSS를 덮어씌우고 싶은 경우 등 일부 디자인만 변경하고 싶을
때 사용합니다.

태그에 직접 작성해서 일부 요소만 디자인을 변경
할 수 있습니다.

▶ 적용 방법

태그 내부에 CSS를 작성할 때는 각 태그 내부에 **style 속성**을 사용해 지정합니다.

[HTML] chapter3/c3-02-2/index.html

```
<!doctype html>
<html lang="ko">
    <head>
        <meta charset="UTF-8">
        <title>고양이의 일상</title>
        <meta name="description" content="고양이가 좋아하는 것과 일상을 소개합니다.">
    </head>

    <body>
        <h1 style="color: #f00;">고양이의 하루</h1>
        <p style="font-size: 18px;">계속 잠을 잡니다.</p>
    </body>
</html>
```

HTML 태그 내부에 직접
CSS를 작성합니다.

※ <body>와 <h1> 등의 선택자와 "{", "}" 등을 작성하지 않아도 됩니다.

지금까지 살펴봤던 "HTML 파일의 <head> 내부에 <style> 태그를 넣어 지정하기"와 "HTML 태그 내
부에 style 속성 지정하기"는 CSS를 한꺼번에 관리하기 어렵고, 유지 보수에도 문제가 발생합니다. 특
별한 이유가 없다면 "CSS 파일을 읽어 들여 적용하기"에서 살펴본 방법을 사용해주세요.

chapter1
chapter2
chapter3
chapter4
chapter5
chapter6
chapter7

3-3

CHAPTER

CSS 파일 만들기

CSS 파일을 작성하고, 39페이지의 "2-2 HTML 파일 만들기"에서 작성한 index.html에서 CSS를 읽어 들여서 간단하게 장식을 추가해봅시다.

■ 텍스트 에디터 실행하기

일단 텍스트 에디터를 실행합니다. VS Code에서는 오른쪽과 같은 화면이 나옵니다.

■ CSS 코드 작성하기

이어서 오른쪽 샘플 코드를 작성합니다.

CSS 파일의 첫 번째 줄에는 @charset "UTF-8"을 작성합니다. 이는 코드의 문자 깨짐을 막기 위한 것입니다. 이 줄 앞에 코드를 작성하면 문자 깨짐이 발생할 수 있으므로 반드시 이 줄을 가장 앞에 작성하고, 뒤에 코드를 입력해주세요.

HTML chapter3/c3-03-1/style.css

```css
@charset "utf-8";          ─┐  1번째 줄에 작성합니다.
body {
    background-color: #fffeee;
}
h1 {
    color: #0bd;           ─┐  하늘색으로 설정합니다.
}
p {
    font-size: 20px;       ─┐  문자 크기를 20픽셀로 지정합니다.
}
```

CSS 파일 저장하기

메뉴에서 [File] 〉 [Save]를 클릭합니다.
단축키를 사용할 수도 있습니다. 윈도우
의 경우 Ctrl + S, macOS의 경우 ⌘ +
S를 누릅니다.

파일 이름은 "style.css"로 지정합니다.
간단하게 배경화면(데스크톱) 등에 저장
해주세요. 이후에 이러한 CSS를 읽어 들
일 index.html 파일도 같은 위치에 저
장해야 합니다.

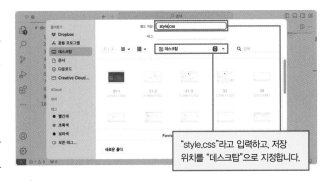

"style.css"라고 입력하고, 저장
위치를 "데스크탑"으로 지정합니다.

HTML 파일의 〈head〉 내부에서 CSS 파일 읽어 들이기

39페이지의 "2-2 HTML 파일 만들기"에서 만들었던 index.html의 〈head〉 내부에 〈link
rel="stylesheet" href="style.css"〉라고 추가해서 CSS 파일을 읽어 들입니다.

chapter3/c3-03-2/index.html

```
<!doctype html>
<html lang="ko">
    <head>                                          〈head〉 내부에 추가합니다.
        <meta charset="UTF-8">
        <title>고양이의 일상</title>
        <meta name="description" content="고양이가 좋아하는 것과 일상을 소개합니다.">
        <link rel="stylesheet" href="style.css">
    </head>

    <body>                                          여기에 추가합니다.
        <h1>고양이의 하루</h1>
        <p>계속 잠을 잡니다.</p>
    </body>
</html>
```

chapter1

chapter2

chapter3

chapter4

chapter5

chapter6

chapter7

■ 웹 브라우저에서 열기

index.html을 더블 클릭하면 웹 브라우저에서 오른쪽과 같이 출력합니다.

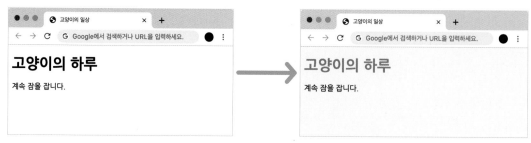

배경색이 추가되고, 제목의 색이 바뀌고, 문자의 크기가 변했습니다.

■ CSS 파일의 이름 규칙

CSS 파일 이름은 HTML 파일 이름을 붙일 때와 마찬가지로 한국어와 띄어쓰기를 사용하지 않으며, 사용할 수 없는 기호도 있으므로 주의하세요. 자세한 내용은 39페이지의 "2-2 HTML 파일 만들기"를 참고해주세요. 추가로 파일에는 ".css"라는 확장자를 붙입니다.

3-4
CHAPTER

CSS 기본 작성 방법 익히기

HTML과 마찬가지로 CSS를 작성할 때도 규칙이 있습니다. HTML 작성 방법과 혼동되지 않게 주의하면서 살펴보겠습니다.

chapter1

chapter2

chapter3

chapter4

chapter5

chapter6

chapter7

■ CSS 기본 문법

CSS는 **선택자, 속성, 값**이라고 부르는 3개의 요소를 조합해서 "어떤 부분의 무엇을 어떻게 변경할 것인가"를 지정합니다. 그럼 하나하나 어떤 역할을 하는지 살펴봅시다.

▶ 선택자

선택자로 어떤 것을 장식할 것인지 지정합니다. HTML 태그의 이름, 클래스, ID 등을 사용해서 변경 대상을 작성합니다. 예를 들어 선택자를 "h1"이라고 작성하면 웹 페이지 내부의 〈h1〉 태그에 장식을 적용하게 됩니다.

선택자 뒤에는 속성과 값을 중괄호({})로 감싸 입력합니다.

▶ 속성

선택자로 지정한 부분의 무엇을 변경할지 작성합니다. 예를 들어 문자색을 변경하고, 문자 크기를 변경하고, 배경 이미지를 추가하는 등입니다. 속성은 매우 많기 때문에 한 번에 모든 것을 외우는 것은 힘듭니다. 자주 사용하는 속성부터 차근차근 기억하면 좋을 것입니다.

속성과 값 사이에는 ":(콜론)"을 써서 구분합니다.

▶ 값

값으로 외관을 어떻게 변경할지 작성합니다. 예를 들어서 문자색을 변경할 것이라면 "어떤 색으로 변경할 것인가", 배경에 이미지를 배치한다면 "어떤 이미지를 배치할 것인가" 등 구체적인 내용을 지정합니다.

여러 개의 속성과 값을 지정할 때는 값 뒤에 ";(세미콜론)"을 넣습니다.

▶ 작성 방법 예

오른쪽 예에서는 선택자가 "h1", 속성이 "color", 값이 "red"로 되어 있으며, "〈h1〉 태그의 문자색(color)를 붉은색(red)로 한다"는 지정이 됩니다. 추가로 줄바꿈을 따로 넣지 않고 한 줄로 작성해도 괜찮습니다.

```
h1 {
    color: red;
}
```

```
h1 { color: red; }
```

■ CSS를 작성할 때의 규칙

▶ 대문자와 소문자

기본적으로 CSS는 대문자와 소문자를 구별하지 않지만, HTML 버전에 따라서 소문자로 작성해야 하는 경우도 있습니다. 따라서 소문자로 통일해서 입력하는 것이 좋습니다.

좋은 예	나쁜 예
h1 { color: red; }	h1 { COLOR: Red; }

▶ 여러 개의 선택자 지정하기

여러 개의 선택자에 같은 장식을 지정할 수도 있습니다. 이때는 쉼표(,)로 선택자를 구분해서 입력합니다. 지정하는 선택자의 수와 순서는 원하는 대로 입력해도 상관없습니다.

좋은 예	나쁜 예
h1, p { color: red; }	h1 p { color: red; } (h1과 p 사이에 쉼표가 없습니다)

▶ 여러 개의 장식 지정하기

1개의 선택자에 여러 개의 장식을 지정하고 싶은 경우에는 값 뒤에 세미콜론(;)을 추가해서 속성을 구분합니다.

좋은 예	나쁜 예
h1 { color: red; font-size: 20px; }	h1 { color: red font-size: 20px; } (red와 font 사이에 세미콜론이 없습니다)

속성을 하나만 입력할 때는 마지막에 세미콜론을 입력하지 않아도 됩니다. 하지만 이후에 CSS를 추가로 편집해서 다른 속성을 입력하는 경우도 많습니다. 따라서 모든 줄에 세미콜론을 붙이는 습관을 기르는 것을 추천합니다.

🔹 단위 지정하기

문자 크기, 너비, 높이 등의 숫자를 지정할 때는 값이 "0"일 때를 제외하고, 반드시 단위를 함께 지정해야 합니다. 다음과 같은 단위가 많이 사용됩니다.

단위	읽는 방법	설명
px	픽셀	화면 위의 최소 단위(1픽셀)를 기준으로 하는 단위입니다.
%	퍼센트	부모 요소의 크기를 기준으로 비율로 지정하는 단위입니다.
rem	렘	루트 요소(html 요소)에 지정된 크기를 기준으로 하는 단위입니다.

이 중에서 "px"은 **절대 단위**라고 부르며, 같은 값으로 지정하면 반드시 같은 크기를 갖게 됩니다. 반면 "%"와 "rem"은 **상대 단위**라고 부르며, 기준이 되는 요소에 따라서 크기가 바뀝니다.

좋은 예	나쁜 예
h1 { font-size: 20px; }	h1 { font-size: 20; }(단위가 없음)

🔹 요소 내부의 요소 지정하기

여러 개의 선택자를 띄어쓰기로 구분하면 지정한 요소 내부에 있는 요소에 장식을 지정할 수 있습니다. 예를 들어 〈div〉 태그 내부에 〈p〉 태그가 있을 때 선택자를 "div p"라는 형태로 띄어쓰기로 구별하면 "〈div〉 태그 내부의 〈p〉 태그"를 의미합니다.

예를 들어 다음과 같이 HTML에 "〈div〉 태그로 감싸인 〈p〉 태그"와 "감싸지 않은 〈p〉 태그"가 있다면 CSS로 "div p"에 장식을 지정했을 때 "〈div〉 태그로 감싸인 〈p〉 태그"에만 문자색이 변경됩니다.

🔳 chapter3/c3-04-1/index.html

```
<div>
    <p>동글동글 고양이</p>
</div>
<p>느긋한 고양이</p>
```

🔳 chapter3/c3-04-2/style.css

```
div p {
    color: red;
}
```

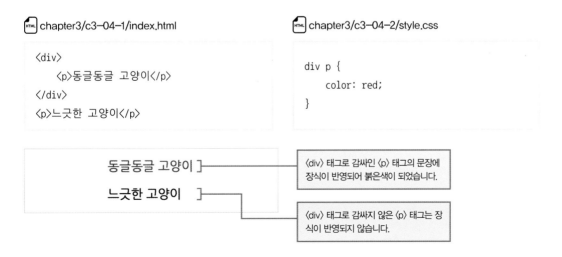

동글동글 고양이]——— 〈div〉 태그로 감싸인 〈p〉 태그의 문장에 장식이 반영되어 붉은색이 되었습니다.

느긋한 고양이]——— 〈div〉 태그로 감싸지 않은 〈p〉 태그는 장식이 반영되지 않습니다.

3-5

CHAPTER

문자와 문장 장식하기

문자는 정보를 전달할 뿐만 아니라 사용자에게 다양한 인상을 전달해주는 디자인 요소입니다. 웹 사이트에 예쁘게 글자를 출력할 수 있게 문자와 문장의 기본적인 작성 방법을 살펴보겠습니다.

■ 문자의 크기를 변경하는 "font-size 속성"

font-size 속성은 문자의 크기를 지정합니다. 단위는 주로 "px", "rem", "%"를 사용합니다.

📑 주요 값

지정 방법	설명
숫자	숫자에 "px", "rem", "%" 등의 단위를 붙입니다.
키워드	xx-small, x-small, small, medium, large, x-large, xx-large라는 7단계를 지정합니다. medium이 표준 크기입니다.

페이지의 표준이 되는 〈html〉 태그에 "font-size: 100%"를 지정하면 브라우저의 디폴트 문자 크기 또는 사용자 브라우저에 설정한 크기를 기준으로 상댓값을 지정할 수 있습니다. 반대로 "px"로 지정한 크기는 기준 크기와 관계없이 절댓값으로 설정할 수 있습니다.

📄 chapter3/c3-05-1/style.css

```
html {
    font-size: 100%;
}
h1 {
    font-size: 2rem;
}
h2 {
    font-size: 20px;
}
```

고양이의 하루]———— 〈h1〉 태그 텍스트

계속 잠을 잡니다.

고양이는 매일 12-16시간 수면을 취합니다. 다만 깊게 자지 못하고, 거의 얕은 잠을 잡니다. 소리가 났을 때 곧바로 깨어나는 것은 얕은 잠을 자기 때문입니다.

〈h1〉 태그의 텍스트 "고양이의 하루"는 "2rem"을 설정했으므로 기준 크기의 2배 크기가 됩니다.

※ HTML 코드는 샘플 데이터에 있습니다.

적당한 문자 크기

문자 크기는 작으면 작을수록 읽기 어려워집니다. 블로그, 뉴스 사이트 등 문장이 메인이 되는 웹 사이트에서는 본문의 문자 크기를 **14px~18px** 정도로 설정하는 것이 일반적입니다. 추가로 문자 크기는 웹 사이트의 타깃 사용자에 따라서도 변할 수 있습니다. 예를 들어서 작은 문자를 읽기 힘든 고연령층이 타깃이라면 문자를 크게 사용하는 것이 좋습니다.

추가로 디자인에 통일감을 줄 수 있게 문자 크기 변화는 **2~5종류** 정도로만 사용합니다. 일단 본문으로 사용할 문자 크기를 결정하고, 이를 기준으로 제목과 주석 등 다른 요소에서 사용할 문자 크기를 결정하면 됩니다. 웹 사이트의 타깃 사용자를 생각해서, 적정한 문자 크기로 설정해주세요.

왼쪽의 예에서는 6가지 종류의 문자 크기를 사용해서 통일감이 느껴지지 않습니다. 오른쪽의 예는 문자 크기를 3종류만 사용했습니다. 잘 정돈된 느낌을 줍니다.

문장과 점프율

문장의 제목을 디자인할 때 문자의 **점프율**에 대해서 고려하는 것이 좋습니다. 점프율이란 제목과 문장의 문자 크기 비율을 의미합니다. 문자 크기의 차이가 크면 "점프율이 높다", 작으면 "점프율이 낮다"라고 표현합니다. 점프율이 높으면 도약이 있는 즐거운 분위기를 내며, 반대로 점프율이 낮으면 우아하고 조용한 분위기가 납니다.

높은 점프율　　　　　　　　　　　낮은 점프율

왼쪽 예는 점프율이 높고, 오른쪽 예는 점프율이 낮게 만들었습니다. 점프율 조정에 따라서 분위기가 변화합니다.

chapter1
chapter2
chapter3
chapter4
chapter5
chapter6
chapter7

■ 폰트의 종류를 지정하는 "font-family 속성"

font-family 속성을 사용해서 폰트의 종류를 지정합니다. 지정한 폰트가 사용자의 컴퓨터에 없다면 웹 브라우저의 디폴트 폰트로 출력하게 됩니다. CSS 설정으로 여러 폰트를 지정할 수 있으며, 폰트의 종류를 쉼표(,)로 구분하면 앞쪽부터 사용자 컴퓨터에 있는 것을 찾아 폰트를 지정하게 됩니다. 웹 브라우저에 따라서는 한글로 폰트 이름을 적으면 못 읽어 들일 수도 있으므로 영어 표기의 폰트 이름도 함께 지정하는 것이 좋습니다.

📇 주요 값

지정 방법	설명
폰트 이름	폰트의 이름을 지정합니다. 한글을 사용하거나 띄어쓰기가 있는 폰트 이름을 지정할 때는 작은따옴표 또는 큰따옴표로 감싸서 지정합니다.
키워드	sans-serif(고딕체), serif(명조체), cursive(필기체), fantasy(장식 계열), monospace(고정폭)에서 지정합니다.

📄 chapter3/c3-05-2/style.css

```
h1 {
    font-family: serif;
}
h2 {
    font-family: "맑은 고딕", "Malgun Gothic", MalgunGothic, sans-serif;
}
p {
    font-family: "나눔바른고딕", "Nanum Barun Gothic", NanumBarunGothic, sans-serif;
}
```

> 여러 개의 폰트를 지정했습니다.

> 한국어로 작성된 폰트 이름, 공백을 포함하고 있는 폰트 이름은 따옴표(")로 감싸야 합니다.

> 위에서부터 명조체, 맑은 고딕, 나눔바른고딕이 지정됩니다.

고양이의 하루

계속 잠을 잡니다.

고양이는 매일 12-16시간 수면을 취합니다. 다만 깊게 자지 못하고, 거의 얕은 잠을 잡니다. 소리가 났을 때 곧바로 깨어나는 것은 얕은 잠을 자기 때문입니다.

> 폰트를 지정했습니다.

폰트의 종류

화면 전체의 느낌은 폰트의 종류에 따라서 크게 변합니다. 대표적인 폰트의 종류를 살펴보겠습니다.

명조체

명조체 문자는 굵은 가로획과 세로획에 "비늘"이라고 부르는 삼각형의 장식이 붙어 있는 폰트입니다. 디자인적으로 정중하면서도 품격 있는 인상을 줍니다. 붓으로 쓴 느낌을 주는 특징도 있습니다.

명조체는 가로획과 세로획 굵기에 강약이 있으며, 일반적으로 고딕체에 비해 가늘어서 긴 문장에는 명조체를 사용하는 것이 좋습니다.

이외에도 비늘이 있는 폰트들은 명조체입니다.

고딕체(돋움체)

고딕체는 가로획과 세로획의 굵기가 거의 같으며, 비늘이 없는 폰트입니다. 명조체보다 강하며, 굵은 글씨로 적었을 때도 쉽게 읽을 수 있는 특징이 있습니다. 또한 비늘과 같은 장식이 없으므로 어떠한 디자인에도 잘 어울리는 특징이 있습니다.

제목 등의 짧은 문장은 고딕체가 좋습니다. 요점만 극단적으로 설명하는 문장이므로 전체적으로 읽기 쉬운 성질보다 멀리서 봐도 확실하게 글자를 인식할 수 있는 성질이 좋기 때문입니다.

비늘이 없는 폰트들은 고딕체입니다.

장식 계열 폰트

장식을 목적으로 하는 폰트도 있습니다. "읽게 한다"가 포인트가 아니라, "보이는 외관이 멋지다"를 포인트로 하는 폰트입니다. 인상적이지만, 사용자가 읽기 힘든 폰트입니다. 이러한 장식 계열 폰트를 긴 문장에 사용하면 사용자가 문장을 읽기 어려워집니다. 읽기 어려운 문장은 내용이 어렵다고 느끼기 쉽습니다. 따라서 되도록 제목과 짧은 문장에만 사용하고, 본문에는 사용하지 않는 것이 좋습니다.

다양한 장식용 폰트가 있습니다. 디자인에 맞게 선택해서 사용해주세요.

폰트 통일하기

멋진 폰트가 많다 보니 이런저런 폰트를 모두 사용하고 싶어질 수도 있습니다. 하지만 주의해야 합니다. 다른 종류의 폰트들이 화면에 너무 많이 등장하면 글을 읽기 어려울 뿐만 아니라 해당 사이트의 전체적인 디자인 통일감이 없어집니다.

본문에는 간단한 폰트를 선택하는 것이 좋습니다. 인상적인 디자인을 만들고 싶다면 제목 또는 강조하고 싶은 부분에만 장식 계열 폰트를 사용해주세요. 하나의 디자인에 사용하는 폰트는 1~3가지 종류 정도로 제한하기 바랍니다. 이렇게 하면 산만한 느낌이 들지 않습니다.

왼쪽은 5가지 종류의 폰트를 사용해서 통일감이 없습니다. 오른쪽은 2가지 종류의 폰트를 사용했습니다.

■ 문자의 두께를 바꾸는 "font-weight 속성"

font-weight 속성으로 폰트의 두께를 지정합니다. 1~1000 사이의 숫자를 지정할 수도 있지만, 일반적으로는 "normal", "bold"와 같은 키워드를 지정합니다. 참고로 두꺼운 글자와 얇은 글자를 지원하지 않는 폰트는 font-weight 속성을 적용해도 두께가 변하지 않습니다.

📋 주요 값

지정 방법	설명
키워드	normal(표준), bold(두꺼운 글자), lighter(얇은 글자), bolder(많이 두꺼운 글자)
숫자	1~1000 사이의 값

📄 chapter3/c3-05-3/style.css

```
p {
    font-weight: bold;
}
```

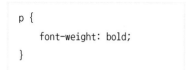

강조하고 싶은 문자는 두꺼운 글자로 설정해서 눈에 띄게 만들 수 있습니다.

▶ 긴 문장에 두꺼운 글자 사용하지 않기

긴 문장을 두꺼운 글자로 작성하면 읽기 굉장히 힘들어집니다. 따라서 긴 문장은 모든 글자를 굵은 글자로 작성하는 것을 피해 주세요. 두꺼운 글자는 제목, 키워드 등과 같은 부분에만 적절하게 사용해주세요.

왼쪽과 같이 본문 전체를 두꺼운 글자로 해버리면 문장을 읽기 힘듭니다.

줄 높이를 바꾸는 "line-height 속성"

줄 높이(행간)를 지정할 때는 line-height를 사용합니다. 줄 높이가 문자 크기보다 작으면 줄이 중첩되는 문제가 발생할 수 있으므로 주의하세요.

주요 값

지정 방법	설명
normal	브라우저에 설정된 줄 높이로 출력합니다.
숫자(단위 없음)	폰트 크기를 기반으로 비율로 지정합니다.
숫자(단위 있음)	"px", "em", "%" 등의 단위로 숫자를 지정합니다.

추천하는 줄 간격 설정

줄과 줄의 공백이 너무 좁으면 답답한 느낌이 듭니다. 또한 너무 넓으면 다음 줄로 시선을 옮기기 힘듭니다. 추천하는 줄 간격은 1.5~1.9 정도입니다. 폰트와 전체적인 디자인에 따라서 조정합니다.

chapter3/c3-05-4/style.css

```
p {
    line-height: 1.7;
}
```

line-height: 1;

고양이는 매일 12-16시간 수면을 취합니다. 다만 깊게 자지 못하고, 거의 얕은 잠을 잡니다. 소리가 났을 때 곧바로 깨어나는 것은 얕은 잠을 자기 때문입니다.

line-height: 1.7;

고양이는 매일 12-16시간 수면을 취합니다. 다만 깊게 자지 못하고, 거의 얕은 잠을 잡니다. 소리가 났을 때 곧바로 깨어나는 것은 얕은 잠을 자기 때문입니다.

line-height: 2.5;

고양이는 매일 12-16시간 수면을 취합니다. 다만 깊게 자지 못하고, 거의 얕은 잠을 잡니다. 소리가 났을 때 곧바로 깨어나는 것은 얕은 잠을 자기 때문입니다.

위에서부터 line-height 속성을 1, 1.7, 2.5로 지정한 것입니다. 줄 간격은 폰트 크기와 연동되므로 단위 없이 숫자를 지정하는 방법이 일반적입니다.

chapter1
chapter2
chapter3
chapter4
chapter5
chapter6
chapter7

■ 문장 맞춤을 지정하는 "text-align 속성"

text-align 속성을 사용하면 텍스트의 맞춤을 지정할 수 있습니다. 한국어는 디폴트로 왼쪽 맞춤입니다.

🔖 주요 값

지정 방법	설명
left	왼쪽 맞춤
right	오른쪽 맞춤
center	가운데 맞춤
justify	양쪽 맞춤

text-align: left;

고양이는 매일 12-16시간 수면을 취합니다. 다만 깊게 자지 못하고, 거의 얕은 잠을 잡니다. 소리가 났을 때 곧바로 깨어나는 것은 얕은 잠을 자기 때문입니다. 고양이는 매일 12-16시간 수면을 취합니다. 다만 깊게 자지 못하고, 거의 얕은 잠을 잡니다. 소리가 났을 때 곧바로 깨어나는 것은 얕은 잠을 자기 때문입니다. 고양이는 매일 12-16시간 수면을 취합니다. 다만 깊게 자지 못하고, 거의 얕은 잠을 잡니다. 소리가 났을 때 곧바로 깨어나는 것은 얕은 잠을 자기 때문입니다.

text-align: justify;

고양이는 매일 12-16시간 수면을 취합니다. 다만 깊게 자지 못하고, 거의 얕은 잠을 잡니다. 소리가 났을 때 곧바로 깨어나는 것은 얕은 잠을 자기 때문입니다. 고양이는 매일 12-16시간 수면을 취합니다. 다만 깊게 자지 못하고, 거의 얕은 잠을 잡니다. 소리가 났을 때 곧바로 깨어나는 것은 얕은 잠을 자기 때문입니다. 고양이는 매일 12-16시간 수면을 취합니다. 다만 깊게 자지 못하고, 거의 얕은 잠을 잡니다. 소리가 났을 때 곧바로 깨어나는 것은 얕은 잠을 자기 때문입니다.

"left"로 적용하면 문단이 왼쪽으로 최대한 붙지만, "justify"로 적용하면 양쪽 끝을 맞춰줍니다.

🔖 chapter3/c3-05-3/style.css

```css
p {
    text-align: justify;
}
```

▶ 중앙 맞춤은 짧은 문장에 적용하기

디자인할 때 중앙 맞춤을 적용하고 싶은 경우가 매우 많습니다. 하지만 중앙 맞춤은 줄의 시작 위치를 분산되게 만들기 때문에 글을 읽기 어렵게 만듭니다. 2~3줄 정도의 짧은 문장이라면 중앙 정렬을 해도 괜찮지만, 그것보다 긴 문장은 왼쪽 맞춤 또는 양쪽 맞춤을 하는 것이 읽기 쉽습니다.

긴 문장은 줄의 시작 위치를 왼쪽으로 맞춰야 쉽게 읽을 수 있습니다.

3-6
CHAPTER

웹 폰트 사용하기

과거의 웹 페이지는 사용자의 장치에 설치된 폰트만 출력할 수 있었습니다. 최근에는 웹 서버에 있는 웹 폰트를 사용해서 장치에 폰트가 없어도 출력할 수 있게 됐습니다.

chapter1

chapter2

chapter3

chapter4

chapter5

chapter6

chapter7

■ 웹 폰트란?

과거의 웹 페이지는 디자인 제작자가 출력하고 싶은 폰트를 사용자가 가지고 있지 않을 가능성이 클 경우 텍스트 부분을 이미지로 만들어서 제공했습니다.

현재에는 이러한 경우에 "**웹 폰트**"라는 기술을 사용해서 텍스트를 출력합니다. 이를 활용하면 폰트 파일이 웹 서버에 있으므로 사용자가 별도로 설치하지 않아도 폰트를 출력할 수 있습니다.

■ 웹 폰트 사용하기

이번 절에서는 구글이 제공하는 무료 웹 폰트 서비스인 **Google Fonts**를 사용해서 웹 폰트를 설명하겠습니다. Google Fonts는 굉장히 사용하기 쉽고, 빠르기 때문에 많은 인기를 얻고 있습니다.

▶ Google Fonts 사용 방법

01 Google Fonts 웹 사이트에 들어가기

Google Fonts 웹 사이트에 들어가서 사용하고 싶은 폰트를 찾습니다.

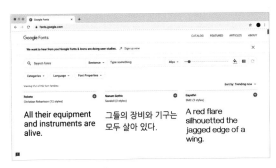

Google Fonts … https://fonts.google.com

02 폰트 선택하기

Google Fonts 웹 사이트에서 사용하고 싶은 폰트를 찾습니다. 역자는 "Nanum Brush Script"를 사용해보겠습니다. 폰트 페이지에 들어가서 오른쪽 위에 있는 "SELECT THIS FONT"를 클릭합니다. 이때 화면 아래에 검은 바가 출력되는데, 이를 클릭해주세요.

Google Fonts … https://fonts.google.com

https://fonts.google.com/specimen/Nanum+Brush+Script

03 HTML 파일에서 읽어 들이기

"Embed Font" 부분에 적혀 있는 코드를 복사해서 HTML 파일의 〈head〉 부분에 붙여넣습니다.

여기를 〈head〉 부분에 복사해서 붙여넣습니다.

```
<head>
    <meta charset="UTF-8">
    <title>고양이의 하루</title>
    <meta name="description" content="고양이가 좋아하는 것과 일상을 소개합니다.">
    <link rel="stylesheet" href="style.css">
    <link href="https://fonts.googleapis.com/css?family=Nanum+Brush+Script&display=swap"
rel="stylesheet">
</head>
```

04 CSS 파일에서 스타일 지정하기

"Specify in CSS"에 나와 있는 코드를 폰트를 적용하고 싶은 요소에 적용합니다. 예를 들어 〈h1〉 태그에 폰트를 적용하고 싶다면 다음과 같이 지정합니다.

```
h1 {
    font-family: 'Nanum Brush Script',
cursive;
}
```

코드를 실행해보면 정상적으로 〈h1〉 부분에 웹 폰트가 적용되는 모습을 볼 수 있습니다.

고양이의 하루

계속 잠을 잡니다.

고양이는 매일 12-16시간 수면을 취합니다. 다만 깊게 자지 못하고, 거의 얕은 잠을 잡니다. 소리가 났을 때 곧바로 깨어나는 것은 얕은 잠을 자기 때문입니다.

웹 폰트 적용 전

고양이의 하루

계속 잠을 잡니다.

고양이는 매일 12-16시간 수면을 취합니다. 다만 깊게 자지 못하고, 거의 얕은 잠을 잡니다. 소리가 났을 때 곧바로 깨어나는 것은 얕은 잠을 자기 때문입니다.

웹 폰트 적용 후

chapter1

chapter2

chapter3

chapter4

chapter5

chapter6

chapter7

3-7

CHAPTER

색 넣기

사용자가 페이지를 열었을 때, 사이트의 이미지를 결정짓는 중요한 디자인 요소로 "색"이 있습니다. CSS로 색을 지정하는 방법과 색과 관련된 기초 지식을 살펴보겠습니다.

색 지정 방법

문자색과 배경색을 CSS로 지정할 때는 3가지 방법을 사용할 수 있습니다.

색상 코드 지정하기

첫 번째는 **색상 코드**라고 부르는 6자리의 알파벳과 숫자를 지정하는 방법입니다. 색상 코드는 "#(해시)"로 시작하며, 0~9 사이의 숫자와 a~f 사이의 알파벳을 조합해서 표현합니다. 이때 알파벳은 대문자와 소문자를 구별하지 않습니다.

색상 코드는 16개의 문자, "0, 1, 2, 3, 4, 5, 6, 7, 8, 9, a, b, c, d, e, f"를 사용해서 16진수로 구성합니다. 6자리 중에서 왼쪽 두 자리가 빨간색(Red), 가운데 두 자리가 초록색(Green), 오른쪽 두 자리가 파란색(Blue)을 나타냅니다. "0"에 가까울수록 어두운색이 되며, "f"에 가까울수록 밝은색이 됩니다. 따라서 색상 코드 "#ffffff"는 흰색이며, 반대로 "#000000"은 검은색입니다.

추가로 같은 숫자가 연속되는 경우, 색상 코드를 3자리로 생략할 수 있습니다. 예를 들어 흰색을 나타내는 "#ffffff"는 "#fff", 빨간색을 나타내는 "#ff0000"은 "#f00"으로 나타낼 수 있습니다.

RGB 값 지정하기

두 번째는 RGB 숫자를 조합해서 지정하는 방법입니다. RGB란 빨간색(Red), 초록색(Green), 파란색(Blue)이라는 숫자 조합입니다. CSS에서 작성할 때는 "rgb(빨간색, 초록색, 파란색)" 형태로 작성합니다. 이때 각각의 색은 0~255 사이의 숫자를 입력하며, 0이 가장 어두운 색이고, 숫자가 높을수록 밝은색이 됩니다. 따라서 "rgb(255, 255, 255)"는 흰색이며, 반대로 "rgb(0, 0, 0)"은 검은색입니다.

추가로 이 방법은 투명도를 나타내는 **알파값**도 지정할 수 있습니다. 이러한 경우에는 "rgba(빨간색, 초록색, 파란색, 투명도)" 형태로 작성합니다. 투명도는 0~1 사이의 숫자를 입력하며 "0"은 투명이고, "1"은 불투명입니다. 예를 들어 rgb(255, 255, 255, .5)라고 작성하면 알파값은 0.5가 되며, 반투명을 나타냅니다.

색상 코드와 RGB 값을 확인할 때는 컬러 피커를 사용하면 좋습니다. 포토샵과 일러스트레이터 등의 그래픽 도구에는 기본적으로 컬러 피커 기능이 있습니다. 간단하게 찾을 때는 웹 도구를 사용해보는 것도 좋습니다. 구글에서 **"컬러 피커"**라고 검색하면 아래 그림과 같은 도구가 나옵니다. 아래의 색상 바를 드래그해서 색을 선택하고, 팔레트에서 밝기 등을 변경해서 원하는 색을 찾아보세요. 색을 선택하면 컬러 코드 등을 아래쪽에서 확인할 수 있습니다.

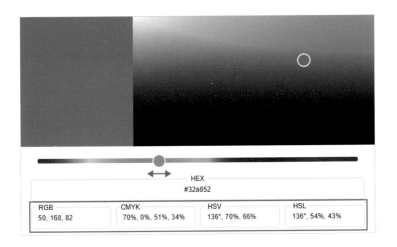

색상 이름으로 지정하기

세 번째는 색상 이름을 지정하는 방법입니다. 빨간색이라면 "red", 파란색이라면 "blue"처럼 정해진 색이름을 사용할 수 있습니다. 어떤 색인지 쉽게 떠올릴 수 있다는 장점이 있습니다. 하지만 지정할 수 있는 색이 한정돼 있어서 세세한 색 조정은 힘듭니다.

웹 개발을 공부할 때, 테스트하는 단계에서는 임시로 색상 이름을 사용하는 경우가 많습니다. 짧고 철자가 간단한 색이름은 외워 두면 편리하게 활용할 수 있습니다. 필자가 자주 사용하는 색은 "pink", "tomato", "orange", "gold", "plum", "tan" 등입니다. 꼭 활용해보세요.

HTML name	R G B Hex	R G B Decimal
Pink colors		
Pink	FF C0 CB	255 192 203
LightPink	FF B6 C1	255 182 193
HotPink	FF 69 B4	255 105 180
DeepPink	FF 14 93	255 20 147
PaleVioletRed	DB 70 93	219 112 147
MediumVioletRed	C7 15 85	199 21 133
Red colors		
LightSalmon	FF A0 7A	255 160 122
Salmon	FA 80 72	250 128 114
DarkSalmon	E9 96 7A	233 150 122
LightCoral	F0 80 80	240 128 128
IndianRed	CD 5C 5C	205 92 92
Crimson	DC 14 3C	220 20 60
Firebrick	B2 22 22	178 34 34
DarkRed	8B 00 00	139 0 0
Red	FF 00 00	255 0 0
Orange colors		
OrangeRed	FF 45 00	255 69 0
Tomato	FF 63 47	255 99 71
Coral	FF 7F 50	255 127 80
DarkOrange	FF 8C 00	255 140 0
Orange	FF A5 00	255 165 0

HTML name	R G B Hex	R G B Decimal
Green colors		
DarkOliveGreen	55 6B 2F	85 107 47
Olive	80 80 00	128 128 0
OliveDrab	6B 8E 23	107 142 35
YellowGreen	9A CD 32	154 205 50
LimeGreen	32 CD 32	50 205 50
Lime	00 FF 00	0 255 0
LawnGreen	7C FC 00	124 252 0
Chartreuse	7F FF 00	127 255 0
GreenYellow	AD FF 2F	173 255 47
SpringGreen	00 FF 7F	0 255 127
MediumSpringGreen	00 FA 9A	0 250 154
LightGreen	90 EE 90	144 238 144
PaleGreen	98 FB 98	152 251 152
DarkSeaGreen	8F BC 8F	143 188 143
MediumAquamarine	66 CD AA	102 205 170
MediumSeaGreen	3C B3 71	60 179 113
SeaGreen	2E 8B 57	46 139 87
ForestGreen	22 8B 22	34 139 34
Green	00 80 00	0 128 0
DarkGreen	00 64 00	0 100 0
Cyan colors		
Aqua	00 FF FF	0 255 255

HTML name	R G B Hex	R G B Decimal
Purple, violet, and magenta colors		
Lavender	E6 E6 FA	230 230 250
Thistle	D8 BF D8	216 191 216
Plum	DD A0 DD	221 160 221
Violet	EE 82 EE	238 130 238
Orchid	DA 70 D6	218 112 214
Fuchsia	FF 00 FF	255 0 255
Magenta	FF 00 FF	255 0 255
MediumOrchid	BA 55 D3	186 85 211
MediumPurple	93 70 DB	147 112 219
BlueViolet	8A 2B E2	138 43 226
DarkViolet	94 00 D3	148 0 211
DarkOrchid	99 32 CC	153 50 204
DarkMagenta	8B 00 8B	139 0 139
Purple	80 00 80	128 0 128
Indigo	4B 00 82	75 0 130
DarkSlateBlue	48 3D 8B	72 61 139
SlateBlue	6A 5A CD	106 90 205
MediumSlateBlue	7B 68 EE	123 104 238
White colors		
White	FF FF FF	255 255 255
Snow	FF FA FA	255 250 250
Honeydew	F0 FF F0	240 255 240

https://en.wikipedia.org/wiki/Web_colors#X11_color_names

문자색을 지정하는 "color 속성"

지금까지의 샘플 코드에서도 여러 번이나 등장한 "color" 속성입니다. 이는 문자에 색을 지정할 때 사용하는 속성입니다. 일반적으로 색상 코드를 사용해 값을 지정합니다.

📋 주요 값

지정 방법	설명
색상 코드	"#(해시)"로 시작하는 3자리 또는 6자리 수의 색상 코드를 지정합니다.
색상 이름	"red", "blue" 등 정해진 색의 이름을 지정합니다.
RGB 값	"rgb"로 시작하고 빨간색, 초록색, 파란색 값을 쉼표(,)로 구분해서 지정합니다. 투명도를 포함하고 싶을 때는 "rgba"로 시작하고 빨간색, 초록색, 파란색, 투명도 값을 쉼표(,)로 구분해서 지정합니다. 투명도는 0~1 사이의 값으로 지정합니다.

색상 코드로 작성할 때는 "#(해시)"를 잊지 말고 작성해주세요. 투명도를 지정하고 싶은 경우에는 "rgba"를 사용합니다.

📄 chapter3/c3-07-1/style.css

```
h1 {
    color: #0bd;
}
h2 {
    color: navy;
}
p {
    color: rgba(10, 130, 165, .5);
}
```

〈h1〉 태그에 색상 코드를 3자리로 지정했습니다.

〈h2〉 태그에 색상 이름을 지정했습니다.

〈p〉 태그에 RGB 값을 지정했습니다. 투명도를 "0.5"로 지정했으므로 반투명해집니다.

고양이의 하루

계속 잠을 잡니다.

고양이는 매일 12-16시간 수면을 취합니다. 다만 깊게 자지 못하고, 거의 얕은 잠을 잡니다. 소리가 났을 때 곧바로 깨어나는 것은 얕은 잠을 자기 때문입니다.

〈h1〉, 〈h2〉, 〈p〉 태그 각각의 요소에 다른 색을 적용했습니다. 가장 아래의 〈p〉 태그는 투명도가 0.5(50%)이므로 문자가 약간 비치는 느낌이 납니다.

■ 배경에 색을 지정하는 "background-color" 속성

배경에 색을 지정할 때는 background-color 속성을 사용합니다. 색을 지정하는 방법은 문자에 색을 지정할 때와 마찬가지로 색상 코드 또는 색상 이름을 사용합니다.

📑 주요 값

지정 방법	설명
색상 코드	"#(해시)"로 시작하는 3자리 또는 6자리 수의 색상 코드를 지정합니다.
색상 이름	"red", "blue" 등 정해진 색상 이름을 지정합니다.
RGB 값	"rgb"로 시작하고 빨간색, 초록색, 파란색 값을 쉼표(,)로 구분해서 지정합니다. 투명도를 포함하고 싶은 경우에는 "rgba"로 시작하고 빨간색, 초록색, 파란색, 투명도 값을 쉼표(,)로 구분해서 지정합니다. 투명도는 0~1 사이의 값으로 지정합니다.

페이지 전체 배경에 색을 지정할 때는 〈body〉 태그에 지정합니다.

chapter1
chapter2
chapter3
chapter4
chapter5
chapter6
chapter7

```css
body {
    background-color: #fee;
}
h1 {
    background-color: #faa;
}
```

〈body〉 태그의 배경에 #fee(연한 분홍색)을 지정했습니다.

〈h1〉 태그의 배경에 #faa(진한 분홍색)을 지정했습니다.

고양이의 하루

계속 잠을 잡니다.

고양이는 매일 12-16시간 수면을 취합니다. 다만 깊게 자지 못하고, 거의 얕은 잠을 잡니다. 소리가 났을 때 곧바로 깨어나는 것은 얕은 잠을 자기 때문입니다.

〈body〉 태그에 지정했으므로 페이지 전체의 배경이 연한 분홍색으로 지정됩니다. 〈h1〉 태그 부분은 진한 분홍색을 지정했으므로 이 부분만 진한 분홍색으로 나옵니다.

COLUMN
—
무채색을 색상 코드로 나타내기

흰색, 회색, 검은색 등의 무채색을 색상 코드로 작성하면 같은 숫자 또는 알파벳이 연속된 값이 나옵니다. 색상 코드는 "f"에 가까울수록 밝은색, "0"에 가까울수록 어두운색이 됩니다. 따라서 예를 들어 "#ffffff"는 흰색, "#dddddd"는 밝은 회색, "#333333"은 어두운 회색, "#000000"은 검은색입니다.

추가로 "9a9a9a", "646464"라고 지정하는 경우에도 빨간색, 초록색, 파란색이 2개씩 조합되어 같은 값을 나타내므로 무채색이 됩니다. 무채색을 만들 때 활용할 수 있는 내용이므로 꼭 기억해주세요.

배색 잘하기

색의 조합에는 무한한 패턴이 있습니다. 웹 디자인은 어떤 배색으로 하는지에 따라서 전체적인 분위기가 크게 바뀝니다. 일단 색의 기초 지식을 살펴보겠습니다.

색상 · 명도 · 채도란?

색은 색상 · 명도 · 채도라는 3개의 요소로 만들어지며, 이를 조정하면서 최적의 색을 찾습니다.

색상

색상은 빨간색, 노란색, 초록색, 파란색 등의 단어로 구별되는 색의 차이를 의미합니다. 색상은 각각이 개별적으로 독립된 것이 아니라 연결돼 있으며, 이를 원형으로 나열해놓은 것을 "**색상환**"이라고 부릅니다.

참고로 색상환에서 반대편에 있는 색을 보색이라고 부르며, 이웃한 색을 유사 색상이라고 부릅니다.

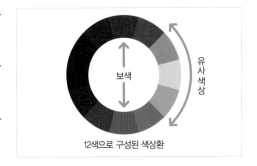

명도

색의 밝기를 나타냅니다. 명도가 높으면 밝고, 상쾌한 느낌을 줍니다. 명도가 낮으면 어둡고, 진정되는 느낌을 줍니다.

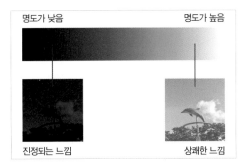

채도

색의 신명힘을 나타냅니다. 채도기 높으면 선명히고 화려한 느낌, 채도가 낮으면 차분하고 어른스러운 느낌을 줍니다.

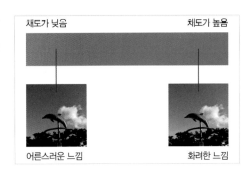

chapter1

chapter2

chapter3

chapter4

chapter5

chapter6

chapter7

🔘 색이 가진 인상이란?

웹 디자인에 사용할 색을 결정할 때, 단순하게 자신이 좋아하는 색을 골라서는 안 됩니다. 웹 디자인은 웹 사이트를 사용하는 타깃 사용자를 위한 것이므로 이에 맞춰서 인상을 만들어줘야 합니다. 따라서 색도 목표하는 인상에 맞게 선택해야 합니다.

색과 온도

색은 "따뜻한 것 같다" 또는 "차가운 것 같다"라는 온도 등으로 분류할 수 있습니다.

따뜻한 색	차가운 색
 빨간색을 중심으로 하는 색상입니다. 불꽃, 혈액 등을 연상할 수 있습니다. 따뜻한 느낌과 열정적인 인상을 줄 수 있습니다. 식욕을 끄는 색상이기도 합니다.	파란색을 중심으로 하는 색상입니다. 바다 또는 물을 연상할 수 있습니다. 시원한 느낌, 심리적으로 안정을 주는 느낌, 성실한 느낌을 줄 수 있습니다.

중성색

초록색과 보라색 등 온도를 느끼지 않는 색상입니다. 이러한 색을 중성색이라고 합니다. 따뜻한 색과 차가운 색을 조합해서 온도감을 추가로 부여할 수도 있습니다.

무채색

흰색, 회색, 검은색처럼 색감이 없는 색상입니다. 어떤 색과 조합해도 쉽게 조합할 수 있으며, 세련된 느낌을 줍니다.

▶ 색의 이미지

색을 보는 것만으로도 사람들은 다양한 이미지를 연상합니다. 이러한 색에 대한 인상은 인종, 문화에 따라 다를 수 있습니다. 그래도 일반적으로 공통으로 연상되는 이미지를 기억해두면 좋습니다.

빨간색	주황색	노란색	초록색	파란색
Red	Orange	Yellow	Green	Blue
뜨거움, 생명력, 강함, 열정, 사랑, 자극, 분노, 경고, 금지	친근함, 따뜻함, 온기, 기쁨, 즐거움, 비타민	호기심, 협력, 행복, 영광, 희망, 소란스러움, 어린 느낌	자연, 안전, 조화, 건강, 치료, 휴식, 미숙함	차가움, 고요함, 냉정함, 편안함, 성실함

보라색	분홍색	갈색	흰색	검은색
Purple	Pink	Brown	White	Black
고귀함, 위엄, 충성, 우아함, 병, 불길함, 개성, 신비로움	부드러움, 귀여움, 어림, 봄, 사랑, 환상적, 로맨스, 여성적	안정, 신뢰, 역사, 전통, 보수적, 따뜻함, 수수함	순수, 결백, 선, 평화, 경의, 공허, 차가움	고급, 위엄, 기능적, 단단함, 공포, 고독, 죽음

▶ 색의 톤이란?

톤이란 명도와 채도를 합친 개념입니다. 같은 색상이라도 톤에 따라서 인상이 크게 달라질 수 있습니다. 톤으로부터 받는 인상은 배색을 결정하는 데 있어서 중요한 포인트가 되므로 디자인 목적에 따라서 톤을 잘 선택합시다.

다음 페이지에 톤과 관련된 설명을 정리했습니다. 웹 사이트를 제작할 때는 타깃에 맞는 톤을 찾아서 디자인에 활용해도 좋을 것입니다.

chapter1
chapter2
chapter3
chapter4
chapter5
chapter6
chapter7

페일 톤(Pale tone: 엷은 톤): 가볍고, 여성적이고, 귀엽고, 부드러운 디자인을 만들고 싶을 때 사용합니다.

명도	높음
채도	낮음

R250 G190 B167
#fabea7

R252 G201 B172
#fcc9ac

R255 G224 B182
#ffe0b6

R255 G250 B194
#fffac2

R225 G238 B193
#e1eec1

R195 G220 B190
#c3dcbe

R186 G212 B209
#bad4d1

R180 G193 B209
#b4c1d1

R174 G181 B220
#aeb5dc

R183 G174 B214
#b7aed6

R197 G178 B214
#c5b2d6

R229 G183 B190
#e5b7be

라이트 톤(Light tone: 연한 톤): 부드럽고, 상쾌하고, 어린이 같으며, 귀여운 디자인을 만들고 싶을 때 사용합니다.

명도	높음
채도	중간

R246 G150 B121
#f69679

R249 G169 B128
#f9a980

R254 G207 B141
#fecf8d

R255 G247 B153
#fff799

R208 G227 B155
#d0e39b

R159 G202 B153
#9fca99

R148 G188 B183
#94bcb7

R138 G163 B185
#8aa3b9

R132 G144 B200
#8490c8

R146 G131 B190
#9283be

R168 G136 B190
#a888be

R213 G141 B157
#d58d9d

브라이트 톤(Bright tone: 밝은 톤): 즐겁고, 건강하고, 캐주얼한 디자인을 만들고 싶을 때 사용합니다.

명도	높음
채도	높음

R243 G112 B83
#f37053

R246 G139 B88
#f68b58

R253 G191 B100
#fdbf64

R255 G245 B108
#fff56c

R192 G219 B117
#c0db75

R122 G185 B119
#7ab977

R110 G167 B161
#6ea7a1

R98 G137 B164
#6289a4

R92 G115 B183
#5c73b7

R115 G97 B171
#7361ab

R143 G100 B171
#8f64ab

R199 G103 B129
#c76781

스트롱 톤(Strong tone: 강한 톤): 강하고, 정열적이고, 신뢰감과 존재감 있는 디자인을 만들고 싶을 때 사용합니다.

명도	중간
채도	높음

R200 G62 B54
#c83e36

R208 G101 B59
#d0653b

R227 G164 B78
#e3a44e

R248 G235 B101
#f8eb65

R176 G200 B101
#b0c865

R95 G160 B94
#5fa05e

R81 G140 B132
#518c84

R62 G104 B125
#3e687d

R48 G80 B137
#305089

R74 G56 B124
#4a387c

R106 G57 B125
#6a397d

R159 G56 B91
#9f385b

딥 톤(Deep tone: 진한 톤): 깊고, 전통적이고, 차분한 디자인을 만들고 싶을 때 사용합니다.

명도	낮음
채도	높음

R139 G3 B4 #8b0304	R140 G48 B3 #8c3003	R144 G96 B0 #906000	R150 G141 B0 #968d00
R92 G121 B27 #5c791b	R14 G98 B39 #0e6227	R11 G86 B79 #0b564f	R2 G61 B83 #023d53
R2 G37 B97 #022561	R38 G6 B87 #260657	R65 G1 B85 #410155	R110 G0 B51 #6e0033

비비드 톤(Vivid tone: 선명한 톤): 화려하고, 활동적이고, 스포티하고, 활발한 디자인을 만들고 싶을 때 사용합니다.

명도	중간
채도	높음

R237 G28 B36 #ed1c24	R241 G89 B34 #f15922	R250 G166 B26 #faa61a	R255 G242 B0 #fff200
R166 G206 B57 #a6ce39	R40 G164 B74 #28a44a	R31 G142 B131 #1f8e83	R25 G105 B137 #196989
R12 G77 B162 #0c4da2	R71 G47 B145 #472f91	R112 G44 B145 #702c91	R182 G25 B93 #b6195d

라이트 그레이시 톤(Light grayish tone: 밝은 잿빛 톤): 차분하고, 조용하고, 어른스러운 느낌의 디자인을 만들고 싶을 때 사용합니다.

명도	높음
채도	낮음

R176 G127 B114 #b07f72	R188 G145 B127 #bc917f	R212 G186 B159 #d4ba9f	R241 G234 B195 #f1eac3
R206 G209 B179 #ced1b3	R167 G177 B155 #a7b19b	R155 G165 B160 #9ba5a0	R135 G136 B142 #87888e
R124 G120 B137 #7c7889	R123 G107 B127 #7b6b7f	R136 G114 B132 #887284	R157 G119 B124 #9d777c

소프트 톤(Soft tone: 부드러운 톤): 온화하고, 부드럽고, 레트로적인 디자인을 만들고 싶을 때 사용합니다.

명도	높음
채도	중간

R204 G121 B101 #cc7965	R213 G142 B111 #d58e6f	R230 G188 B135 #e6bc87	R247 G239 B162 #f7efa2
R200 G213 B153 #c8d599	R149 G181 B141 #95b58d	R138 G167 B161 #8aa7a1	R120 G136 B151 #788897
R112 G118 B157 #70769d	R121 G103 B146 #796792	R141 G108 B149 #8d6c95	R176 G113 B126 #b0717e

chapter1
chapter2
chapter3
chapter4
chapter5
chapter6
chapter7

그레이시 톤(Grayish tone: 잿빛 톤): 수수하고, 시크하고, 도시적인 디자인을 만들고 싶을 때 사용합니다.

명도	중간
채도	낮음

R95 G56 B48
#5f3830

R105 G73 B60
#69493c

R128 G108 B87
#806c57

R155 G151 B122
#9b977a

R125 G130 B106
#7d826a

R91 G102 B84
#5b6654

R83 G93 B88
#535d58

R64 G68 B72
#404448

R50 G52 B67
#323443

R48 G39 B59
#30273b

R63 G44 B63
#3f2c3f

R82 G50 B57
#523239

덜 톤(Dull tone: 차분한 톤): 흐리고, 칙칙하고, 비싸고, 우아한 디자인을 만들고 싶을 때 사용합니다.

명도	중간
채도	중간

R133 G36 B27
#85241b

R138 G65 B33
#8a4121

R149 G109 B48
#956d30

R166 G157 B68
#a69d44

R114 G135 B66
#728742

R58 G108 B61
#3a6c3d

R50 G96 B90
#32605a

R35 G69 B85
#234555

R28 G49 B93
#1c315d

R47 G27 B83
#2f1b53

R70 G28 B84
#461c54

R107 G29 B59
#6b1d3b

다크 톤(Dark tone: 어두운 톤): 남성적이고, 튼튼하고, 강하고, 멋진 디자인을 만들고 싶을 때 사용합니다.

명도	낮음
채도	중간

R86 G13 B4
#560d04

R89 G35 B5
#592305

R97 G68 B20
#614414

R107 G101 B38
#6b6526

R71 G88 B37
#475825

R25 G70 B33
#194621

R20 G61 B56
#143d38

R13 G40 B53
#0d2835

R10 G18 B58
#0a123a

R22 G7 B50
#160732

R41 G8 B51
#290833

R70 G7 B32
#460720

다크 그레이시 톤(Dark grayish tone: 어두운 잿빛 톤): 단단하고, 느리고, 무겁고, 음침한 디자인을 만들고 싶을 때 사용합니다.

명도	낮음
채도	낮음

R51 G22 B14
#33160e

R58 G36 B25
#3a2419

R73 G60 B46
#493c2e

R91 G88 B70
#5b5846

R71 G75 B60
#474b3c

R48 G57 B44
#30392c

R43 G51 B48
#2b3330

R29 G32 B36
#1d2024

R17 G17 B32
#111120

R15 G5 B24
#0f0518

R28 G9 B28
#1c091c

R43 G19 B23
#2b1317

색의 조합 생각하기

지금까지 색의 느낌과 톤을 살펴봤습니다. 이번에는 이를 실제로 조합하는 방법을 살펴봅시다. 어떤 배색으로 어떤 느낌을 내고 싶은지 명확하게 해두면 색을 쉽게 고를 수 있습니다.

색의 비율

사용하는 색을 선택하는 것만큼 중요한 것은 "어떤 비율로 이를 조합할 것인가?"라고 할 수 있습니다. 이때 포인트는 **"베이스 컬러"**, **"메인 컬러"**, **"액센트 컬러(강조 색상)"**의 비율입니다.

"베이스 컬러"는 디자인의 기반이 되는 색으로, 웹 사이트의 경우 배경색에 해당합니다. 콘텐츠에 방해가 되지 않는 간단한 색상을 사용하는 것이 좋습니다.

"메인 컬러"는 디자인 중에서 가장 잘 보이는 색상입니다. 디자인의 테마가 되는 색으로 전체적인 분위기를 만드는 중요한 색입니다.

"액센트 컬러"는 디자인에 긴장감을 주어 강조할 때 사용하는 색상입니다. 눈에 띄는 색상으로, 버튼 등 눈에 띄게 만들고 싶은 요소와 콘텐츠에 사용합니다. 이러한 "베이스 컬러", "메인 컬러", "액센트 컬러"라는 3개의 비율을 잘 맞춰서 사용하는 것이 중요합니다.

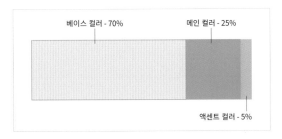

사용 색상이 3개보다 많아질 경우, 비율을 적당하게 분할합니다. 베이스 컬러의 비율은 변경하지 않고, 메인 컬러를 분할하면 전체적으로 균형 있는 느낌이 됩니다. 배색에 익숙해지면 조금씩 비율을 변경하면서 자신만의 배색 패턴을 만들어보세요.

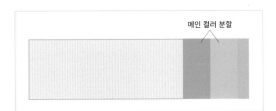

 POINT

색을 보면 떠오르는 느낌이 있습니다. 어떤 느낌이 있는지 명확하게 구분해서 배색을 선택합시다.

chapter1
chapter2
chapter3
chapter4
chapter5
chapter6
chapter7

배색 예

다양한 이미지를 12개의 카테고리로 나누어, 2개씩 배색 예를 정리해봤습니다. 디자인할 때 참고해주세요.

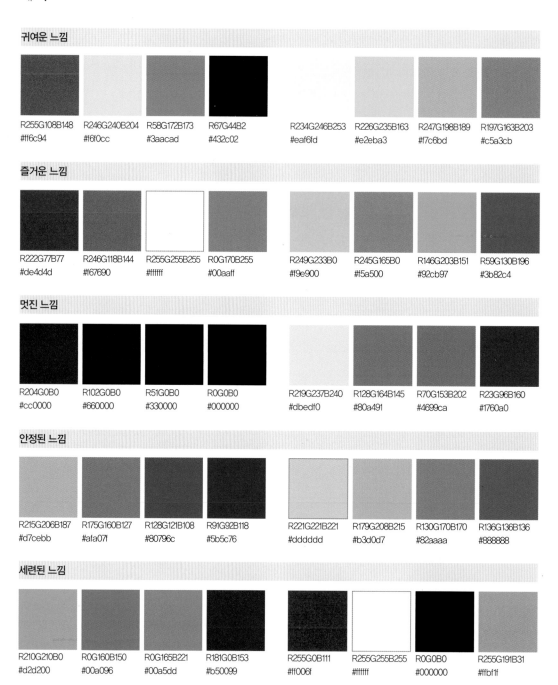

귀여운 느낌

| R255G108B148 | R246G240B204 | R58G172B173 | R67G44B2 | | R234G246B253 | R226G235B163 | R247G198B189 | R197G163B203 |
| #ff6c94 | #f6f0cc | #3aacad | #432c02 | | #eaf6fd | #e2eba3 | #f7c6bd | #c5a3cb |

즐거운 느낌

| R222G77B77 | R246G118B144 | R255G255B255 | R0G170B255 | | R249G233B0 | R245G165B0 | R146G203B151 | R59G130B196 |
| #de4d4d | #f67690 | #ffffff | #00aaff | | #f9e900 | #f5a500 | #92cb97 | #3b82c4 |

멋진 느낌

| R204G0B0 | R102G0B0 | R51G0B0 | R0G0B0 | | R219G237B240 | R128G164B145 | R70G153B202 | R23G96B160 |
| #cc0000 | #660000 | #330000 | #000000 | | #dbedf0 | #80a491 | #4699ca | #1760a0 |

안정된 느낌

| R215G206B187 | R175G160B127 | R128G121B108 | R91G92B118 | | R221G221B221 | R179G208B215 | R130G170B170 | R136G136B136 |
| #d7cebb | #afa07f | #80796c | #5b5c76 | | #dddddd | #b3d0d7 | #82aaaa | #888888 |

세련된 느낌

| R210G210B0 | R0G160B150 | R0G165B221 | R181G0B153 | | R255G0B111 | R255G255B255 | R0G0B0 | R255G191B31 |
| #d2d200 | #00a096 | #00a5dd | #b50099 | | #ff006f | #ffffff | #000000 | #ffbf1f |

맛있는 느낌

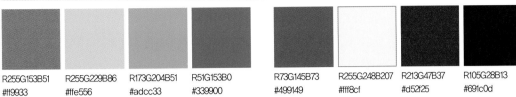

| R255G153B51 | R255G229B86 | R173G204B51 | R51G153B0 | R73G145B73 | R255G248B207 | R213G47B37 | R105G28B13 |
| #ff9933 | #ffe556 | #adcc33 | #339900 | #499149 | #fff8cf | #d52f25 | #691c0d |

청량한 느낌

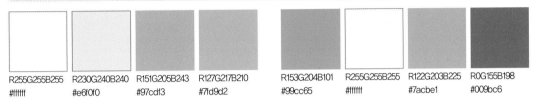

| R255G255B255 | R230G240B240 | R151G205B243 | R127G217B210 | R153G204B101 | R255G255B255 | R122G203B225 | R0G155B198 |
| #ffffff | #e6f0f0 | #97cdf3 | #7fd9d2 | #99cc65 | #ffffff | #7acbe1 | #009bc6 |

자연적인 느낌

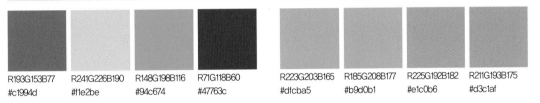

| R193G153B77 | R241G226B190 | R148G198B116 | R71G118B60 | R223G203B165 | R185G208B177 | R225G192B182 | R211G193B175 |
| #c1994d | #f1e2be | #94c674 | #47763c | #dfcba5 | #b9d0b1 | #e1c0b6 | #d3c1af |

고급스러운 느낌

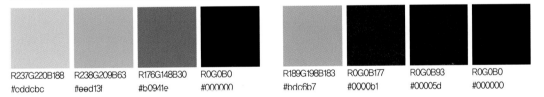

| R237G220B188 | R238G209B63 | R176G148B30 | R0G0B0 | R189G198B183 | R0G0B177 | R0G0B93 | R0G0B0 |
| #fcddcbc | #feed13f | #b0941e | #000000 | #bdc6b7 | #0000b1 | #00005d | #000000 |

동양적인 느낌

| R211G196B150 | R115G136B81 | R74G85B30 | R144G70B68 | R135G25B0 | R222G52B0 | R255G255B255 | R51G51B51 |
| #d3c496 | #738851 | #4a551e | #904644 | #871900 | #de3400 | #ffffff | #333333 |

chapter1

chapter2

chapter3

chapter4

chapter5

chapter6

chapter7

| R255G240B0 | R240G130B30 | R0G160B220 | R25G50B120 | | R255G204B0 | R255G37B153 | R153G68B204 | R0G169B255 |
| #fff000 | #f0821e | #00a0dc | #193278 | | #ffcc00 | #ff2599 | #9944cc | #00a9ff |

우아한 느낌

| R246G239B219 | R214G194B153 | R171G15B80 | R64G39B23 | | R230G190B170 | R220G139B167 | R220G200B220 | R110G80B100 |
| #f6efdb | #d6c299 | #ab0f50 | #402717 | | #e6beaa | #dc8ba7 | #dcc8dc | #6e5064 |

COLUMN

—

CSS에서 주석 사용하기

HTML에서는 "<!--"와 "-->"를 사용해서 주석을 작성하지만, CSS에서는 "/*"와 "*/"를 사용해서 주석을 작성합니다. HTML 주석과 마찬가지로 CSS 코드를 작성할 때의 메모와 주의 사항 등을 적을 때 사용합니다. 일시적으로 일부 CSS를 적용하고 싶지 않을 때도 많이 활용됩니다.

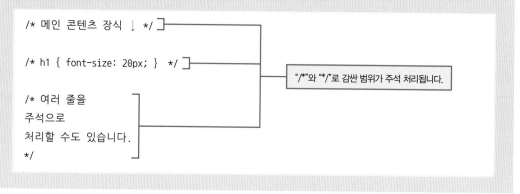

```
/* 메인 콘텐츠 장식 ↓ */

/* h1 { font-size: 20px; } */

/* 여러 줄을
주석으로
처리할 수도 있습니다.
*/
```

"/*"와 "*/"로 감싼 범위가 주석 처리됩니다.

■ 각 색을 메인으로 사용한 참고 사이트

색을 화면 전체 또는 일부분에 특징적으로 사용한 웹 사이트를 소개하겠습니다. 색상이 가진 느낌을 잘 활용해서 인상을 주는 디자인을 만들고 있습니다. 메인 컬러, 베이스 컬러로 어떤 색이 사용됐는지, 엑센트 컬러로 사용하고 있는 색상이 무엇인지 등을 주목해보면서 색이 만드는 디자인의 느낌을 느껴보기 바랍니다.

▶ 빨간색

ANYWHERE…https://www.and.co/digital-nomad-book

베이스 컬러로 비비드한 붉은색, 엑센트 컬러로 초록색을 사용한 개성적인 디자인입니다. 여백을 충분히 넣어 만든 디자인입니다.

▶ 주황색

히노요코.com…http://hinoyoko.com/

전체적으로 따뜻한 주황색을 사용하고 있습니다. 육아 사이트처럼 상냥하고 친근감을 주는 배색을 사용했습니다.

▶ 노란색

TaxiNet…http://www.taxinetcab.com/

밝은 노란색이 인상적인 디자인입니다. 부드러운 애니메이션과 비스듬한 선을 활용하고 있습니다.

▶ 초록색

MTN DEW x NBA…http://www.mountaindew.com/nba/

흑백과 밝은 초록색의 조합이 멋진 사이트입니다. 비스듬한 선의 배치가 독창적인 웹 사이트입니다.

chapter1
chapter2
chapter3
chapter4
chapter5
chapter6
chapter7

▶ 파란색

COAX…https://coaxsoft.com/

퍼스트 뷰는 파란색을 사용하고 있습니다. 다른 부분은 흰색 배경에 파란색 아이콘으로 통일해서, 글자를 읽기 쉽게 했습니다.

▶ 분홍색

Frank Body…https://www.frankbody.com/

연한 분홍색으로 만들어진 여자아이 같은 귀여운 웹 사이트입니다. 별도의 장식은 별로 없는 간단한 디자인입니다.

▶ 흰색

NORTH STREET…https://northstreetcreative.com/

큰 글자와 가지런한 레이아웃으로 구성했습니다. 흑백을 기반으로 하는 미니멀한 디자인입니다.

▶ 보라색

ANNA SUI…https://annasui.com/

검은색과 보라색을 기반으로 우아한 분위기를 연출하고 있습니다. 귀여운 느낌과 함께 어른스러운 느낌이 함께 느껴집니다.

▶ 갈색

Thomson Safaris…https://thomsonsafaris.com/

사파리의 분위기를 내기 위해서 자연적인 느낌의 갈색을 사용했습니다. 사진과 조합도 잘 되어 있습니다.

▶ 검은색

GitHub Universe…https://githubuniverse.com/

검은색을 기반으로 다양한 색상의 그레이디언트를 엑센트 컬러로 사용하고 있습니다. 멋지면서도 젊은 분위기를 연출합니다.

chapter1

chapter2

chapter3

chapter4

chapter5

chapter6

chapter7

3-8

CHAPTER

배경 넣기

배경에 이미지를 넣으면 웹 사이트의 전체적인 인상이 크게 변합니다. 물론 잘못 넣으면 글자를 읽기 힘들어질 수 있으므로 이러한 점에 주의하면서 적당한 이미지를 배치해주세요.

■ 배경에 이미지를 설치하는 "background-image 속성"

background-image 속성으로 요소의 배경에 이미지를 배치합니다. 배경 이미지를 제대로 읽어 들이지 못한 경우도 고려해서 배경 이미지와 함께 비슷한 색상 조합의 배경 색상을 넣는 것도 좋습니다.

📇 **주요 값**

지정 방법	설명
url	이미지 파일 지정
none	배경 이미지를 사용하지 않음

"url" 뒤에 이어서 괄호 ()를 넣고, 내부에 이미지의 경로를 작성합니다. CSS 파일에 기준으로 하는 이미지의 위치를 지정합니다.

📄 chapter3/c3-08-1/style.css

```
body {
    background-color: #f5f2e5;
    background-image: url(images/bg.png);
}
```

> 배경 이미지와 비슷한 색을 함께 지정했습니다.

> 배경 이미지 지정

페이지 전체에 배경 이미지가 출력됩니다.

■ 배경 이미지의 반복 출력 "background-repeat 속성"

CSS는 디폴트 설정으로 배경 이미지를 가로세로 방향으로 반복해서 출력함으로써 화면을 꽉 채웁니다. 이를 어떤 방향으로 반복할지 또는 반복하지 않을지를 background-repeat 속성으로 설정할 수 있습니다.

🔲 주요 값

지정 방법	설명
repeat	가로세로 방향 모두 반복해서 출력
repeat-x	가로 방향으로 반복해서 출력
repeat-y	세로 방향으로 반복해서 출력
no-repeat	반복하지 않음

"repeat-x"로 가로로 이미지가 출력되게 해봅시다.

📄 chapter3/c3-08-2/style.css

```css
body {
    background-image: url(images/bg.png);
    background-repeat: repeat-x;
}
```

images 폴더에 있는 bg.png를 배경으로 출력하게 지정합니다.

가로 방향으로 반복 출력하게 지정합니다.

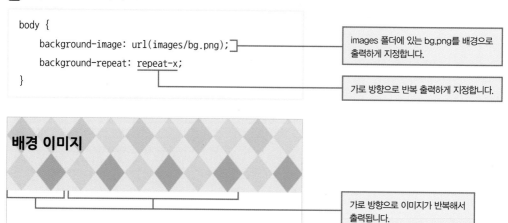

가로 방향으로 이미지가 반복해서 출력됩니다.

 POINT

배경 이미지를 넣을 때는 "background-image"를 사용하고,
위치와 반복 출력은 다른 속성들을 함께 사용해서 지정합니다.

"repeat-y"로 세로 방향으로 이미지를 배치합니다.

chapter3/c3-08-3/style.css

```
body {
    background-image: url(images/bg.png);
    background-repeat: repeat-y;
}
```

세로 방향으로 반복해서 출력하게
지정합니다.

세로 방향으로 이미지가 반복해서
출력됩니다.

배경 이미지의 크기를 지정하는 "background-size 속성"

background-size 속성으로 이미지의 크기를 지정합니다. 원래 이미지의 비율을 유지한 상태로 요소에 맞추거나, 지정한 크기로 이미지를 확대 축소하게 할 수 있습니다.

📑 주요 값

지정 방법	설명
숫자	숫자에 "px", "rem", "%" 등의 단위를 붙입니다.
키워드	"cover", "contain"을 지정합니다.

"cover"를 사용하면 이미지의 가로세로 비율을 유지하면서 출력 영역을 채우도록 배경 이미지를 출력할 수 있습니다. 출력 영역보다 이미지가 큰 경우에는 이미지가 잘립니다.

chapter3/c3-08-4/style.css

```
div {
    background-image: url(images/bg-airplane.jpg);
    background-repeat: no-repeat;
    background-size: cover;
    height: 100vh;
}
```

이미지를 반복하지 않습니다.

출력 영역을 꽉 채웁니다.

chapter1
chapter2
chapter3
chapter4
chapter5
chapter6
chapter7

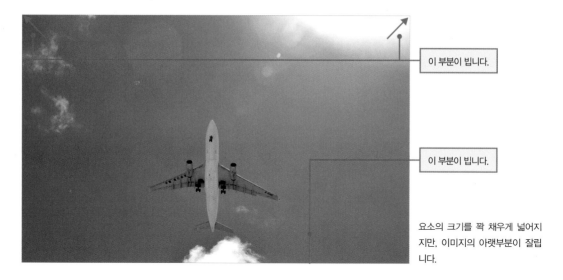

이 부분이 빕니다.

이 부분이 빕니다.

요소의 크기를 꽉 채우게 넓어지지만, 이미지의 아랫부분이 잘립니다.

"contain"으로는 이미지의 가로세로 비율을 유지한 상태로 이미지가 모두 출력되게 만들 수 있습니다. 출력 영역이 이미지보다 크면 여백이 발생합니다.

 chapter3/c3-08-5/style.css

```
div {
    background-image: url(images/bg-airplane.jpg);
    background-repeat: no-repeat;
    background-size: contain;
    height: 100vh;
}
```

가로세로 비율을 유지하고, 이미지가 모두 출력되게 지정합니다.

이 부분에 여백이 발생합니다

이미지가 모두 출력되지만, 화면이 가로로 더 길어서 오른쪽에 여백이 발생했습니다.

■ 배경 이미지를 출력하는 위치를 지정하는 "background-position 속성"

background-position 속성으로 배경 이미지를 출력하는 시작 위치를 지정합니다. 기본적으로는 **가로세로** 방향 순서로 띄어쓰기로 구분해서 작성합니다. 디폴트로는 왼쪽 위(left top)가 출력 시작 위치입니다.

📧 주요 값

지정 방법	설명
숫자	숫자에 "px", "rem", "%" 등의 단위를 붙입니다.
키워드	가로 방향은 "left(왼쪽)", "center(중앙)", "right(오른쪽)", 세로 방향은 "top(위)", "center(중앙)", "bottom(아래)"

출력할 위치가 화면의 네 모서리에 붙는 경우에는 키워드로 지정하는 것이 좋습니다.

📄 chapter3/c3-08-6/style.css

```css
body {
    background-image: url(images/bg.png);
    background-repeat: no-repeat;
    background-position: top center;
}
```

이미지를 위쪽 중앙에 출력하게 지정합니다.

화면의 윗쪽 중앙에 출력됩니다.

📄 chapter3/c3-08-7/style.css

```css
body {
    background-image: url(images/bg.png);
    background-repeat: no-repeat;
    background-position: 30px 80px;
}
```

이미지를 왼쪽에서 30px, 위에서 80px 이동하게 지정합니다.

chapter1
chapter2
chapter3
chapter4
chapter5
chapter6
chapter7

화면의 왼쪽에서 30px, 위에서 80px 위치에 출력됩니다.

■ 배경 관련 속성을 한꺼번에 지정하는 "background 속성"

background 속성을 사용하면 배경색, 배경 이미지, 크기, 반복 출력 등 배경과 관련된 모든 값을한 번에 지정할 수 있습니다. 모든 속성을 지정할 필요는 없습니다. 지정하지 않으면 초깃값이 적용됩니다.

📋 일괄 지정할 수 있는 속성

▪ background-clip	▪ background-origin	▪ background-size	▪ background-color
▪ background-image	▪ background-position	▪ background-repeat	▪ background-attachment

"background-size"의 값은 "background-position" 바로 뒤에 "/(슬래시)"를 붙이고 넣어야 합니다.

🔖 chapter3/c3-08-8/style.css

```
div {
    background: #70a2dc url(images/bg-airplane.jpg) no-repeat center bottom/cover;
    height: 100vh;
}
```

"/cover"로 지정

■ 사진을 내려받을 수 있는 웹 사이트

웹 사이트에 사용할 이미지를 직접 촬영하는 것도 좋지만, 인터넷에서 사진을 내려받아 사용하는 것도좋은 방법입니다. 이러한 사진은 무료로 제공되는 경우도 있고, 유료로 제공되는 경우도 있습니다. 이번 절에서 소개하는 웹 사이트 이외에도 매우 많은 사이트가 있으므로 꼭 직접 찾아보기 바랍니다.

무료 사이트

StockSnap.io

저작권 제한이 없는 퍼블릭 도메인 사진을 모아
놓은 웹 사이트입니다.

https://stocksnap.io/

Pixabay

상용으로 무료로 사용할 수 있는 이미지를 찾을
수 있는 사이트입니다. 사진 이외에도 일러스트,
벡터 이미지, 동영상 등도 있습니다.

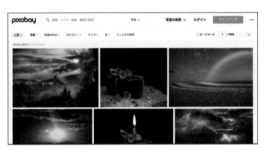

https://pixabay.com

Unsplash

무료로 사용할 수 있는 고퀄리티 사진을 찾을 수
있는 사이트입니다.

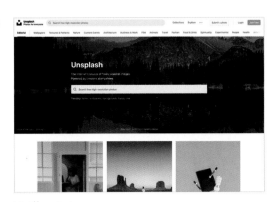

http://unsplash.com

chapter1

chapter2

chapter3

chapter4

chapter5

chapter6

chapter7

Chamber Of Commerce

여러 이미지 제공 사이트의 사진을 모아서 보여주는 사이트입니다. Free images, Royalty-free image를 선택한 다음 검색하면 상용으로, 무료로 사용할 수 있는 이미지를 찾을 수 있습니다.

http://chamberofcommerce.org/findaphoto

▶ 유료 사이트

iStock

세계 최대의 사진 수를 자랑하는 웹 사이트입니다. 사진 이외에도 일러스트, 동영상 등도 제공합니다. 가격은 3-크레딧에 $33달러입니다. 30일 무료 체험판도 제공합니다.

https://www.istockphoto.com/kr

Adobe Stock

사진, 동영상, 일러스트, 디자인 템플릿을 내려받을 수 있습니다. 가격은 5-크레딧에 57,000원이며, 월정액도 57,000원부터 시작합니다. 30일 무료 체험판도 제공합니다.

https://stock.adobe.com/kr/

PIXTA

사진, 일러스트, 동영상, 음악 등을 내려받을 수
있습니다. 한국 풍경 사진 공모전 등도 개최해
서 한국 풍경 사진 등도 많습니다. 가격은 월정액
60,000원부터입니다. 매주 화요일에 이미지가
추가되며, 기간 한정으로 무료 이미지도 제공합
니다.

https://kr.pixtastock.com/

COLUMN

—

이미지 파일의 용량 조정하기

배경에 배치할 이미지가 커질수록 이미지의 파일 크기가 커져서 웹 페이지를 읽어 들일 때 시간이 오래 걸리게 됩니
다. 이미지 파일의 크기가 큰 경우 이미지를 압축해서 가볍게 만들어주는 것이 좋습니다.

"Compressor.io"라는 웹 사이트에 JPEG, PNG, GIF, SVG 형식의 이미지 파일을 드래그 앤드 드롭하면 이미지의
품질을 유지하면서 압축할 수 있습니다.

Compressor.io···https://compressor.io/compress

3-9

CHAPTER

너비와 높이 지정하기

레이아웃을 만들 때는 블록 요소들을 사용해서 요소들을 그룹화해야 합니다. 그리고 실제로 웹 사이트를 만들 때는 이러한 그룹에 크기를 지정하는 경우가 많습니다. 너비와 높이를 지정하는 방법을 알아봅시다.

■ 크기를 지정하는 "width 속성", "height 속성"

너비는 width 속성, 높이는 height 속성으로 요소의 크기를 지정합니다. 직접 텍스트를 감싸는 〈a〉 태그와 〈span〉 태그 등 인라인 요소라고 불리는 태그는 너비와 높이를 지정해도 크기가 변경되지 않으므로 주의하세요.

📰 주요 값

지정 방법	설명
숫자	숫자에 "px", "rem", "%" 등의 단위를 붙입니다.
auto	관련된 속성의 값에 따라서 자동으로 설정됩니다.

📄 chapter3/c3-09-1/style.css

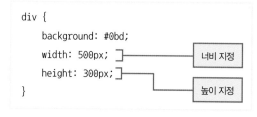

```
div {
    background: #0bd;
    width: 500px;      ── 너비 지정
    height: 300px;     ── 높이 지정
}
```

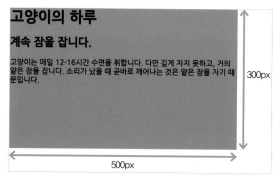

너비 500px, 높이 300px의 상자를 배치했습니다.
※ 이해하기 쉽게 배경색을 설정했습니다.

▶ 너비를 "auto"로 지정하면?

〈div〉 태그, 〈p〉 태그와 같은 블록 요소는 "width"의 값을 지정하지 않으면 요소의 너비는 자신이 채울 수 있는 영역을 꽉 채우게 됩니다. 이는 width 속성의 초깃값인 "auto"가 적용되기 때문입니다. "auto"는 요소의 너비가 자동으로 결정됩니다. 추가로 너비가 "auto"일 때 요소의 너비는 해당 요소를 감싸는 부모 요소보다 커질 수 없습니다.

예를 들어 ⟨div⟩ 태그 내부에 ⟨p⟩ 태그가 있고, ⟨div⟩ 태그의 너비가 500px이라면 자식 요소인 ⟨p⟩ 태그의 너비는 따로 지정하지 않는 한 자동으로 500px이 됩니다.

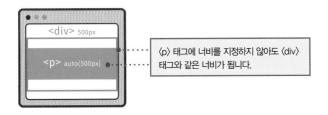

너비를 "%"로 지정하면?

width 속성의 값을 "%"로 지정하면 해당 요소를 감싸는 부모 요소의 너비에 대한 비율로 너비가 결정됩니다. 따라서 부모 요소의 너비에 따라 너비가 변경됩니다.

예를 들어 ⟨div⟩ 태그 내부에 ⟨p⟩ 태그가 있고, ⟨div⟩ 태그의 너비가 500px, 자식 요소인 ⟨p⟩ 태그의 너비가 50%라면 ⟨p⟩ 태그의 너비는 부모 요소의 50%인 250px이 됩니다.

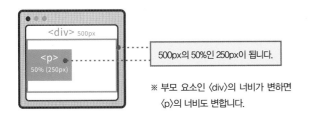

웹 사이트에서 사용하는 단위

CSS에서는 문자의 크기, 요소의 크기를 지정할 때 단위를 붙여 숫자를 지정하게 됩니다. 이러한 단위는 굉장히 다양합니다. 실제로 자주 사용하는 몇 가지 단위를 알아봅시다.

단위의 종류는 크게 **"상대 단위"**와 **"절대 단위"**라는 두 종류로 나눌 수 있습니다.

상대 단위

"상대 단위"는 브라우저의 출력 영역, 다른 요소에 지정한 크기를 기반으로 상대적으로 산출되는 단위입니다. 기준이 되는 크기에 따라서 크기가 변화합니다. 상대 단위를 정리해보면 다음과 같습니다.

chapter1

chapter2

chapter3

chapter4

chapter5

chapter6

chapter7

%

부모 요소를 기준으로 할 때의 비율 단위입니다. 부모 요소의 너비가 600px이고, 자식 요소에 50%를 지정했다면 자식 요소의 너비는 300px이 됩니다. 폰트 크기에 지정하면 부모 요소의 폰트가 16px일 때 **16px = 100%**가 됩니다.

em

부모 요소의 크기를 기준으로 하는 단위입니다. 폰트 크기를 지정할 때 많이 사용하는 단위입니다. 부모 요소의 폰트 크기가 16px이라면 **16px = 1em**입니다. 브라우저의 설정을 따로 변경하지 않았다면 1em은 16px입니다.

rem

루트 요소(〈html〉 태그)의 크기를 기준으로 하는 단위입니다. "root" + "em" = "rem"입니다. html 요소의 폰트 크기가 16px이라면 **16px = 1rem**입니다. 브라우저의 설정을 따로 변경하지 않았다면 1rem은 16px입니다.

vw

"viewport width"의 약자로 뷰포트의 너비를 기준으로 하는 비율 단위입니다. 뷰포트는 브라우저를 볼 때의 출력 영역을 의미합니다. 뷰포트의 너비가 1200px이라면 50vw는 1200px의 절반인 600px 입니다. 출력 영역의 너비에 따라서 변하므로 여러 가지 크기의 장치에 크기를 적절하게 대응할 때 활약합니다.

vh

"viewport height"의 약자로 뷰포트의 높이를 기준으로 하는 비율 단위입니다. 뷰포트의 높이가 800px이라면, 50vh는 800px의 절반인 400px입니다. 출력 영역의 높이에 따라서 변합니다.

▶ 절대 단위

"절대 단위"는 브라우저의 출력 영역 또는 부모 요소의 크기에 영향을 받지 않고, 지정한 크기로 그대로 지정되는 단위입니다.

px

웹에서 사용되는 가장 일반적인 절대 단위입니다. 다른 요소로부터 영향을 받지 않으므로 10px로 지정하면 10px로 출력됩니다. 하지만 유연성이 없으므로 여러 가지 장치를 모두 지원하고 싶은 경우에는 값을 따로따로 지정해줘야 합니다. 요소들의 간격과 선의 너비처럼 디바이스가 바뀌어도 값을 바꾸고 싶지 않은 곳에는 사용하기 힘듭니다.

 POINT

상대 단위로 크기를 지정하면 다른 요소를 기준으로 크기를 잡으므로 여러 가지 장치에 대응하고 싶을 때 편리하게 사용할 수 있습니다.

chapter1

chapter2

chapter3

chapter4

chapter5

chapter6

chapter7

COLUMN

—

배색 도구

"이런 색을 사용하고 싶어!"라고 생각해도 어떤 색과 조합해야 좋을지 잘 모르겠을 때가 있습니다. 또한 실제로 디자인에 적용했을 때 원래 생각했던 느낌과 달라지는 경우도 있습니다. 이러한 때는 배색을 만들어주는 도구를 사용하면 좋습니다.

Adobe Color CC
색상환 내부의 원을 드래그해서 움직이면 배색을 제안해줍니다. 또한 위에 있는 "탐색"이라는 메뉴에서 키워드를 입력해보면 키워드의 인상에 맞는 배색들이 나옵니다.

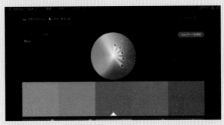

Adobe Color CC··· https://color.adobe.com/ko/create

Paletton
메인 컬러를 선택한 후에 색상환 위에 있는 5개의 아이콘을 클릭해보면 배색 방법의 사용 예를 제안해줍니다. 오른쪽 아래의 "Examples"를 누르면, 해당 배색을 웹 페이지에 넣었을 때의 모습을 미리 볼 수 있습니다.

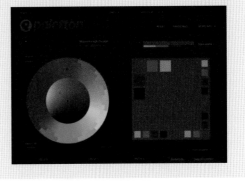

Paletton···http://paletton.com/

Canva

이미지를 업로드하면 이미지와 어울리는 색상표를 제안해줍니다. 그밖에 키워드에 따라 다양한 색 조합을 검색해 볼 수 있습니다.

Canva...https://www.canva.com/colors/color-palette-generator/

3-10
CHAPTER

여백 조정하기

여백은 단순한 빈 공간일 뿐만 아니라 화면 전체를 보기 쉽게, 문장을 읽기 쉽게 만들어주는 디자인 요소입니다.

chapter1

chapter2

chapter3

chapter4

chapter5

chapter6

chapter7

여백의 개념

여백 속성에는 "**margin**(마진)"과 "**padding**(패딩)"이 있습니다.

요소를 사각형 모양의 상자(박스)라고 생각했을 때 "**margin**"은 해당 상자에서 다른 상자까지의 거리, "**padding**"은 상자의 가장자리에서 내용물(콘텐츠)까지의 거리입니다. 추가로 margin과 padding 사이의 테두리 선을 "**border**(보더)"라고 부릅니다. 내용물의 너비는 **width**, 높이는 **height**라고 부릅니다.

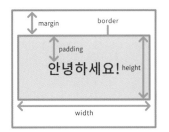

요소 밖의 여백 "margin 속성"

요소 주변에 여백을 추가합니다. margin 속성은 모든 모서리의 여백을 지정할 때 사용하며, "margin-top(위)", "margin-bottom(아래)", "margin-left(왼쪽)", "margin-right(오른쪽)"을 사용하면 해당 위치의 여백을 각각 지정할 수 있습니다.

📰 주요 값

지정 방법	설명
숫자	숫자에 "px", "rem", "%" 등의 단위를 붙입니다.
auto	관련된 속성의 값에 따라서 자동으로 설정됩니다.

📄 chapter3/c3-10-1/style.css

```
div {
    background: #0bd;
    margin-top: 30px;
    margin-left: 100px;
}
```

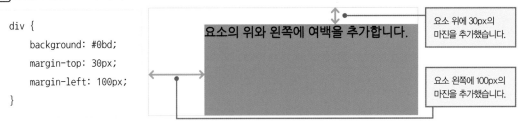

요소의 위와 왼쪽에 여백을 추가합니다.

요소 위에 30px의 마진을 추가했습니다.

요소 왼쪽에 100px의 마진을 추가했습니다.

추가로 margin 속성을 지정할 때 공백으로 구분해서 "위 아래"와 "왼쪽 오른쪽"의 여백을 한 번에 지정할 수도 있습니다. 또한 위·오른쪽·아래·왼쪽(시계 방향) 순서로 일괄 지정할 수도 있습니다.

작성 방법	예
margin: 〈모든 모서리〉	margin: 10px;
margin: 〈위 아래〉 〈왼쪽 오른쪽〉	margin: 10px 20px;
margin: 〈위〉 〈왼쪽 오른쪽〉 〈아래〉	margin: 10px 20px 30px;
margin: 〈위〉 〈오른쪽〉 〈아래〉 〈왼쪽〉	margin: 10px 20px 30px 40px;

이전과 마찬가지로 요소 위에 30px, 왼쪽에 100px의 여백을 붙일 때 "margin" 속성만으로 다음과 같이도 지정할 수 있습니다.

📄 chapter3/c3-10-2/style.css

```
div {
    background: #0bd;
    margin: 30px 0 0 100px;
}
```

위에 30px, 오른쪽에 0px, 아래에 0px, 왼쪽에 100px의 마진을 지정했습니다.

■ 요소 내부의 여백 "padding 속성"

요소 내부에 여백을 설정하고 싶을 때는 padding 속성을 사용합니다. margin 속성과 마찬가지로 padding 속성은 요소의 네 변을 한꺼번에 지정할 수 있습니다. 또한 "padding-top(위)", "padding-bottom(아래)", "padding-left(왼쪽)", "padding-right(오른쪽)"을 사용해서 각각의 여백을 지정할 수 있습니다. 추가로 padding 속성을 지정할 때 공백으로 구분해서 "위 아래"와 "왼쪽 오른쪽"의 여백을 한 번에 지정할 수도 있습니다. 또한 위·오른쪽·아래·왼쪽(시계 방향) 순서로 일괄 지정할 수도 있습니다.

📄 chapter3/c3-10-3/style.css

```
div {
    background: #0bd;
    padding: 40px;
}
```

요소의 양쪽 끝과 텍스트 사이에 여백을 추가합니다.

박스의 경계와 텍스트 사이에 40px의 여백이 생겼습니다.

■ 여백을 사용해 그룹 만들기

사람은 여러 개의 요소를 가깝게 배치하면 이를 "연관된 것"으로 인식합니다. 예로 간단한 레이아웃을 만들어봅시다.

아름다운 쓰레기

꽃　　더러움

아름다운 쓰레기?

꽃 더러움?

위의 예를 보면 "아름다운 쓰레기", "꽃 더러움"이라고 읽힙니다.

사람은 거리가 가까운 문자끼리 그룹으로 묶어서 읽기 때문입니다. 따라서 관련 없는 요소를 가깝게 붙여 두지 않는 것은 굉장히 중요한 일이라고 할 수 있습니다.

아름다운　　쓰레기
꽃　　　　　더러움

세로 방향으로 가깝게, 가로 방향으로 멀리 배치하면 읽는 방법이 달라집니다.

위와 같이 여백의 균형을 조정하는 것만으로 읽는 방법이 달라집니다. 위화감 없이 "아름다운 꽃", "쓰레기 더러움"이라고 읽힐 것입니다.

이어서 이미지와 텍스트도 생각해봅시다. 다음 텍스트는 각 이미지에 있는 꽃의 이름입니다. 그런데 이렇게 배치하면 "꽃의 이름이 위에 있는 이미지와 아래에 있는 이미지 중에 어떠한 이미지의 이름인지 잘 파악하기 어려운" 현상이 발생합니다.

 POINT

여백을 사용해서 관련 있는 정보를 그룹으로 묶어주세요.

토레니아   장미

해바라기   백일초

"토레니아", "장미"는 위, 아래 이미지 중에
어떤 꽃의 이름을 의미하는 것일까?

그럼 여백을 사용해서 그룹화해봅시다. 이미지와 관련 있는 텍스트를 한 번에 보고 쉽게 이해할 수 있게 배치했습니다. 이처럼 그룹과 그룹 사이에 여백을 추가해서 관련 없는 정보끼리는 멀리 배치해야 한다는 것에 주의해주세요. 이제 "토레니아"와 "장미"가 어떤 꽃인지 더 쉽게 알 수 있을 것입니다.

토레니아   장미

해바라기   백일초

텍스트와 아래의 이미지 사이에 여백을 넣어서
그룹을 쉽게 묶을 수 있게 만들었습니다.

■ 테두리와 문자 사이에 여백 만들기

요소 박스의 테두리와 글자 사이에 간격이 없으면 굉장히 읽기 힘들고, 디자인적으로도 아름답지 않습니다. 디자인을 만들 때 "무조건 꽉 채우는 것"은 좋지 않습니다. 웹 사이트를 보는 사용자가 글자를 쉽게 읽을 수 있게 여백을 생각합시다. CSS의 padding 속성을 사용하면 상자 내부에 여백을 줄 수 있습니다.

단락의 경우 적절한 여백(패딩)은 문자의 크기 등에 따라서 달라집니다. 일반적으로는 적어도 문자 크기의 1~1.5배 정도로 설정하는 것이 좋습니다. 예를 들어서 문자 크기가 16px이라면 20px 정도의 여백이 있어야 잘 읽힙니다.

문자 크기의 1~1.5배

고양이는 매일 12~16시간 수면을 취합니다. 다만 깊게 자지 못하고, 거의 얕은 잠을 잡니다.소리가 났을 때 곧바로 깨어나는 것은 얕은 잠을 자기 때문입니다.

고양이는 매일 12~16시간 수면을 취합니다. 다만 깊게 자지 못하고, 거의 얕은 잠을 잡니다. 소리가 났을 때 곧바로 깨어나는 것은 얕은 잠을 자기 때문입니다.

단락뿐만 아니라 제목 등의 짧은 문장도 마찬가지입니다. 여백을 크게 잡도록 합시다. 이러한 여백들이 웹 사이트의 가독성을 크게 바꿉니다. margin과 padding의 의미를 확실하게 이해하고, 능숙하게 다룰 수 있게 합시다.

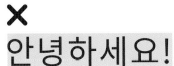

안녕하세요!

안녕하세요!

chapter1

chapter2

chapter3

chapter4

chapter5

chapter6

chapter7

여백을 잘 사용한 웹 사이트

여백을 잘 사용하면 고급스러우면서도 차분한 분위기를 연출할 수 있습니다. 여백을 잘 다루면 사용자가 웹 페이지를 보는 동선, 주목했으면 하는 포인트를 만들 수 있습니다. 여러 웹 사이트를 보면서 여백을 어떻게 사용했는지 분석하고, 디자인할 때 참고하면 좋을 것입니다.

Apple…https://www.apple.com/kr/music/

코지마 국제 법률 사무소…https://www.kojimalaw.jp/

이미지 하나에 제목을 하나씩 넣었습니다. 간단하면서 쓸데없는 요소가 없어서 이미지와 그 내용에만 주목할 수 있습니다.

전체적으로 깔끔한 여백이 많은 디자인입니다. 문장과 테두리 선 사이에도 여백을 넣어서 여유가 있으면서도 세련된 느낌을 줍니다.

3-11

CHAPTER

선 긋기

요소 주변에 선을 그으면 하나의 요소라는 것을 쉽게 구별할 수 있게 됩니다. 색, 선의 두께, 스타일도 원하는
대로 지정할 수 있으므로 디자인에 맞게 조정하도록 합니다.

chapter1
chapter2
chapter3
chapter4
chapter5
chapter6
chapter7

■ 선의 두께 "border-width 속성"

border-width 속성에 선의 두께를 지정합니다. 크기를 하나만 지정하면 모든 모서리에 같은 두께
의 선이 적용됩니다. 모서리에 따라서 두께를 다르게 지정하고 싶을 때는 공백으로 구분해서 위·오
른쪽·아래·왼쪽(시계 방향)의 순서로 지정합니다. 이후에 설명하는 "border-style"의 초깃값은
"none(출력하지 않음)"이라서 출력을 확인하려면 이를 함께 지정해야 합니다.

📇 주요 값

지정 방법	설명
키워드	"thin(얇은 선)", "medium(보통 두께)", "thick(두꺼운 선)"
숫자	숫자에 "px", "rem", "%" 등의 단위를 붙입니다.

📄 chapter3/c3-11-1/style.css

```
p {
    border-width: thick;
    border-style: solid;
}

div {
    border-width: 1px 4px 8px 12px;
    border-style: solid;
}
```

두꺼운 실선을 지정합니다.

위 1px, 오른쪽 4px, 아래 8px,
왼쪽 12px을 지정했습니다.

border-width: 1px;

border-width: thick;

border-width: 1px 4px 8px 12px;

두꺼운 선이 됐습니다.

위 1px, 오른쪽 4px, 아래 8px,
왼쪽 12px의 실선이 출력됐습니다.

4개의 모서리를 다르게 적용할 때는 지정 순서에 주의하세요.

✅ POINT

요소 주변에 선을 그을 때는 border
속성을 사용합니다.

■ 선의 종류 "border-style 속성"

border-style 속성으로 선의 장식 방법을 지정합니다. 하나만 지정하면 모든 모서리에 같은 종류의
선이 적용됩니다. 모서리에 따라서 종류를 다르게 지정하고 싶을 때는 공백으로 구분해서 위 · 오른
쪽 · 아래 · 왼쪽(시계 방향)의 순서로 지정합니다.

📰 주요 값

지정 방법	설명
none	선을 출력하지 않음
solid	1개의 실선
double	2개의 실선
dashed	파선
dotted	점선
groove	입체적으로 파인 선
ridge	입체적으로 튀어나온 선
inset	감싼 부분이 안쪽으로 들어간 것처럼 보이는 선
outset	감싼 부분이 튀어나온 것처럼 보이는 선

📄 chapter3/c3-11-2/style.css

```
p {
    border-width: 1px;
    border-style: solid;
}

div {
    border-width: 4px;
    border-style: double dotted solid ridge;
}
```

> "border-width"도 함께 지정해야
> 출력을 확인할 수 있습니다.

> 1px의 실선을 지정합니다.

> 선의 두께를 4px로 위는 2개의 실선, 오른쪽
> 점선, 아래에는 하나의 실선, 왼쪽에는 입체
> 적인 선을 지정했습니다.

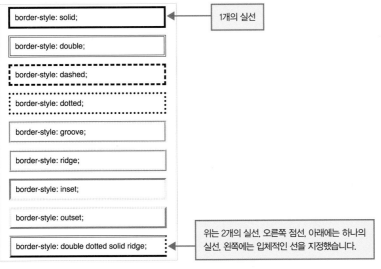

각 스타일에 따라 이러한 외관이 나오게 됩니다.

선 색 "border-color 속성"

border-color 속성으로 선의 색을 지정합니다. 하나만 지정하면 모든 모서리에 같은 색이 적용됩니다. 모서리에 따라서 색을 다르게 지정하고 싶을 때는 공백으로 구분해서 위·오른쪽·아래·왼쪽(시계 방향)의 순서로 지정합니다. "border-style"의 초깃값은 "none(출력하지 않음)"이라서 출력을 확인하려면 이를 함께 지정해야 합니다.

주요 값

지정 방법	설명
색상 코드	"#(해시)"로 시작하는 3자리 또는 6자리 수의 색상 코드를 지정합니다.
색상 이름	"red", "blue" 등 정해진 색의 이름을 지정합니다.
RGB 값	"rgb"로 시작하고 빨간색, 초록색, 파란색 값을 쉼표(,)로 구분해서 지정합니다. 투명도를 포함하고 싶은 경우에는 "rgba"로 시작하고 빨간색, 초록색, 파란색, 투명도 값을 쉼표(,)로 구분해서 지정합니다. 투명도는 0~1 사이의 값으로 지정합니다.

chapter1

chapter2

chapter3

chapter4

chapter5

chapter6

chapter7

```
p {
    border-style: solid;
    border-color: tomato;
}
```
tomato 색으로 실선을 지정했습니다.

```
div {
    border-style: solid;
    border-color: tan #0bd tomato #000;
}
```
위는 tan, 오른쪽은 #0bd, 아래는 tomato, 왼쪽은 #000의 색을 지정했습니다.

border-color: #0bd;

border-color: tomato;

border-color: tan #0bd tomato #000;

위는 tan, 오른쪽은 #0bd, 아래는 tomato, 왼쪽은 #000의 색

tomato 색의 실선이 만들어졌습니다.

아무것도 지정하지 않으면 검은색 선이 됩니다.

요소 주변에 선을 긋는 "border 속성"

선의 "border-width", "border-style", "border-color"를 한꺼번에 지정할 수 있습니다. 값은 좋아하는 순서로 여백을 넣어 지정합니다. "border"를 사용하면 모든 변에 적용되며 "border-top(위)", "border-bottom(아래)", "border-left(왼쪽)", "border-right(오른쪽)"을 사용하면 원하는 변에만 선을 지정할 수 있습니다.

```
p {
    border-bottom: 2px solid #0bd;
}
```

```
div {
    border: 5px dotted tomato;
}
```

border-bottom: 2px solid #0bd;

border: 5px dotted tomato;

실선을 만들 때는 이처럼 한 번에 일괄 지정을 많이 합니다.

선 디자인을 효과적으로 사용하기

선은 콘텐츠를 구분하고 싶을 때 많이 사용합니다. 문자색보다 옅은 색을 사용하면 콘텐츠를 읽는 데 방해되지 않는 선에서 깔끔하게 보입니다.

흰색 문자색보다 배경색에 가까운 옅은 회색으로 선을 그었습니다.

요소에 따라서는 세로로 선을 넣는 것도 좋습니다.

POST A VIRTUAL PROJECT ON TAPROOT+

Get the pro bono support you need, when you need it, through our on-demand online platform.

Get started today ▸

메인 색상의 선을 넣어서 디자인 강조로도 사용합니다.

Taproot Foundation ⋯ https://taprootfoundation.org

chapter1

chapter2

chapter3

chapter4

chapter5

chapter6

chapter7

3-12

CHAPTER

리스트 장식하기

항목을 쉽게 볼 수 있는 형태로 순서 없는 리스트와 순서 있는 리스트를 디자인하는 방법을 살펴보겠습니다.

■ 리스트 마커의 종류 "list-style-type 속성"

리스트 항목 앞에 출력되는 마커를 "리스트 마커"라고 부릅니다. 따로 지정하지 않으면 순서 없는 리스트는 검은색 점(disc), 순서 있는 리스트는 숫자(decimal)로 출력됩니다. 이러한 출력 방법을 변경할 때는 list-style-type을 사용합니다.

리스트 마커에는 다양한 값이 있습니다. 주로 사용되는 값을 표에 정리했으니 확인해보세요.

주요 값

지정 방법	설명
none	리스트 마커를 출력하지 않음
disc	검은색 점
circle	흰색 점
square	검은색 사각형
decimal	숫자
decimal-leading-zero	앞에 0이 붙어있는 숫자
lower-roman	소문자 로마 숫자
upper-roman	대문자 로마 숫자
cjk-ideographic	한자 숫자
hangul	한글
lower-alpha, lower-latin	소문자 알파벳
upper-alpha, upper-latin	대문자 알파벳
lower-greek	소문자 그리스 문자

chapter3/c3-12-1/index.html

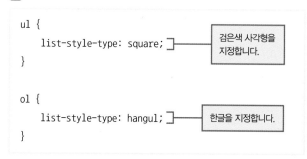

```
ul {
    list-style-type: square;
}


ol {
    list-style-type: hangul;
}
```

검은색 사각형을 지정합니다.

한글을 지정합니다.

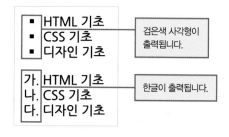

검은색 사각형이 출력됩니다.

한글이 출력됩니다.

※ list-style-type 속성은 〈ul〉 또는 〈ol〉 태그에 지정합니다.

■ 리스트 마커의 출력 위치 "list-style-position 속성"

리스트 마커의 위치를 항목을 기준으로 안쪽에 위치시킬지 바깥쪽에 위치시킬지 list-style-position 속성으로 지정합니다. 여백과 정렬 상태를 지정할 때 리스트 마커를 포함할지 포함하지 않을지가 달라집니다.

📋 주요 값

지정 방법	설명
outside	박스의 바깥쪽에 출력합니다.
inside	박스의 안쪽에 출력합니다.

📄 chapter3/c3-12-2/index.html

```
ul {
    list-style-position: outside;
}
```
outside를 지정합니다.

```
ol {
    list-style-position: inside;
}
```
inside를 지정합니다.

- HTML 기초
- CSS 기초
- 디자인 기초

1. HTML 기초
2. CSS 기초
3. 디자인 기초

그냥 보면 차이가 없어 보이지만, 〈li〉 태그에 배경색을 지정하면 리스트 마크가 li 태그의 밖에 있는지 안에 있는지 확실하게 확인해볼 수 있습니다.

■ 리스트 마커로 사용할 이미지 "list-style-image 속성"

list-style-type 속성으로 출력할 수 있는 리스트 마커는 굉장히 단순한 기호들밖에 없습니다. 전체적인 디자인을 맞추고 아이콘 또는 색을 적용하고 싶을 때는 list-style-image 속성으로 이미지를 지정합니다. 이때 지정할 수 있는 이미지는 한 종류뿐이므로 기본적으로 순서 없는 리스트에만 지정할 수 있습니다. 추가로 너무 복잡한 이미지를 지정하면 콘텐츠에 방해가 될 수 있으므로 주의하세요.

📋 주요 값

지정 방법	설명
url	이미지 파일의 URL을 지정합니다.
none	지정하지 않습니다.

📄 chapter3/c3-12-3/index.html

```
ul {
    list-style-image: url(images/star.png);
}
```

⭐ HTML 기초
⭐ CSS 기초
⭐ 디자인 기초

chapter1
chapter2
chapter3
chapter4
chapter5
chapter6
chapter7

■ 리스트 마커와 관련된 장식을 한꺼번에 지정하는 "list-style 속성"

리스트의 list-style-type 속성, list-style-position 속성, list-style-image 속성은 list-style 속성을 사용해서 한꺼번에 지정할 수 있습니다. 입력 순서는 원하는 대로 입력해도 괜찮습니다. 참고로 list-style-type 속성과 list-style-image 속성을 함께 지정하면 list-style-image 속성의 이미지가 우선됩니다.

예

```
ul {
    list-style: square url(images/star.png) outside;
}
```
이미지 지정이 우선됩니다.

■ 리스트 마커를 효과적으로 사용하기

긴 글 내부에 순서 없는 리스트 또는 순서 있는 리스트를 출력할 때는 문장을 쉽게 읽을 수 있게 최대한 간단하게 만드는 것이 좋습니다. 또한 리스트를 돋보이게 만들고 싶을 때는 리스트 마커를 크게 만드는 등의 장식을 하면 좋습니다.

Body

— Lose 30 lbs. (lofty, I know)
— Branch out and run different paths two times a week
— Train for and run in a 5K

Matt Downey⋯https://mattdowney.co/

블로그 내부에서 사용된 순서 없는 리스트입니다. 문장이 눈에 띄게 리스트 기호는 최대한 단순한 형태로 사용했으며, 색과 형태에 약간 변화를 주어 개성적으로 만들었습니다.

What Makes Us Special

① **We're great people**
Suspendisse bibendum cursus luctus. Donec consequat malesuada felis at faucibus. Nulla dapibus malesuada libero, ut iaculis elit mattis quis. Sed nec dui tortor, ut venenatis libero. Etiam venenatis, nisl sit amet vestibulum molestie.

② **We're dedicated**
Suspendisse bibendum cursus luctus. Donec consequat malesuada felis at faucibus. Nulla dapibus malesuada libero, ut iaculis elit mattis quis. Sed nec dui tortor, ut venenatis libero. Etiam venenatis, nisl sit amet vestibulum molestie.

순서를 설명할 때는 숫자를 큰 원으로 감싸서 잘 보이게 만드는 것이 좋습니다.

3-13

CHAPTER

클래스와 ID를 사용한 지정 방법

웹 사이트를 제작하다 보면 웹 페이지 내부에서 같은 태그 중 몇 개에만 다른 장식을 지정하고 싶을 때가 있습니다. 이럴 때는 다르게 장식하고 싶은 부분에 클래스와 ID를 지정합니다.

chapter1

chapter2

chapter3

chapter4

chapter5

chapter6

chapter7

■ 클래스와 ID

클래스(class)와 **ID(id)**는 태그 내부에 작성할 수 있는 속성으로 모든 태그에 작성할 수 있습니다. HTML에서 클래스와 ID를 지정하면 CSS에서 이를 사용해서 해당 부분에만 디자인을 적용할 수 있습니다.

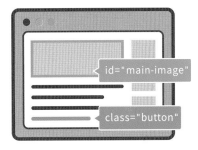

지정한 부분에만 스타일을 변경합니다.

■ 클래스를 사용한 작성 방법

클래스를 사용하려면 HTML 파일에서 태그에 **class 속성**을 넣어주고, 원하는 클래스 이름으로 값을 줍니다. CSS 파일에는 "마침표(.)"와 "클래스 이름"을 붙여 작성한 뒤, 적용하고 싶은 스타일을 작성해 줍니다. 참고로 HTML의 class 속성 부분에는 마침표(.)를 넣지 않습니다.

● 작성 예

예를 들어 〈p〉 태그의 색을 회색으로 지정하고 싶은데, 일부 〈p〉 태그만 파란색으로 지정하고 싶다면 ".blue"라는 클래스를 만들어 CSS로 지정합니다.

📄 chapter3/c3-13-1/index.html

```
<p>클래스를 지정하지 않으면 회색 글자로 출력합니다</p>
<p class="blue">클래스를 지정하면 파란색으로 출력합니다</p>
```

〈p〉 태그에 blue라는 클래스를 지정했습니다.

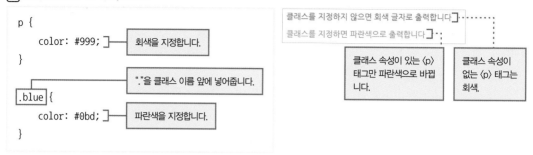

chapter3/c3-13-1/style.css

```css
p {
    color: #999;
}

.blue {
    color: #0bd;
}
```

- 회색을 지정합니다.
- "."을 클래스 이름 앞에 넣어줍니다.
- 파란색을 지정합니다.

- 클래스를 지정하지 않으면 회색 글자로 출력합니다
- 클래스를 지정하면 파란색으로 출력합니다

- 클래스 속성이 있는 〈p〉 태그만 파란색으로 바뀝니다.
- 클래스 속성이 없는 〈p〉 태그는 회색.

ID를 사용한 작성 방법

ID를 사용하는 경우에도 생각해야 하는 것은 클래스와 같습니다. HTML 파일에서 태그에 **id 속성**을 추가하고, 원하는 **ID 이름**을 작성합니다. CSS 파일에는 "해시(#)"와 "ID 이름"을 붙여 작성한 뒤, 적용하고 싶은 스타일을 작성합니다. 참고로 HTML의 ID 속성 부분에는 해시(#)를 넣지 않습니다.

▶ 작성 예

클래스와 마찬가지로 일반적인 〈p〉 태그의 색을 회색으로 지정하고, 일부 부분만 다른 색으로 지정해 봅시다. 이번에는 "#orange"라는 ID를 만들어서 CSS로 지정합니다.

chapter3/c3-13-2/index.html

```html
<p>ID를 지정하지 않으면 회색 글자로 출력합니다</p>
<p id="orange">ID를 지정하면 주황색으로 출력합니다</p>
```

- 〈p〉 태그에 orange라는 ID를 지정합니다.

chapter3/c3-13-2/style.css

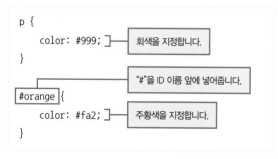

```css
p {
    color: #999;
}

#orange {
    color: #fa2;
}
```

- 회색을 지정합니다.
- "#"을 ID 이름 앞에 넣어줍니다.
- 주황색을 지정합니다.

- ID를 지정하지 않으면 회색 글자로 출력합니다
- ID를 지정하면 주황색으로 출력합니다

- 클래스와 마찬가지로 지정한 id 속성이 있는 〈p〉 태그만 색이 바뀝니다.
- id 속성이 없는 〈p〉 태그는 회색.

태그 이름과 함께 클래스와 ID를 사용하는 작성 방법

".〈클래스 이름〉" 또는 "#〈ID 이름〉"을 지정하면 태그와 관계없이 각각의 클래스와 ID가 지정된 모든 부분에 디자인이 반영됩니다. 그런데 CSS에서 "〈태그 이름〉.〈클래스 이름〉" 또는 "〈태그 이름〉#〈ID 이름〉"과 같이 태그 이름 바로 뒤에 이어서 클래스 이름과 ID 이름을 작성하면 해당 클래스와 ID가 붙은 특정 태그에만 스타일이 적용됩니다.

작성 방법 예

〈h1〉 태그와 〈p〉 태그 모두 "blue"라는 클래스를 붙이고 문자색을 변경해봅시다. 이러한 경우에는 두 가지 태그 모두 색이 변경됩니다.

📄 chapter3/c3-13-3/index.html

```
<h1 class="blue">.blue를 추가한 h1 태그</h1>
<p class="blue">.blue를 추가한 p 태그</p>
```

📄 chapter3/c3-13-3/style.html

```
.blue {
    color: #0bd;
}
```

.blue를 추가한 h1 태그

.blue를 추가한 p 태그

이어서 태그 이름도 함께 지정해서 작성해봅시다. HTML은 그대로 두고, CSS의 ".blue"를 "p.blue" 로 변경했습니다.

📄 chapter3/c3-13-4/style.css

```
p.blue {
    color: #0bd;
}
```

〈p〉 태그와 클래스 이름을 지정했습니다.

.blue를 추가한 h1 태그

.blue를 추가한 p 태그

〈p〉 태그만 색이 변경됩니다.

chapter1
chapter2
chapter3
chapter4
chapter5
chapter6
chapter7

클래스 이름과 ID 이름 규칙

클래스 이름과 ID 이름은 원하는 대로 지정할 수 있습니다. 다만 몇 가지 규칙이 있어서 이러한 규칙을 지키지 않으면 CSS가 반영되지 않으므로 주의하세요.

- 띄어쓰기(스페이스)를 넣으면 안 된다.
- 알파벳과 숫자, 하이픈(-), 언더스코어(_)로 작성한다.
- 첫 번째 문자는 반드시 알파벳이어야 한다.

※ 엄밀하게 말하면 클래스 이름과 ID 이름에 한국어도 사용할 수 있지만, 웹 브라우저에 따라서 오류가 발생할 가능성이 있습니다. 따라서 알파벳과 숫자로 사용하는 것이 좋습니다.

한 태그에 여러 개의 ID와 클래스 붙이기

한 태그에 여러 개의 클래스와 ID를 붙일 수도 있습니다. 클래스 이름과 ID 이름을 작성하는 큰따옴표 내부에 띄어쓰기로 구분해서 작성하면 됩니다.

작성 방법

오른쪽 예에서는 〈p〉 태그에 "blue", "text-center", "small"이라는 3개의 클래스를 부여했습니다.

```
<p class="blue text-center small">띄어쓰기로 구분합니다</p>
```

추가로 ID와 클래스를 함께 작성할 수도 있습니다.

〈div〉 태그에 "main"이라는 ID와 "center"라는 클래스를 작성했습니다.

```
<div id="main" class="center">ID와 클래스는 함께 작성할 수 있습니다</div>
```

클래스와 ID의 차이

지금까지의 예에서는 클래스와 ID에 큰 차이가 없었습니다. 그런데 이 두 가지에는 큰 차이점이 있습니다. 차이를 함께 살펴보겠습니다.

chapter1

chapter2

chapter3

chapter4

chapter5

chapter6

chapter7

한 HTML 파일 내부에서 사용할 수 있는 횟수

첫 번째는 HTML 파일 내부에서 사용할 수 있는 횟수입니다. ID는 페이지 내부에서 같은 ID 이름을 여러 번 사용할 수 없습니다. 그래서 ID는 레이아웃을 잡는 등 어떠한 페이지에서도 변하지 않는 부분에 사용하는 경우가 많습니다. 반면 클래스는 페이지 내부에서 여러 번 사용할 수 있습니다. 페이지 내부에서 여러 번 사용하는 장식은 클래스를 사용합니다.

예를 들어 한 번 〈h1 id="heading"〉을 작성했다면 "heading"이라는 ID는 같은 HTML 파일에서 다시 사용할 수 없습니다. 반면 클래스를 사용해 〈h1 class="heading"〉이라고 작성했다면 "heading"이라는 클래스는 여러 번 사용할 수 있으므로 〈h2 class="heading"〉 또는 〈p class="heading"〉처럼 다른 태그에도 사용할 수 있습니다.

```
<h1 id="heading">클래스와 ID의 차이</h1>
<h2 id="heading">HTML 파일 내부에서 사용할
수 있는 횟수가 다릅니다.</h2>
```

ID는 페이지 내부에서 한 번만 사용할 수 있습니다.

```
<h1 class="heading">클래스와 ID의 차이</h1>
<h2 class="heading">HTML 파일 내부에서 사용
할 수 있는 횟수가 다릅니다.</h2>
```

클래스는 페이지 내부에서 여러 번 사용할 수 있습니다.

CSS의 우선순위

추가적인 차이로 CSS 우선순위가 있습니다. 예를 들어 같은 태그에 클래스와 ID로 다른 색상을 지정했다고 합시다. 이럴 때는 ID 지정이 우선됩니다.

🗎 chapter3/c3-13-5/style.css

```
<p id="blue" class="orange">클래스와 ID의 우
선순위</p>
```

작성 방법 예

〈p〉 태그에 "blue"라는 ID와 "orange"라는 클래스를 적용했습니다.

CSS에서는 각각 다른 색을 설정했습니다. 어떤 문자색을 출력할까요? 실행해보면 ID가 우선되므로 "#blue"로 설정한 파란색이 출력되는 모습을 볼 수 있습니다.

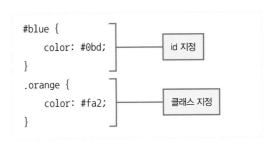

ID를 사용해서 페이지 내부 링크 만들기

ID 속성을 사용해서 같은 페이지 내부에 링크를 작성할 수도 있습니다. 예를 들어 링크를 작성하는 〈a〉 태그를 사용해서 "#contents"라는 링크를 적용하면 페이지 내부의 "contents"라는 ID 속성이 있는 부분으로 점프합니다.

이처럼 같은 페이지 내부에서 이동할 때도 사용할 수 있으므로 ID 이름은 페이지 전체에서 한 번만 사용할 수 있습니다.

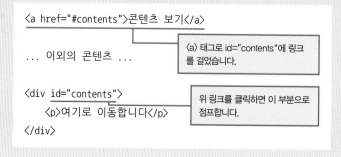

3-14
CHAPTER

레이아웃 만들기

레이아웃이란 다양한 콘텐츠를 사용자가 사용하기 쉽게 웹 페이지의 어디에 어떻게 배치할지 설계하는 것을 의미합니다. 이번 절에서는 대표적인 레이아웃을 소개하겠습니다.

chapter1

chapter2

chapter3

chapter4

chapter5

chapter6

chapter7

▌ Flexbox로 수평 정렬하기

Flexbox(플렉스 박스)란 "Flexible Box Layout Module"의 약자로 복잡한 레이아웃도 간단하게 작성할 수 있는 방법입니다. CSS로 레이아웃을 만들 때의 기반이 됩니다. 이전에는 float 속성을 사용해 레이아웃을 만드는 경우가 많았지만, 현재는 Flexbox가 주류입니다. CSS를 처음 공부하는 사람이거나 최신 환경에 맞추고 싶은 사람이라면 Flexbox를 사용합시다.

▶ Flexbox의 기본적인 작성 방법

일단 Flexbox 레이아웃의 기본적인 작성 방법을 배워 봅시다. Flex 컨테이너라고 부르는 부모 요소 내부에 Flex 아이템이라는 자식 요소를 넣어 HTML을 만듭니다.

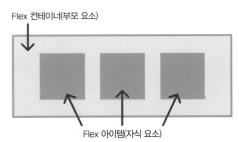

Flex 컨테이너(부모 요소)

Flex 아이템(자식 요소)

"container"라는 부모 요소를 가진 〈div〉 태그 내부에 "item"이라는 클래스를 가진 〈div〉 태그를 넣어 HTML을 구성하겠습니다.

📄 chapter3/c3-14-1/index.html

```html
<div class="container">
    <div class="item">Item 1</div>
    <div class="item">Item 2</div>
    <div class="item">Item 3</div>
    <div class="item">Item 4</div>
</div>
```

📄 chapter3/c3-14-1/style.css

```css
.item {
    background: #0bd;
    color: #fff;
    margin: 10px;
    padding: 10px;
}
```

※ 이해하기 쉽게 ".item"에 배경색을 파란색으로 설정하고, 여백을 지정했습니다.

현재 상태에서는 이처럼 ".item"이
수직으로 출력됩니다.

그럼 파란색 박스를 수평으로 정렬해 보겠습니다. HTML은 따로 변경하지 않아도 괜찮습니다. 박스들의 부모 요소인 ".container"에 "display: flex;"를 추가합니다.

chapter3/c3-14-2/style.css

```
.container {
    display: flex;
}
```

container 클래스에 display: flex;를
추가합니다.

display: flex를 적용해 ".item"이 수평 정렬됐습니다.

부모 요소에 "display: flex;"를 작성한 상태에서 추가 속성을 넣으면 요소의 정렬 상태를 다양하게 변경할 수 있습니다. 어떤 추가 속성이 있는지 차근차근 살펴봅시다.

▶ 자식 요소의 정렬 방향 "flex-direction 속성"

자식 요소를 어떤 방향으로 배치할지 flex-direction 속성으로 지정합니다. 수평 또는 수직으로 정렬할 수 있습니다.

flex-direction 속성에 사용할 수 있는 값

값	설명
row(초깃값)	자식 요소를 왼쪽에서 오른쪽으로 배치합니다.
row-reverse	자식 요소를 오른쪽에서 왼쪽으로 배치합니다.
column	자식 요소를 위에서 아래로 배치합니다.
column-reverse	자식 요소를 아래에서 위로 배치합니다.

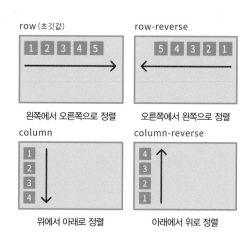

chapter1

chapter2

chapter3

chapter4

chapter5

chapter6

chapter7

HTML chapter3/c3-14-3/index.html

```html
<div class="container">
    <div class="item">Item 1</div>
    <div class="item">Item 2</div>
    <div class="item">Item 3</div>
    <div class="item">Item 4</div>
</div>
```

HTML chapter3/c3-14-3/style.css

```css
.container {
    display: flex;
    flex-direction: row-reverse;
}
.item {
    background: #0bd;
    color: #fff;
    margin: 10px;
    padding: 10px;
}
```

row-reverse를 지정합니다.

Item 4　Item 3　Item 2　Item 1

row-reverse가 적용된 요소가 오른쪽에서
왼쪽으로 정렬됩니다.

▶ 자식 요소를 줄바꿈 하는 flex-wrap 속성

자식 요소를 한 줄 또는 여러 줄로 배치하고 싶을 때는 flex-wrap 속성을 지정합니다. 여러 줄로 지정
할 경우에는 자식 요소가 부모 요소의 너비를 넘는 경우 줄바꿈 해서 여러 줄로 배치됩니다.

📋 flex-wrap 속성에 사용할 수 있는 값

값	설명
nowrap(초깃값)	자식 요소를 줄바꿈 하지 않고, 한 줄로 배치합니다.
wrap	자식 요소를 줄바꿈 합니다. 여러 줄이 되면 위에서 아래로 배치합니다.
wrap-reverse	자식 요소를 줄바꿈 합니다. 여러 줄이 되면 아래에서 위로 배치합니다.

nowrap (초깃값)

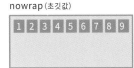

1줄로 배치합니다.

wrap

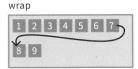

위에서 아래로 줄바꿈 합니다.

wrap-reverse

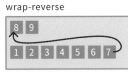

아래에서 위로 줄바꿈 합니다.

```
<div class="container">
    <div class="item">Item 1</div>
    <div class="item">Item 2</div>
    <div class="item">Item 3</div>
    <div class="item">Item 4</div>
    <div class="item">Item 5</div>
    <div class="item">Item 6</div>
    <div class="item">Item 7</div>
    <div class="item">Item 8</div>
</div>
```

```
.container {
    display: flex;
    flex-wrap: wrap;
}
.item {
    background: #0bd;
    color: #fff;
    margin: 10px;
    padding: 10px;
}
```

> wrap을 지정합니다.

wrap을 적용해 부모 요소 오른쪽 끝을 넘는
이후 부분은 아래로 줄바꿈 됩니다.

▶ 수평 방향 맞춤 "justify-content 속성"

부모 요소에 빈 공간이 있는 경우 자식 요소의 수평 정렬 상태를 어떻게 할지 justify-content 속성으로 지정합니다.

🖼 justify-content 속성에 사용할 수 있는 값

값	설명
flex-start(초깃값)	줄의 시작 지점에 배치합니다. 왼쪽 맞춤
flex-end	줄의 끝부분에 배치합니다. 오른쪽 맞춤
center	가운데 맞춤
space-between	왼쪽과 오른쪽 끝에 있는 요소를 끝에 붙이고, 남은 부분들은 균등한 공간을 형성한 상태로 배치합니다.
space-round	왼쪽과 오른쪽 끝에 있는 공간도 포함해서 균등한 여백을 형성한 상태로 배치합니다.

Top left: chapter3/c3-14-5/index.html with HTML code
Top right: chapter3/c3-14-5/style.css with CSS code

📄 chapter3/c3-14-5/index.html

```html
<div class="container">
    <div class="item">Item 1</div>
    <div class="item">Item 2</div>
    <div class="item">Item 3</div>
    <div class="item">Item 4</div>
</div>
```

📄 chapter3/c3-14-5/style.css

```css
.container {
    display: flex;
    justify-content: flex-end;
}
.item {
    background: #0bd;
    color: #fff;
    margin: 10px;
    padding: 10px;
}
```

flex-end를 지정합니다.

Item 1 Item 2 Item 3 Item 4

화면 오른쪽 끝에 정렬됩니다.

수직 방향 맞춤 "align-items 속성"

부모 요소에 빈 공간이 있으면 자식 요소를 수직 방향으로 어떻게 맞출지 align-items 속성으로 지정합니다.

📇 align-items 속성에 사용할 수 있는 값

값	설명
stretch(초깃값)	부모 요소의 높이 또는 콘텐츠의 가장 많은 자식 요소의 높이에 맞춰 늘어납니다.
flex-start	부모 요소의 윗부분에 맞춰 배치합니다.
flex-end	부모 요소의 아랫부분에 맞춰 배치합니다.
center	중앙에 배치합니다.
baseline	베이스라인에 배치합니다.

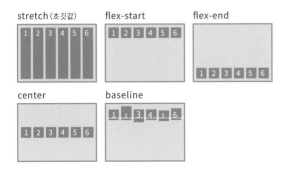

```
<div class="container">
    <div class="item">Item 1</div>
    <div class="item">Item 2</div>
    <div class="item">Item 3</div>
    <div class="item">Item 4</div>
</div>
```

```
.container {
    display: flex;
    align-items: center;
    height: 100vh;
}
.item {
    background: #0bd;
    color: #fff;
    margin: 10px;
    padding: 10px;
}
```

center를 지정합니다.

100vh 높이를 지정합니다.

※vh는 뷰 포트의 높이를 기준으로 하는 단위입니다.

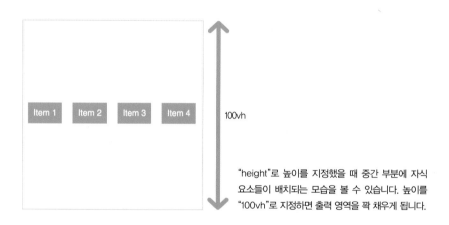

100vh

"height"로 높이를 지정했을 때 중간 부분에 자식 요소들이 배치되는 모습을 볼 수 있습니다. 높이를 "100vh"로 지정하면 출력 영역을 꽉 채우게 됩니다.

여러 줄이 될 때의 맞춤 "align-content 속성"

자식 요소가 여러 줄이 됐을 때의 수직 방향 맞춤은 align-content 속성으로 지정합니다. "flex-wrap: nowrap;"이 적용돼 있다면 자식 요소가 한 줄이 되므로 align-content 속성이 아무 의미 없어집니다.

[📧] align-content 속성에 사용할 수 있는 값

값	설명
stretch(초깃값)	부모 요소의 높이에 맞게 자식 요소의 높이를 늘여서 배치합니다.
flex-start	부모 요소의 윗부분에 맞춰 배치합니다.

값	설명
flex-end	부모 요소의 아랫부분에 맞춰 배치합니다.
center	중앙 배치
space-between	위아래 끝에 있는 요소를 끝에 붙이고, 남은 부분들은 균등한 공간을 형성한 상태로 배치합니다.
space-around	위아래 끝에 있는 여백도 포함해서 균등한 공간을 형성한 상태로 배치합니다.

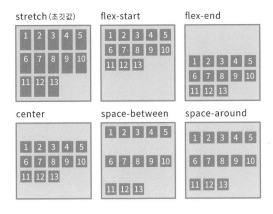

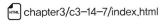

📄 chapter3/c3-14-7/index.html

```html
<div class="container">
    <div class="item">Item 1</div>
    <div class="item">Item 2</div>
    <div class="item">Item 3</div>
    <div class="item">Item 4</div>
    <div class="item">Item 5</div>
    <div class="item">Item 6</div>
    <div class="item">Item 7</div>
    <div class="item">Item 8</div>
</div>
```

📄 chapter3/c3-14-7/style.css

```css
.container {
    display: flex;
    flex-wrap: wrap;
    align-content: space-between;
    height: 300px;
}
.item {
    background: #0bd;
    color: #fff;
    margin: 10px;
    padding: 10px;
}
```

> wrap, space-between, height: 300px을 지정했습니다.

높이 300px

"flex-wrap: wrap;"으로 지정한 박스가 위아래 끝쪽에 맞춰 배치됩니다.

CSS 그리드로 타일 형태로 정렬하기

타일형 레이아웃이란 벽에 타일을 붙이는 것처럼 같은 크기의 박스를 균등한 간격으로 나열하는 레이아웃을 의미합니다. 이번 절에서는 "**CSS 그리드**[1]"를 사용하는 방법을 소개하겠습니다.

CSS 그리드의 기본적인 사용 방법

CSS 그리드를 사용하려면 Flexbox처럼 부모 요소와 자식 요소가 필요합니다. 그리드 컨테이너라고 부르는 부모 요소로 전체를 감싸고, 내부에 실제로 정렬할 그리드 아이템(자식 요소)을 배치합니다. 추가로 그리드 아이템 사이의 여백을 그리드 갭이라고 부릅니다.

이번 예에서는 6개의 박스를 3개씩 두 줄로 배치해보겠습니다.

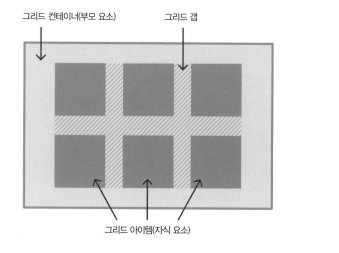

그리드 컨테이너(부모 요소)　　　그리드 갭

그리드 아이템(자식 요소)

 POINT

요소를 수평 정렬하려면 부모 요소로 정렬하고 싶은 요소를 감싸줘야 합니다.

CSS 그리드 작성 방법

HTML에서는 Flexbox의 예처럼 부모 요소로 "container"라는 클래스를 가진 〈div〉 태그를 만들고, 내부에 자식 요소로 "item"이라는 클래스를 가진 〈div〉 태그를 6개 만듭니다.

CSS에서는 그리드 컨테이너인 ".container"에 "display: grid;"를 추가해서 CSS 그리드 레이아웃으로 설정합니다. 추가로 이해하기 쉽게 ".item"에 파란 배경색 등을 지정했습니다.

1　CSS 그리드는 크롬, 사파리, 파이어폭스, 엣지만 지원합니다. 인터넷 익스플로러에서는 사용할 수 없습니다.

chapter1

chapter2

chapter3

chapter4

chapter5

chapter6

chapter7

📄 chapter3/c3-14-8/index.html

```
<div class="container">
    <div class="item">Item 1</div>
    <div class="item">Item 2</div>
    <div class="item">Item 3</div>
    <div class="item">Item 4</div>
    <div class="item">Item 5</div>
    <div class="item">Item 6</div>
</div>
```

📄 chapter3/c3-14-8/style.css

```
.container {
    display: grid;
}
.item {
    background: #0bd;
    color: #fff;
    padding: 10px;
}
```

.container 클래스에 display: grid;를 추가했습니다.

Item 1
Item 2
Item 3
Item 4
Item 5
Item 6

현재 상태에서는 그리드 아이템이 수직 정렬돼 있을 뿐입니다.

▶ 그리드 아이템(자식 요소)의 너비 "grid-template-columns 속성"

grid-template-columns 속성으로 각 그리드 아이템의 너비를 지정해서 수평 정렬하게 만들 수 있습니다. 한 열에 그리드 아이템을 여러 개 놓을 경우에는 띄어쓰기로 구분해서 필요한 그리드 아이템의 수만큼 너비를 지정합니다.

한 열에 3개의 그리드 아이템을 200px 간격으로 정렬하고 싶을 때는 "200px 200px 200px"이라고 지정합니다.

📄 chapter3/c3-14-9/style.css

```
.container {
    display: grid;
    grid-template-columns: 200px 200px 200px;
}
```

200px씩 지정했습니다.

그리드 아이템이 한 열에 3개씩 수평 정렬됐습니다.

그리드 아이템(자식 요소) 사이의 여백 "gap 속성"

이전에 만든 그리드는 그냥 보기에는 조금 힘듭니다. 그리드 아이템 사이에 여백을 설정해 보겠습니다. gap 속성으로 여백의 크기를 지정합니다. 위, 아래, 왼쪽, 오른쪽 끝부분은 여백이 들어가지 않고 부모 요소에 맞춰집니다.

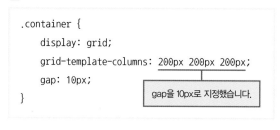

chapter3/c3-14-10/style.css

```css
.container {
    display: grid;
    grid-template-columns: 200px 200px 200px;
    gap: 10px;
}
```

gap을 10px로 지정했습니다.

그리드 아이템 사이에 10px의 여백이 들어갑니다.

CSS 그리드에서 사용할 수 있는 단위 "fr"

CSS 그리드에서 사용할 수 있는 "fr"이라는 단위가 있습니다. "fr"은 "fraction(비율)"이라는 의미로, 부모 요소에서 자식 요소의 크기를 구체적인 숫자가 아니라 비율로 지정할 수 있게 해주는 단위입니다. 너비를 "px"로 지정하면 너비가 고정되므로 화면의 너비에 따라서 자동으로 늘어나고 줄어드는 "fr"을 사용하는 것이 편리합니다.

"px"을 사용하면 너비가 고정되므로 화면의 너비가 넓어졌을 때 공간이 발생합니다.

화면의 너비가 좁아졌을 때는 잘리는 문제도 있습니다.

값을 "1fr 1fr 1fr"로 지정하면 1:1:1 비율로 그리드 아이템을 출력할 수 있습니다. 크기를 변경하고 싶을 때는 숫자를 변경하면 됩니다.

chapter1

chapter2

chapter3

chapter4

chapter5

chapter6

chapter7

📄 chapter3/c3-14-11/style.css

```
.container {
    display: grid;
    grid-template-columns: 1fr 1fr 1fr;
    gap: 10px;
}
```

| Item 1 | Item 2 | Item 3 |
| Item 4 | Item 5 | Item 6 |

"fr"을 사용하면 화면의 너비에 맞게 늘어나고 줄어듭니다. 화면이 넓은 경우에는 그리드 아이템도 넓어집니다.

| Item 1 | Item 2 | Item 3 |
| Item 4 | Item 5 | Item 6 |

화면의 너비가 좁아지면 그에 맞게 그리드 아이템의 너비도 줄어듭니다.

▨ 그리드 아이템(자식 요소)의 높이 "grid-template-rows 속성"

그리드 아이템의 높이는 grid-template-rows 속성으로 지정합니다. 여러 줄을 만들고 싶을 때는 띄어쓰기로 구분해서 필요한 그리드 줄 수만큼 너비를 지정합니다.

예를 들어 두 줄로 200px씩 지정하고 싶다면 "200px 200px"이라고 작성합니다.

📄 chapter3/c3-14-12/style.css

```
.container {
    display: grid;
    grid-template-columns: 1fr 1fr 1fr;
    gap: 10px;
    grid-template-rows: 200px 200px;
}
```

200px씩 지정합니다.

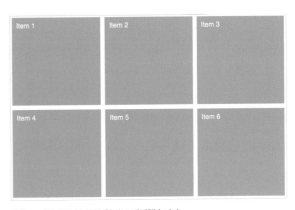

같은 크기의 박스를 타일 형태로 배치했습니다.

■ 보기 쉬운 레이아웃이란?

레이아웃에 따라서 웹 사이트의 전체적인 느낌이 크게 바뀌므로 어떤 요소를 어떻게 배치할지 사전에 확실하게 검토하는 것이 좋습니다. 사용자에게 정보를 잘 전달하려면 어떤 레이아웃이 좋을지 생각해 봅시다.

▶ 시선의 흐름 이해하기

사용자가 화면을 볼 때의 시선 흐름을 결정하는 법칙이 있습니다. 이러한 시선의 움직임에 따라 요소를 배치하는 것이 효과적입니다.

Z 법칙

F 법칙

왼쪽 위→ 오른쪽 위→ 왼쪽 아래→ 오른쪽 아래 순서로 "Z" 모양으로 시선이 움직인다는 법칙

왼쪽 위부터 시작해서 메뉴 또는 제목 등 오른쪽 으로 시선을 움직이면서 계속 아래로 "F" 모양으 로 시선이 움직인다는 법칙

사용자는 처음 방문한 웹 사이트, 이미지가 많은 웹 사이트는 "Z 법칙"으로 전체적인 느낌을 파악합니다. 반대로 여러 번 방문한 웹 사이트, 정보량이 많은 웹 사이트는 "F 법칙"으로 원하는 정보를 빠르게 찾아 들어가는 경향이 있다고 합니다.

▶ 정보의 우선순위 결정하기

"Z 법칙", "F 법칙"으로 사용자의 시선 흐름을 생각하는 상태로, 일단 페이지에서 어떤 것을 가장 중요하게 보여줄 것인지 고려해서 레이아웃을 잡습니다. 전달하고 싶은 내용이 너무 많거나, 난잡하게 구성된 레이아웃은 요점을 전달하기 힘들어서 사용자가 떠날 가능성이 높습니다.

chapter1

chapter2

chapter3

chapter4

chapter5

chapter6

chapter7

배치할 순서 생각하기

웹 페이지는 기본적으로 화면 왼쪽 위에서 읽기 시작합니다. 따라서 왼쪽 위가 가장 중요한 위치이므로 중요한 정보 또는 주목했으면 하는 요소를 이 위치에 배치하는 것이 좋습니다.

반대로 우선순위가 낮은 것은 페이지의 아랫부분 또는 오른쪽에 배치합니다.

 POINT

레이아웃은 Flexbox 또는 CSS 그리드를 사용해서 만듭니다.

배치할 면적 고려하기

잘 보이게 하고 싶은 정보는 면적을 크게 만들기만 해도 주목도가 높아집니다. 예를 들어 최상위 페이지의 메인 이미지 등은 크게 배치합니다.

반대로 중요하지 않은 정보의 면적은 작게 합니다. 이렇게 하면 사용자가 읽기에도 훨씬 편리해집니다.

 POINT

레이아웃을 결정할 때는 우선순위를 생각해서 배치해주세요.

▨ 레이아웃별 참고 사이트 목록

웹 사이트의 내용과 목적에 따라 레이아웃은 크게 바뀝니다. 잘 만들어진 웹 사이트를 보면서 해당 사이트의 레이아웃이 무엇을 가장 전달하고 싶은 페이지인지 확인해 보겠습니다. 다음은 참고 사이트를 몇 가지 소개한 예입니다.

▧ 메인 이미지를 크게 배치한 레이아웃

보여주고 싶은 것이 확실하게 결정된 경우에는 이미지 또는 동영상을 크게 출력하면 좋습니다. 사용자가 처음 접근하는 최상위 페이지에 크게 배치하는 것이 요령입니다. 인상적이고 강렬한 디자인입니다.

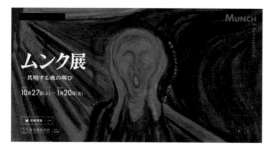

2018 일본 몽크 전시회 ⋯ https://munch2018.jp/

American Prime Streakhouse ⋯ http://www.americanprime.com.br/

▶ 타일형 레이아웃

많은 정보를 어느 정도 한 번에 출력하고 싶은 경우에는 타일 형태로 박스를 만들어서 나열하면 좋습니다. 예쁘게 정렬하면 분산된 분위기가 아니라 정돈된 분위기를 만들 수 있습니다.

Pinterest ⋯ https://www.pinterest.com/

Fakultät Gestaltung Würzburg ⋯ https://fg.fhws.de/

▶ 왼쪽과 오른쪽으로 분할된 레이아웃

화면을 세로로 절반으로 잘라서 스크롤하지 않고 여러 정보를 출력할 수 있습니다. 같은 중요도의 요소를 나란하게 배치하는 경우, 이미지와 텍스트를 같은 분량으로 배치하고 싶은 경우 등에 사용합니다.

Dropbox ⋯ https://www.dropbox.com/guide/

Studio Meta ⋯ https://www.studiometa.fr/

▶ 대각선으로 배치하는 레이아웃

요소의 일부를 기울이는 것만으로 인상이 크게 바뀔 수 있습니다. 활발함 또는 약동감을 표현하고 싶을 때 사용하는 레이아웃입니다. 하지만 너무 많이 사용하면 정보를 읽기 힘들 수 있으므로 주의해야 합니다.

TryMore Inc … http://www.trymore-inc.jp/

Stripe … https://stripe.com

chapter1

chapter2

chapter3

chapter4

chapter5

chapter6

chapter7

float을 사용한 수평 정렬

지금까지 소개한 Flexbox와 CSS 그리드로 요소를 수평 정렬하는 방법은 비교적 최신의 구현 방법입니다. 과거에는 "float"이라는 속성을 사용해서 수평 정렬을 했습니다. float은 조금 구현이 복잡하므로 지금까지 살펴본 Flexbox와 CSS 그리드를 사용하는 방법이 좋으리라 생각하지만, 오래된 웹 사이트를 유지 보수하는 경우 등을 위해 float을 사용해서 수평 정렬하는 방법도 기억해두면 좋습니다.

예: ".item"이라는 클래스를 가진 3개의 박스를 수평으로 정렬합니다.

HTML에서는 수평으로 정렬하고 싶은 요소를 ".container"라는 부모 요소로 감쌉니다. 이어서 CSS는 수평으로 정렬하고 싶은 요소에 너비와 "float: left;"를 추가합니다.

```html
<div class="container">
    <div class="item">Item 1</div>
    <div class="item">Item 2</div>
    <div class="item">Item 3</div>
</div>
```

```css
.item {
    background: #0bd;
    color: #fff;
    padding: 10px;
    width: 200px;
    margin: 10px;
    float: left;
}
```

3개의 박스를 수평 정렬했습니다. 다만 아래에 배치하고 싶은 요소가 겹치는 문제가 발생했습니다.

아래에 나오는 요소를 잘 배치하려면 "클리어 픽스"라 부르는 기술을 사용해야 합니다. 부모 요소의 클래스 이름 뒤에 "::after"를 붙여서 다음과 같이 내용을 추가합니다.

```css
.container::after {
    content: '';
    display: block;
    clear: both;
}
```

아래의 요소가 잘 배치됐습니다.

3-15

CHAPTER

디폴트 CSS 리셋하기

브라우저는 다양한 종류가 있습니다. 각 브라우저는 디폴트로 독자적인 CSS가 적용돼 있으므로 CSS를 지정할 때 차이가 발생하는 경우가 있습니다. 제작하기 쉽게 디폴트 CSS를 리셋하도록 합시다.

CSS 리셋이란

브라우저에 디폴트[2]로 적용된 CSS는 브라우저에 따라서 다릅니다. 예를 들어 여백, 폰트 문자 크기 등은 각 브라우저에 따라서 다르게 지정돼 있습니다. 자신이 만든 CSS 파일은 디폴트 CSS를 덮어씌우는 형태로 적용되므로 상황에 따라서 지정하지 않은 것들로 인해 브라우저마다 다르게 보일 수도 있습니다.

브라우저에 따른 외관 차이

디폴트 CSS가 어떻게 적용되는지 살펴봅시다. 여백 또는 입력 양식 내부의 문자 크기 등 브라우저에 따라 미묘한 차이가 있다는 것을 알 수 있습니다.

문의

문의 할 것이 있다면 연락해주세요.
이름

예: 윤인성

문의 내용

상품 문의

문의하기

크롬에서 봤을 때 ··· 여백이 크게 잡힙니다.

문의

문의 할 것이 있다면 연락해주세요.
이름

예: 윤인성

문의 내용

상품 문의

문의하기

파이어폭스에서 봤을 때 ··· 여백이 작게 잡힙니다.

---

2   디폴트 ··· 미리 설정된 표준 상태를 의미합니다.

■ 리셋 CSS 사용하기

리셋 CSS는 직접 만들어도 상관없지만, 양이 많아서 처음부터 작성한다면 조금 어렵고 귀찮을 수 있습니다. 따라서 외부 웹 사이트에 공개된 CSS 파일을 사용하는 것이 좋습니다. 이 책에서는 "**ress.css**"라는 파일을 사용합니다. 이 리셋 CSS는 엄밀하게 말해서 모든 디폴트 CSS를 리셋해주는 것이 아니라, 디폴트 스타일을 활용해서 브라우저들의 최소한의 오차만을 없애 주는 파일입니다.

ress.css … https://github.com/filipelinhares/ress
리셋 CSS를 직접 만드는 것은 어려우므로 외부 웹 사이트에
공개된 CSS 파일을 사용하는 것이 편리합니다.

▶ HTML로 읽어 들이는 방법

HTML 파일의 "head" 부분에서 ress.css를 읽어 들입니다. ress.css 파일을 내려받고, 이를 읽어 들여도 괜찮습니다. 하지만 그냥 웹에 공개된 "https://unpkg.com/ress/dist/ress.min.css"를 직접 써서도 ress.css를 적용할 수 있습니다.

📄 chapter3/c3-15-1/index.html

```
<link rel="stylesheet" href="https://unpkg.com/ress/dist/ress.min.css">
```

참고로 읽어 들이는 순서에 주의를 기울여야 합니다. ress.css를 자신이 만든 CSS 아래에 작성해버리면 이후에 읽어 들이는 ress.css가 자신이 만든 CSS를 덮어 띄우게 됩니다. 반드시 ress.css를 먼저 작성하고, 그 아래에 자신이 만든 CSS 파일을 적어주세요.

◯ 좋은 예: 먼저 ress.css를 읽어 들여서 디폴트 CSS를 무효화한 후에 자신이 만든 CSS 파일을 적용해주세요.

📄 chapter3/c3-15-2/index.html

```
<head>
    <meta charset="utf-8">
    <title>WCB Cafe</title>

 <!-- CSS -->
    <link rel="stylesheet" href="https://unpkg.com/ress/dist/ress.min.css">     ress.css를 먼저 작성합니다.
    <link href="css/style.css" rel="stylesheet">     자신이 만든 CSS를 아래에 작성합니다.
</head>
```

나쁜 예: 디폴트 CSS뿐만 아니라 자신이 만든 CSS까지 초기화돼 버립니다.

🔳 chapter3/c3-15-3/index.html

```
<head>
    <meta charset="utf-8">
    <title>WCB Cafe</title>

<!-- CSS -->
    <link href="css/style.css" rel="stylesheet">
    <link rel="stylesheet" href="https://unpkg.com/ress/dist/ress.min.css">
</head>
```

> 사용자 정의 CSS가 앞에 있음

> ress.css가 뒤에 있음

▶ ress.css를 브라우저에서 확인해보기

ress.css를 읽어 들이면 입력 양식의 선, 여백이 사라지고, 다른 브라우저에서 보더라도 같은 모양으로 출력됩니다. 이를 기반으로 사용자 정의 CSS 파일을 만들고, 출력하고 싶은 디자인들을 변경합니다.

크롬에서 봤을 때 – 입력 양식 요소의 테두리 선도 모두 사라졌습니다.

파이어폭스에서 봤을 때   여백이 통일돼 크롬과 거의 같은 모습으로 출력됩니다.

3-16

CHAPTER

자주 사용하는 CSS 속성 목록

사용 빈도가 높은 속성을 정리하면 다음과 같습니다. 값에 따라서 외관이 크게 바뀌므로 하나하나 확인해두도록 합니다.

📰 문자와 문장 장식

속성	용도	값
font-size	문자 크기	숫자…숫자에 px, rem, % 등의 단위를 붙임 키워드…xx-small, x-small, small, medium, large, x-large, xx-large라는 7단계를 지정합니다. medium이 표준 크기입니다.
font-family	폰트 종류	폰트 이름…폰트의 이름을 지정합니다. 한국어 또는 폰트 이름에 띄어쓰기가 포함된 경우에는 폰트 이름을 작은따옴표 또는 큰따옴표로 감싸 지정합니다. 키워드…sans-serif(고딕체), serif(명조체), cursive(필기체), fantasy(장식 계열), monospace(고정폭)을 지정합니다.
font-weight	문자의 두께	키워드…normal(표준), bold(두꺼운 글자), lighter(얇은 글자), bolder(많이 두꺼운 글자) 숫자…1~1000 사이의 숫자
line-height	줄 높이	normal…브라우저가 판별한 줄 높이로 출력 숫자(단위 없음)…폰트 크기를 기반으로 비율로 지정 숫자(단위 있음)…숫자에 px, rem, % 등의 단위를 붙임
text-align	텍스트 정렬	left…왼쪽 정렬, right…오른쪽 정렬, center…중앙 정렬, justify…양쪽 맞춤
text-decoration	텍스트의 밑줄 또는 삭제선 등의 장식	none…장식 없음, underline…밑줄, overline…윗줄, line-through…삭제선
letter-spacing	문자 간격	normal…표준 문자 간격 숫자…숫자에 px, rem, % 등의 단위를 붙임
color	문자색	색상 코드…해시(#)로 시작하는 3자리 또는 6자리 색상 코드 지정 색의 이름…red, blue 등의 결정된 색의 이름 지정 RGB값…"rgb"로 시작하고 빨간색, 초록색, 파란색 값을 쉼표(,)로 구분해서 지정합니다. 투명도를 지정하고 싶은 경우에는 "rgba"로 시작하고 빨간색, 초록색, 파란색, 투명도 값을 쉼표(,)로 구분해서 지정합니다. 투명도는 0~1 사이의 숫자로 작성합니다.
font	폰트와 관련된 속성을 한꺼번에 지정	font-style, font-variant, font-weight, font-size, line-height, font-family의 값을 지정합니다.

📄 배경 장식

속성	용도	값
background-color	배경색	색상 코드…해시(#)로 시작하는 3자리 또는 6자리 색상 코드 지정 색의 이름…red, blue 등의 결정된 색의 이름 지정 RGB값…"rgb"로 시작하고 빨간색, 초록색, 파란색 값을 쉼표(,)로 구분해서 지정합니다. 투명도를 지정하고 싶은 경우에는 "rgba"로 시작하고 빨간색, 초록색, 파란색, 투명도 값을 쉼표(,)로 구분해서 지정합니다. 투명도는 0~1 사이의 숫자로 작성합니다.
background-image	배경 이미지	url…이미지 파일 지정 none…배경 이미지를 사용하지 않음
background-repeat	배경 이미지의 반복 출력 형태	repeat…수평 수직 방향으로 반복해서 출력합니다. repeat-x…수평 방향으로 반복해서 출력합니다. repeat-y…수직 방향으로 반복해서 출력합니다. no-repeat…반복하지 않습니다.
background-size	배경 이미지의 크기	숫자…숫자에 px, rem, % 등의 단위를 붙임 키워드…cover, contain을 지정
background-position	배경 이미지를 출력하는 위치	숫자…숫자에 px, rem, % 등의 단위를 붙임 키워드…수평 방향으로 left(왼쪽), center(중앙), right(오른쪽) 또는 세로 방향으로 top(위), center(중앙), bottom(아래)
background	배경과 관련된 속성을 한 번에 지정	background-color, background-image, background-repeat, backgroundattachment, background-position 값을 지정합니다.

📄 너비와 높이

속성	용도	값
width	너비	숫자…숫자에 px, rem, % 등의 단위를 붙임 auto…관련된 속성의 값에 따라 자동으로 설정합니다.
height	높이	숫자…숫자에 px, rem, % 등의 단위를 붙임 auto…관련된 속성의 값에 따라 자동으로 설정합니다.

📄 여백

속성	용도	값
margin	요소 바깥 여백, 공백으로 구별해서 위 · 오른쪽 · 아래 · 왼쪽(시계 방향) 순서로 지정	숫자…숫자에 px, rem, % 등의 단위를 붙임 auto…관련된 속성의 값에 따라 자동으로 설정합니다.

chapter1

chapter2

chapter3

chapter4

chapter5

chapter6

chapter7

속성	용도	값
margin-top	요소 바깥 여백, 윗부분의 여백	숫자…숫자에 px, rem, % 등의 단위를 붙임 auto…관련된 속성의 값에 따라 자동으로 설정합니다.
margin-bottom	요소 바깥 여백, 아랫부분의 여백	숫자…숫자에 px, rem, % 등의 단위를 붙임 auto…관련된 속성의 값에 따라 자동으로 설정합니다.
margin-left	요소 바깥 여백, 왼쪽 부분의 여백	숫자…숫자에 px, rem, % 등의 단위를 붙임 auto…관련된 속성의 값에 따라 자동으로 설정합니다.
margin-right	요소 바깥 여백, 오른쪽 부분의 여백	숫자…숫자에 px, rem, % 등의 단위를 붙임 auto…관련된 속성의 값에 따라 자동으로 설정합니다.
padding	요소 안쪽 여백, 공백으로 구별해서 위·오른쪽·아래·왼쪽(시계 방향) 순서로 지정	숫자…숫자에 px, rem, % 등의 단위를 붙임 auto…관련된 속성의 값에 따라 자동으로 설정합니다.
padding-top	요소 안쪽 여백, 윗부분의 여백	숫자…숫자에 px, rem, % 등의 단위를 붙임 auto…관련된 속성의 값에 따라 자동으로 설정합니다.
padding-bottom	요소 안쪽 여백, 아랫부분의 여백	숫자…숫자에 px, rem, % 등의 단위를 붙임 auto…관련된 속성의 값에 따라 자동으로 설정합니다.
padding-left	요소 안쪽 여백, 왼쪽 부분의 여백	숫자…숫자에 px, rem, % 등의 단위를 붙임 auto…관련된 속성의 값에 따라 자동으로 설정합니다.
padding-right	요소 안쪽 여백, 오른쪽 부분의 여백	숫자…숫자에 px, rem, % 등의 단위를 붙임 auto…관련된 속성의 값에 따라 자동으로 설정합니다.

📰 테두리

속성	용도	값
border-width	테두리의 두께	숫자…숫자에 px, rem, % 등의 단위를 붙임 키워드…thin(얇은 선), medium(보통 두께), thick(두꺼운 선)
border-style	테두리의 종류	none…선을 출력하지 않음, solid…1개의 실선, double…2개의 실선, dashed…파선, dotted…점선, groove…입체적으로 파인 선, ridge…입체적으로 튀어나온 선, inset…감싼 부분이 안쪽으로 들어간 것처럼 보이는 선, outset…감싼 부분이 튀어나온 것처럼 보이는 선
border-color	선의 색	색상 코드…해시(#)로 시작하는 3자리 또는 6자리 색상 코드 지정 색의 이름…red, blue 등의 결정된 색의 이름 지정
border	선 색, 스타일, 두께를 한꺼번에 지정	border-width, border-style, border-color의 값을 지정합니다.
border-top	요소 위의 선 색, 스타일, 두께를 한꺼번에 지정	border-width, border-style, border-color의 값을 지정합니다.

속성	용도	값
border–bottom	요소 아래의 선 색, 스타일, 두께를 한꺼번에 지정	border–width, border–style, border–color의 값을 지정합니다.
border–left	요소 왼쪽의 선 색, 스타일, 두께를 한꺼번에 지정	border–width, border–style, border–color의 값을 지정합니다.
border–right	요소 오른쪽의 선 색, 스타일, 두께를 한꺼번에 지정	border–width, border–style, border–color의 값을 지정합니다.

📇 목록

속성	용도	값
list–style–type	리스트 마커의 모양	
list–style–position	리스트 마커의 출력 위치	outside…박스 밖에 출력 inside…박스 안쪽에 출력
list–style–image	리스트 마커에 사용할 이미지	url…이미지 파일의 URL none…지정하지 않음
list–style	리스트 마커의 종류, 위치, 이미지를 한꺼번에 지정	list–style–type, list–style–position, list–style–image를 한꺼번에 지정합니다.

📇 레이아웃 구성(Flexbox)

속성	용도	값
display	Flexbox 그리드를 사용해서 자식 요소를 배치	flex
flex–direction	자식 요소의 정렬 방향	row(초깃값)…자식 요소를 왼쪽에서 오른쪽으로 배치합니다. row–reverse…자식 요소를 오른쪽에서 왼쪽으로 배치합니다. column…자식 요소를 위에서 아래로 배치합니다. column–reverse…자식 요소를 아래에서 위로 배치합니다.
flex–wrap	자식 요소의 줄바꿈 방식	nowrap(초깃값)…자식 요소를 줄바꿈 하지 않고, 한 줄로 배치합니다. wrap…자식 요소를 줄바꿈 합니다. 여러 줄이 되면 위에서 아래로 배치합니다. wrap–reverse…자식 요소를 줄바꿈 합니다. 여러 줄이 되면 아래에서 위로 배치합니다.

속성	용도	값
justify-content	수평 방향의 정렬	flex-start(초깃값)…줄의 시작 지점에 배치합니다. 왼쪽 맞춤 flex-end…줄의 끝부분에 배치합니다. 오른쪽 맞춤 center…가운데 맞춤 space-between…왼쪽과 오른쪽 끝에 있는 요소를 끝에 붙이고, 남은 부분들은 균등한 공간을 형성한 상태로 배치합니다. space-round…왼쪽과 오른쪽 끝에 있는 공간도 포함해서, 균등한 여백을 형성한 상태로 배치합니다.
align-items	수직 방향의 정렬	stretch(초깃값)…부모 요소의 높이 또는 콘텐츠의 가장 많은 자식 요소의 높이에 맞춰 늘어납니다. flex-start…부모 요소의 윗부분에 맞춰 배치합니다. flex-end…부모 요소의 아랫부분에 맞춰 배치합니다. center…중앙에 배치합니다. baseline…베이스라인에 배치합니다.
align-content	여러 줄로 만들 때의 정렬	stretch(초깃값)…부모 요소의 높이에 맞게 늘려서 배치합니다. flex-start…부모 요소의 윗부분에 맞춰 배치합니다. flex-end…부모 요소의 아랫부분에 맞춰 배치합니다. center…중앙 배치 space-between…위아래 끝에 있는 요소를 끝에 붙이고, 남은 부분들은 균등한 공간을 형성한 상태로 배치합니다. space-around…위아래 끝에 있는 여백도 포함해서 균등한 공간을 형성한 상태로 배치합니다.

레이아웃 구성(CSS 그리드)

속성	용도	값
display	CSS 그리드를 사용해서 자식 요소를 배치	grid
grid-template-columns	자식 요소의 너비	숫자…숫자에 px, rem, %, fr 등의 단위를 붙입니다.
grid-template-rows	자식 요소의 높이	숫자…숫자에 px, rem, %, fr 등의 단위를 붙입니다.
grid-gap	자식 요소 사이의 여백	숫자…숫자에 px, rem, % 등의 단위를 붙입니다.

CHAPTER 4

—

풀 스크린 웹 사이트 제작하기

이번 장부터는 "WBC CAFE"라는 웹 사이트를 차근차근 만들어서 완성해볼 것입니다. 일단 풀 스크린 레이아웃을 사용한 홈 페이지부터 함께 만들어봅시다.

WEBSITE | WEB DESIGN | HTML | CSS | SINGLE PAGE | MEDIA

4-1

CHAPTER

풀 스크린이란

풀 스크린이란 이미지 또는 동영상 등을 메인으로 화면 전체에 출력하는 레이아웃을 의미합니다. 이러한 웹 사이트
를 사용하면 전달하고 싶은 내용을 확실하게 표현할 수 있으므로 인상적인 디자인을 만들 수 있습니다.

■ 풀 스크린 레이아웃의 장점과 구성 요소

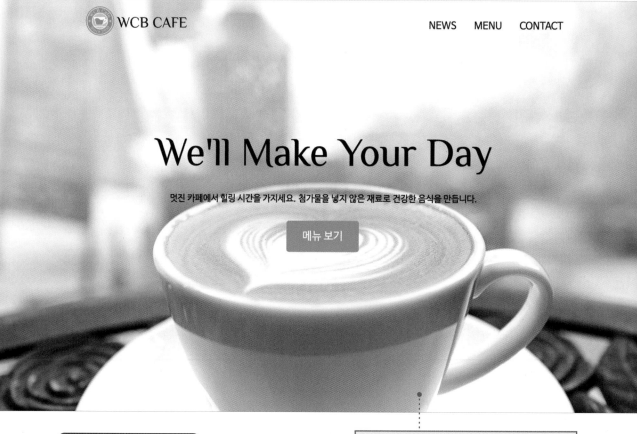

이미지 또는 동영상을 화면에 꽉 채워 출력하므로 문장만으
로는 낼 수 없는 임팩트 있는 디자인을 만들 수 있습니다.

화면 전체에 이미지 또는 동영상을
배치합니다.

풀 스크린 부분을 스크롤하면 콘텐츠가 출력되는 패턴도 있습니다. 페이지를 열었을 때 큰 임팩트를 전달하고, 아랫부분에서 자세한 정보를 제공하는 형태입니다.

참고로 이 책에서는 "풀 스크린", "2-칼럼", "타일형", "문의 페이지"를 차근차근 나눠서 제작합니다.

 POINT

자세한 정보를 넣고 싶을 때는 스크롤했을 때 나오는 아랫부분에 배치합니다.

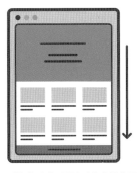

처음 출력되는 부분 아래에 상세 정보를 넣어줍니다.

chapter1
chapter2
chapter3
chapter4
chapter5
chapter6
chapter7

4-2
CHAPTER

풀 스크린 페이지의 제작 흐름

실제로 풀 스크린 페이지를 만들어봅시다. 이 책에서 제작하는 웹 사이트는 첨가물을 넣지 않고 몸에 좋은 음료와 빵 등을 판매하는 "WCB CAFE"의 웹 사이트입니다. 작성 방법을 차근차근 살펴보겠습니다.

■ 작성할 페이지

일단 웹 사이트의 얼굴이라고 할 수 있는 홈 페이지입니다. 큰 이미지를 전체 화면으로 배치해서 임팩트 있는 페이지를 만들겠습니다. 로고, 내비게이션 메뉴, 캐치 카피, 문장, 버튼이 있는 홈 페이지입니다.

■ 제작 흐름

01 "head" 부분 작성하기

웹 페이지의 정보를 작성하는 〈head〉 태그부터 작성해 보겠습니다.

기본적인 작성 방법은 결정했으므로 형식에 따라서 차근차근 작성합니다.

02 로고, 내비게이션 메뉴 만들기

이어서 페이지 위쪽에 배치할 로고와 내비게이션 메뉴를 만듭니다.

로고, 내비게이션 메뉴는 모든 페이지에서 공통으로 사용하는 부분입니다.

03 콘텐츠 부분 만들기

페이지의 중심이 되는 콘텐츠 부분을 만듭니다. 이번 페이지에서는 캐치 카피, 문장, 버튼을 만들겠습니다.

큰 배경 이미지를 배치하겠습니다.

04 파비콘 설정하기

페이지가 완성됐다면 페이지의 탭에 출력할 파비콘을 만듭니다.

 POINT

일단 모든 페이지에서 공통으로 사용힐 "head", "header" 부분부터 만듭니다. 파비콘도 잊지 말고 설정합시다.

파비콘은 웹 브라우저의 탭 부분에 출력되는 작은 아이콘을 의미합니다.

chapter1

chapter2

chapter3

chapter4

chapter5

chapter6

chapter7

4-3

CHAPTER

"head" 작성하기

이전 절에서 설명했던 흐름에 따라서 일단 웹 페이지의 정보 부분이 되는 "head"부터 작성하겠습니다. index.html 을 새로 만들어서 웹 사이트의 홈 페이지로 사용하겠습니다.

■ 파일 준비하기

폴더를 새로 만들고, 폴더 이름을 "WCBCafe"라고 지정합니다. 이어서 내부에 "index.html"이라는 이름으로 HTML 파일을 새로 만듭니다. 이 index.html 파일에 코드를 작성할 것입니다.

■ HTML 골격 만들기

HTML 파일에 필요한 태그부터 작성합니다.

샘플 데이터가 따로 제공되기는 하지만, 일단 책을 보면서 코드를 따라 입력하는 것을 추천합니다. 그렇게 해야 실제로 웹 페이지를 만드는 흐름을 이해할 수 있고, 실력도 확실하게 늘 것입니다.

📄 chapter4/c4-03-1/index.html

```html
<!DOCTYPE html>
<html lang="ko">
    <head>

    </head>

    <body>

    </body>
</html>
```

■ "meta" 정보와 "title" 작성하기

이어서 〈head〉 태그 내부에 문자 코드를 지정하는 〈meta charset="utf-8"〉, 웹 페이지의 제목이 되는 〈title〉 태그, 그리고 웹 페이지의 설명을 나타내는 〈meta name="description"〉을 추가합니다.

HTML을 잘 모르는 독자는 43페이지를 다시 확인하면 좋을 것입니다.

chapter1

chapter2

chapter3

chapter4

chapter5

chapter6

chapter7

📄 chapter4/c4-03-2/index.html

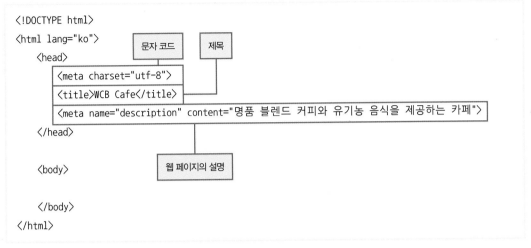

```
<!DOCTYPE html>
<html lang="ko">
    <head>
        <meta charset="utf-8">
        <title>WCB Cafe</title>
        <meta name="description" content="명품 블렌드 커피와 유기농 음식을 제공하는 카페">
    </head>

    <body>

    </body>
</html>
```

문자 코드

제목

웹 페이지의 설명

■ 필요한 CSS 파일 읽어 들이기

이어서 웹 페이지에 필요한 CSS 파일을 읽어 들입니다. 각 웹 브라우저의 디폴트 CSS는 **ress.css**(169
페이지 참고)를 사용해서 리셋합니다.

추가로 제목은 Google Fonts를 사용해서 "Philosopher"라는 폰트로 설정할 것이므로 Google Fonts
전용 CSS도 읽어 들입니다(99페이지 참고). 그리고 그 아래에는 이후에 작성할 style.css 파일을 읽어
들입니다.

📄 chapter4/c4-03-3/index.html

```
<!DOCTYPE html>
<html lang="ko">
    <head>
        <meta charset="utf-8">
        <title>WCB Cafe</title>
        <meta name="description" content="명품 블렌드 커피와 유기농 음식을 제공하는 카페">

        <!-- CSS -->
        <link rel="stylesheet" href="https://unpkg.com/ress/dist/ress.min.css">
        <link href="https://fonts.googleapis.com/css?family=Philosopher" rel="stylesheet">
        <link href="css/style.css" rel="stylesheet">
    </head>
```

ress.css 지정

다음 절부터 작성할 CSS 파일

Google Fonts 지정

```
    <body>

    </body>
</html>
```

모두 작성했다면 저장하고 브라우저에서 실행해 확인해봅시다.

아직 〈body〉 태그 내부에 아무것도 작성하지 않았으므로 아무것도 출력되지 않습니다. 탭에는 〈title〉에 지정한 제목이 출력됩니다.

 POINT

"head" 태그에는 웹 페이지의 정보와 사용할 CSS 링크를 작성합니다.

기본적인 준비는 이것으로 완료입니다.

4-4
CHAPTER

"header" 부분 만들기

웹 페이지 상단에 출력할 "header" 부분에는 로고, 내비게이션 메뉴를 배치합니다. 웹 사이트 전체에서 공통으로 사용할 부분이므로 먼저 작성하는 것이 좋습니다.

■ HTML에 "header" 부분 작성하기

index.html의 〈body〉 태그 내부에 〈header〉 태그를 작성합니다. 이어서 내부에 〈h1〉 태그로 로고 이미지와 〈nav〉 태그를 배치합니다. 〈nav〉 태그 내부에는 내비게이션 메뉴로 사용할 리스트를 작성합니다.

로고 이미지는 "WCBCafe" 폴더에 "images" 폴더를 만들고, 내부에 저장합니다. 참고로 제작에 사용할 이미지는 샘플 데이터 내부에 있는 각 장의 "images" 폴더에 들어 있습니다.

chapter4/c4-04-1/index.html

```
<body>
    <header class="page-header">
        <h1><a href="index.html"><img class="logo" src="images/logo.svg" alt="WCB 카페 홈"></a></h1>
        <nav>
            <ul class="main-nav">
                <li><a href="news.html">News</a></li>
                <li><a href="menu.html">Menu</a></li>
                <li><a href="contact.html">Contact</a></li>
            </ul>
        </nav>
    </header>
</body>
```

〈h1〉 내부에 로고를 배치합니다.

내비게이션 메뉴

아직 CSS로 꾸미지 않았으므로 이미지가 크게 출력되고 내비게이션 메뉴 리스트도 파란색 글자로 수직 정렬되어 출력됩니다.

■ CSS 파일 준비하기

"WCBCafe" 폴더에 "css" 폴더를 생성하고, 내부에 "style.css"라는 이름으로 CSS 파일을 새로 만듭니다. 이 style.css 파일에 스타일을 작성할 것입니다.

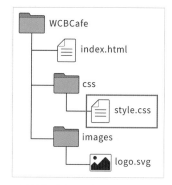

이와 같은 파일 구성이 됐습니다.

■ 공통 부분 작성하기

CSS 파일의 1번째 줄에는 @charset "UTF-8";을 작성해서 인코딩으로 인해 발생할 수 있는 문자 깨짐을 방지합니다.

CSS를 잘 모르는 독자는 86페이지를 참고해주세요.

이어서 〈html〉 태그에 문자 크기를 100%로 지정해서 웹 브라우저의 디폴트 폰트 크기(일반적으로 16px) 또는 사용자가 설정한 문자 크기가 반영되게 합니다.

또한 추가적인 폰트 관련 설정, 문자색 관련 설정을 작성합니다. 〈img〉 태그에 "max-width: 100%;"를 지정해서 이미지가 부모 요소보다 커지는 것을 방지합니다.

📄 chapter4/c4-04-2/style.css

```css
@charset "UTF-8";                                    ┐── 인코딩으로 인해 발생할 수 있는
                                                        문자 깨짐을 방지합니다.
/*
--------------------------------- */
html {
    font-size: 100%;                                 ── 사용자가 설정한 문자 크기가
}                                                       제대로 반영되게 합니다.
body{
    font-family: "나눔고딕", NanumGothic, "맑은고딕", MalgunGothic, "Apple SD Gothic Neo", sans-
serif;
    line-height: 1.7;
    color: #432;
}
```

폰트를 지정합니다.

색을 지정합니다.

줄의 높이를 지정합니다.

```
a {
    text-decoration: none;          ──┐   〈a〉 태그의 밑줄을 제거합니다.
}
img {
    max-width: 100%;          ──┐   이미지의 크기를 지정합니다.
}
```

■ 로고 크기와 여백 조정하기

로고 이미지가 너무 크므로 크기를 조정합시다. 이전에 작성한 공통 부분 아래에 다음 코드를 추가합니다.

📄 chapter4/c4-04-3/style.css

```
/* HEADER
------------------------------ */
.logo {
    width: 210px;          ──┐   로고의 너비와 마진을 지정합니다.
    margin-top: 14px;
}
```

WCB CAFE

News
Menu
Contact

로고 이미지가 작아졌습니다.

■ 내비게이션 메뉴 장식하기

〈ul〉 태그에 "main-nav"라는 클래스 이름을 지정했으므로 이를 활용해서 문자 크기와 여백 등의 장식을 추가하겠습니다.

눈여겨봐야 할 부분은 "display: flex;"를 사용해서 내부의 〈li〉 태그를 수평으로 정렬하는 부분입니다. 이후에도 Flexbox를 여러 번 사용하므로 여기에서 사용 방법을 확실하게 기억하고 넘어갑시다.

"a:hover"는 링크 텍스트에 마우스 커서를 올렸을 때를 나타내는 가상 클래스(pseudo class)라고 부르는 것입니다. 이를 활용하면 마우스 커서를 올렸을 때의 장식을 지정할 수 있습니다. 여기에 문자색을 "#0bd"로 지정합니다.

chapter1
chapter2
chapter3
chapter4
chapter5
chapter6
chapter7

```css
.main-nav {
    display: flex; ┐───────── display: flex 사용하기
    font-size: 1.25rem;
    text-transform: uppercase;
    margin-top: 34px;
    list-style: none;
}
.main-nav li {
    margin-left: 36px;
}
.main-nav a {
    color: #432;
}
.main-nav a:hover {
    color: #0bd;
}
```

내비게이션이 가로로
정렬됩니다.

잘 변경됐습니다.

로고와 내비게이션 메뉴를 가로로 정렬하기

로고를 왼쪽, 내비게이션 메뉴를 오른쪽에 배치할 것이므로 이 둘을 감싸고 있는 "page-header" 클래스에 Flexbox 설정을 추가해 수평 정렬합니다. 이어서 "justify-content: space-between;"을 넣어서 양쪽 끝에 배치되게 합니다.

```css
.page-header {
    display: flex; ┐───────── 수평 정렬
    justify-content: space-between; ┐───── 양쪽 끝에 붙이기
}
```

화면의 왼쪽, 오른쪽 끝에 잘 배치됐습니다.

콘텐츠의 최대 출력 너비 설정하기

현재 상태에서는 로고와 내비게이션 메뉴가 너무 멀리 떨어져 있으므로 콘텐츠 전체를 감싸는 박스에 최대 너비를 지정합니다. 이렇게 해야 큰 화면에서도 위화감 없이 출력할 수 있습니다.

HTML의 〈header〉 태그에 "wrapper" 클래스를 추가합니다.

📄 chapter3/c4-04-6/index.html

```html
<header class="page-header wrapper">
    <h1><a href="index.html"><img class="logo" src="images/logo.svg" alt="WCB 카페 홈"></a></h1>
    <nav>
        <ul class="main-nav">
            <li><a href="news.html">News</a></li>
            <li><a href="menu.html">Menu</a></li>
            <li><a href="contact.html">Contact</a></li>
        </ul>
    </nav>
</header>
```

〈header〉 태그에 클래스를 추가합니다.

CSS에 "max-width"로 최대 너비를 지정합니다. "margin: 0 auto;"를 지정하면 박스를 화면 중앙에 배치할 수 있습니다. 추가로 왼쪽과 오른쪽에 "padding"을 설정하면 스마트폰 등의 너비가 좁은 화면에서 양쪽 끝에 여백이 생겨 내용이 보기 좋아집니다.

📄 chapter3/c4-04-7/style.css

```css
.wrapper {
    max-width: 1100px;
    margin: 0 auto;
    padding: 0 4%;
}
```

최대 너비를 1100px로 지정

중앙에 배치하게 지정

스마트폰 등에서 쉽게 볼 수 있게 양쪽 끝에 여백 지정

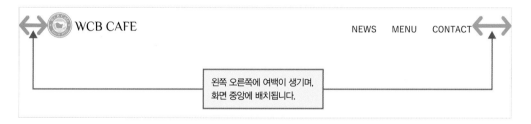

왼쪽 오른쪽에 여백이 생기며, 화면 중앙에 배치됩니다.

chapter1

chapter2

chapter3

chapter4

chapter5

chapter6

chapter7

4-5

CHAPTER

콘텐츠 부분 만들기

이어서 홈 페이지의 얼굴이 되는 메인 콘텐츠 부분을 만들어 보겠습니다. 배경 이미지를 크게 보여주는 인상적인 페이지로 만들겠습니다.

■ 문장과 버튼 설치하기

일단 페이지의 중심 부분에 배치할 문장과 버튼을 만들겠습니다.

HTML의 〈header〉 태그 아래에 〈div class="home-content wrapper"〉 부분을 추가합니다. 여기에 제목으로 사용할 〈h2〉 태그를 배치하고, "We'll Make Your Day"라고 입력합니다. 그리고 문장으로 〈p〉 태그에 "멋진 카페에서 힐링 시간을 가지세요. 첨가물을 넣지 않은 재료로 건강한 음식을 만듭니다.", 링크로 〈a〉 태그에 "메뉴 보기"를 넣어 추가합니다.

📄 chapter4/c4-05-1/index.html

```html
<body>
    <header class="page-header wrapper">
        <h1><a href="index.html"><img class="logo" src="images/logo.svg" alt="WCB 카페 홈"></a>
</h1>
        <nav>
            <ul class="main-nav">
                <li><a href="news.html">News</a></li>
                <li><a href="menu.html">Menu</a></li>
                <li><a href="contact.html">Contact</a></li>
            </ul>
        </nav>
    </header>

    <div class="home-content wrapper">
        <h2 class="page-title">We'll Make Your Day</h2>
        <p>멋진 카페에서 힐링 시간을 가지세요. 첨가물을 넣지 않은 재료로 건강한 음식을 만듭니다.</p>
        <a class="button" href="menu.html">메뉴 보기</a>
    </div><!-- /.home-content -->
</body>
```

추가합니다.

CSS로 "text-align: center"를 사용해서 이러한 요소들을 중앙에 배치합니다. 추가로 여백과 폰트 크기를 지정합니다.

chapter1

chapter2

chapter3

chapter4

chapter5

chapter6

chapter7

📄 chapter4/c4-05-2/style.css

```
/* HOME
----------------------------- */

.home-content {
    text-align: center;
    margin-top: 10%;
}

.home-content p {
    font-size: 1.125rem;
    margin: 10px 0 42px;
}
```

주석 처리(116페이지 참고)

화면 중앙에 글자를 배치하고, 여백을 지정합니다.

⟨p⟩ 태그의 폰트 크기와 여백을 지정합니다.

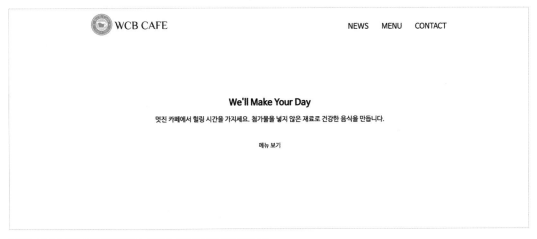

콘텐츠 부분이 화면 중앙에 배치되고, 문장의 폰트 크기가 조정됐습니다.

이어서 CSS로 제목과 버튼을 지정합니다. 제목과 버튼은 다른 페이지에서도 사용할 것이므로 쉽게 볼 수 있게 주석을 붙여서 설명을 넣어줍니다.

참고로 "border-radius"는 테두리의 둥글기를 지정하는 속성이며, ":hover"는 마우스 커서를 올렸을 때를 나타내는 가상 클래스라고 부르는 것입니다.

```
/* 제목 */
.page-title {
    font-size: 5rem;
    font-family: 'Philosopher', serif;
    text-transform: uppercase;
    font-weight: normal;
}
```

주석을 사용해서 제목을 지정한 부분임을 나타냅니다.

page-title 클래스에 폰트를 지정합니다.

```
/* 버튼 */
.button {
    font-size: 1.375rem;
    background: #0bd;
    color: #fff;
    border-radius: 5px;
    padding: 18px 32px;
}

.button:hover {
    background: #0090aa;
}
```

버튼을 지정한 부분임을 주석으로 넣었습니다.

button 클래스에 폰트, 색, 테두리, 테두리의 둥글기, 여백을 지정합니다.

마우스 커서를 올렸을 때의 색을 지정합니다(아래 그림 참고).

WCB CAFE   NEWS   MENU   CONTACT

WE'LL MAKE YOUR DAY

멋진 카페에서 힐링 시간을 가지세요. 첨가물을 넣지 않은 재료로 건강한 음식을 만듭니다.

메뉴 보기

여기에 커서를 올리면 지정한 형태로 색을 변경합니다.

캐치 카피와 버튼의 장식을 완료했습니다.

■ 화면을 꽉 채우는 배경 이미지 배치하기

화면 전체를 꽉 채우는 배경 이미지를 배치하겠습니다. 이미지는 "images" 폴더에 저장해둡니다.

일단 HTML을 추가합니다. 이전에 작성한 "header" 부분과 〈div class="home-content wrapper"〉

부분을 새로운 〈div〉 태그로 감싸고, 이 〈div〉 태그에는 "home"이라는 ID와 "big-bg"라는 클래스를 지정합니다. 여기에 배경 이미지를 설정할 것입니다.

chapter4/c4-05-4/index.html

```html
<body>
    <div id="home" class="big-bg">
        <header class="page-header wrapper">
            <h1><a href="index.html"><img class="logo" src="images/logo.svg" alt="WCB 카페 홈">
</a></h1>
            <nav>
                <ul class="main-nav">
                    <li><a href="news.html">News</a></li>
                    <li><a href="menu.html">Menu</a></li>
                    <li><a href="contact.html">Contact</a></li>
                </ul>
            </nav>
        </header>

        <div class="home-content wrapper">
            <h2 class="page-title">We'll Make Your Day</h2>
            <p>멋진 카페에서 힐링 시간을 가지세요. 첨가물을 넣지 않은 재료로 건강한 음식을 만듭
니다.</p>
            <a class="button" href="menu.html">메뉴 보기</a>
        </div><!-- /.home-content -->
    </div><!-- /#home -->
</body>
```

〈div〉 태그로 감싸고, ID와 클래스를 지정합니다.

CSS를 사용해서 "big-bg"에 "background-size: cover;"를 지정합니다. 이렇게 하면 이미지의 가로세로 비율을 유지한 상태로 화면을 꽉 채우게 됩니다. 참고로 이 지정은 다른 페이지에서도 사용할 것이므로 "home"이라는 ID에 지정하지 않고, big-bg라는 별도의 클래스를 만들어서 지정한 것입니다.

chapter4/c4-05-5/style.css

```css
/* 큰 배경 이미지 */
.big-bg {
    background-size: cover;
    background-position: center top;
    background-repeat: no-repeat;
}
```

 POINT

이미지의 가로세로 비율을 유지한 상태로 화면을 꽉 채울 때는 "background-size: cover;"를 지정합니다.

이어서 CSS를 추가합니다. "home" ID에 홈에서 출력하고 싶은 배경 이미지를 지정합니다. "min-height: 100vh;"를 지정해서 이미지의 높이를 화면의 높이만큼 지정합니다.

📄 chapter4/c4-05-6/style.css

```css
#home {
    background-image: url(../images/main-bg.jpg);
    min-height: 100vh;
}
#home .page-title {
    text-transform: none;
}
```

배경 이미지와 이미지의 높이를 지정합니다.

텍스트의 대문자, 소문자 등을 지정합니다.
"none"을 지정하면 따로 변환하지 않습니다.

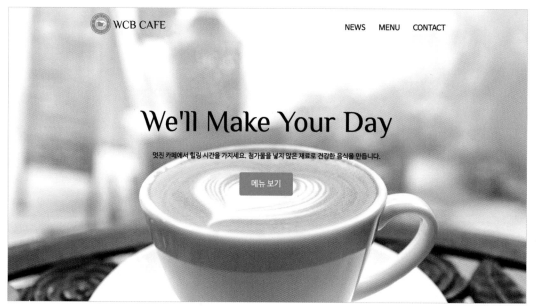

홈 페이지를 모두 만들었습니다.

 POINT

전체 화면 이미지는 해당 웹 사이트의 사용자에게 무엇을 전달하고 싶은지를 생각해서 이미지를 잘 잘라서 사용하는 것이 좋습니다.

이 책의 웹 사이트에서는 무첨가 재료를 사용한 카페라는 이미지를 전달할 수 있게 연하고 부드러운 색상의 커피 이미지를 선택했고, 커피가 크게 보이게 이미지를 잘라 사용했습니다.

4-6

CHAPTER

파비콘 설정하기

웹 사이트를 제작할 때 절대 잊으면 안 되는 부분이 파비콘입니다. 파비콘은 홈 페이지가 만들어진 단계에서 준비해 둡니다.

chapter1
chapter2
chapter3
chapter4
chapter5
chapter6
chapter7

파비콘이란

웹 사이트를 북마크(즐겨찾기)하거나, 탭이 출력됐을 때 사이트 이름 옆에 작게 출력되는 아이콘을 **파비콘**이라고 부릅니다. Favorite(즐겨찾기) + Icon(아이콘) = Favicon(파비콘)입니다. 파비콘은 16픽셀의 정사각형밖에 되지 않지만, 굉장히 중요한 요소입니다. 여러 개의 탭을 열었을 때, 북마크 목록을 볼 때 사용자가 한눈에 어떤 사이트인지 구분할 수 있게 해주기 때문입니다.

파비콘을 설정하지 않으면 웹 페이지 제목 왼쪽에
파일을 나타내는 아이콘이 출력됩니다.

어떤 디자인이 좋을까?

대부분 해당 웹 사이트의 로고를 작게 해서 넣거나, 간략화해서 파비콘으로 사용합니다. 트위터와 페이스북 등 로고 마크의 인지도가 높은 브랜드일수록 로고 마크를 파비콘에 적용했을 때 간단하면서도 잘 보입니다.

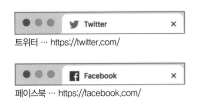

트위터 … https://twitter.com/

페이스북 … https://facebook.com/

그럼 로고가 가로로 길거나, 텍스트만으로 디자인돼 있다면 어떻게 해야 할까요? 단순하게 축소해서는 어떤 사이트인지 알기 힘든 경우가 있습니다.

예를 들어 유튜브 로고 디자인은 텍스트와 붉은색 테마 색상을 사용한 재생 버튼 아이콘이 조합돼 있습니다. 하지만 파비콘에는 재생 버튼 아이콘만 넣어 브랜드를 쉽게 추측할 수 있게 했습니다.

추가로 "닌텐도"와 "레고"의 로고는 텍스트만으로 구성돼 있지만, 파비콘에는 트레이드 마크라고 할 수 있는 캐릭터 도트 이미지와 블록 일러스트를 사용한 것을 볼 수 있습니다.

이처럼 브랜드를 연상시킬 수 있는 아이콘을 만들어 파비콘으로 사용하면 웹 사이트의 디자인에 활용할 수 있습니다. 파비콘은 작고 사이즈 제한이 있으므로 테마 컬러를 사용하거나 간단한 도형을 사용해 알기 쉽게 디자인하는 것이 포인트입니다.

■ 파비콘 전용 이미지 준비하기

일러스트레이터 또는 포토샵 등의 그래픽 도구를 사용해서 파비콘 전용 파일을 만듭니다. 사이즈는 고해상도 장치(2K 이상의 해상도)에서도 잘 보일 수 있게 가로세로 32픽셀 이상의 사각형, 저장 형식은 PNG로 만듭니다.

현재 사이트의 로고가 약간 복잡하므로 로고를 단순하게 변경해서 파비콘으로 설정했습니다.

■ HTML의 "head" 내부에서 파비콘 읽어 들이기

그럼 파비콘을 실제로 웹 사이트에 출력할 수 있게 설정해 보겠습니다. 파비콘 아이콘을 "favicon.png"라는 이름으로 "images" 폴더에 저장합니다. 그리고 index.html의 "head" 내부에 아래 코드를 작성합니다.

chapter4/c4-06-1/index.html

```
<link rel="icon" type="image/png" href="images/favicon.png">
```

index.html을 웹 브라우저에서 열면 탭에 파비콘이 출력됩니다.

■ 파비콘을 만들어주는 서비스 사용하기

방금 만들었던 파비콘은 웹 브라우저 전용이므로 간단하게 코드를 작성해서 넣을 수 있었지만, 고해상도 디스플레이 등을 지원하려면 코드를 조금 더 써야 합니다. 예를 들어 iOS의 홈 스크린, 윈도우의 시작 메뉴에 웹 페이지를 꺼내 놓는 경우까지 고려하면 이를 위해서 여러 크기의 이미지를 준비해야 하고, "head" 내부에 추가적인 내용을 더 입력해야 합니다.

크기별로 이미지를 생성하고, 코드를 작성하는 일을 편하게 하고 싶을 때는 "RealFaviconGenerator" 라는 웹 서비스를 사용하면 좋습니다. 이 사이트는 가로세로 260픽셀 이상의 이미지를 넣으면 웹 사이트 전용 파비콘뿐만 아니라 스마트폰 홈 스크린, 윈도우 시작 메뉴 등을 위한 파일을 한 번에 생성해주며, "head"에 넣을 내용도 알려줍니다. 데모 화면을 보면 실제로 어떻게 출력되는지 한눈에 확인할 수 있습니다. 이미지 등에 문제가 있다면 문제도 알려줍니다.

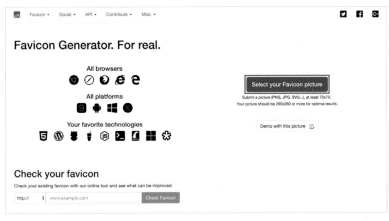

RealFaviconGenerator…https://realfavicongenerator.net/

"Select your Favicon picture"를 클릭해서 파비콘으로 사용할 이미지를 선택합니다. 생성된 이미지를 특정 폴더(images 폴더 등)에 내려받고, 출력되는 코드를 "head" 내부에 붙여넣으면 됩니다.

 POINT

테마 색상을 사용하거나 단순한 도형을 사용해서 쉽게 구분할 수 있는 파비콘을 순비합니다.

 POINT

파비콘 이미지는 가로세로 32픽셀 이상의 PNG 파일을 사용합니다. 또한 HTML 파일 내부의 "head" 내부에 파비콘을 읽어 들이는 코드를 작성합니다.

chapter1
chapter2
chapter3
chapter4
chapter5
chapter6
chapter7

4-7
CHAPTER

풀 스크린 페이지 변경해보기

4장에서 만든 풀 스크린 페이지에 약간의 변경을 추가해봅시다. 디자인을 약간 변형해보는 방법을 알아볼 텐데, 직접 사이트를 만들 때 활용해보면 좋을 것입니다.

■ 블렌드 모드로 배경 이미지에 색 겹치기

데모 파일: chapter4/c4-07-1/Demo-fullscreen-1

포토샵을 포함해 그래픽 도구에는 대부분 "블렌드 모드(Blend Mode)"라는 기능이 있습니다. 이를 사용하면 여러 개의 이미지 또는 색을 다양한 방법으로 중첩해서 독특한 효과를 만들 수 있습니다. 그리고 CSS에도 이러한 기능이 구현돼 있습니다.

background-blend-mode 속성을 사용해서 값으로 추가하고 싶은 효과의 이름을 지정하면 됩니다.

이름만으로는 어떤 효과인지 알기 어렵기 때문에 꼭 실제로 사용해 보면서 어떤 효과인지 눈으로 확인해보세요.

POINT

background-blend-mode 속성은 인터넷 익스플로러에서는 사용할 수 없습니다. 오래된 브라우저를 지원할 때 주의하세요.

style.css를 열고, ID "home"에 CSS를 추가합니다. 일단 배경 이미지에 겹치고 싶은 색을 "background-color"로 지정합니다.

이어서 "background-blend-mode"로 블렌드 모드를 지정합니다. 메인 색상인 파란색을 밝게 색 조합할 것이므로 "hard-light"를 사용했습니다.

주요 값

값	블렌드 모드
multiply	곱하기
screen	스크린
overlay	오버레이
darken	어둡게
lighten	밝게
color-dodge	색상 닷지
color-burn	색상 번
hard-light	하드 라이트
soft-light	소프트 라이트
difference	차이
exclusion	제외
hue	색조
saturation	채도
color	색상
luminosity	광도

chapter1
chapter2
chapter3
chapter4
chapter5
chapter6
chapter7

📄 chapter4/c4-07-1/style.css

```
#home {
    background-image: url(../images/main-bg.jpg);
    background-color: #0bd;
    background-blend-mode: hard-light;
    min-height: 100vh;
}
```

파란색을 지정합니다.

블렌드 모드를 하드 라이트로 지정합니다.

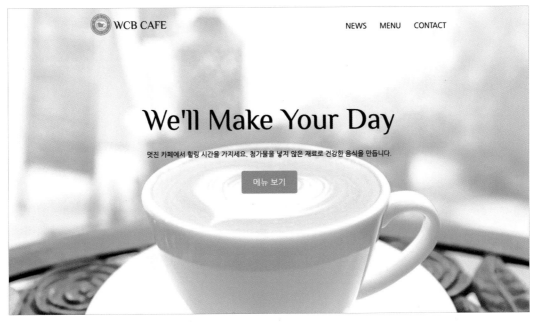

시원한 파란색으로 이미지를 칠했습니다. 값을 변경하는 것만으로 분위기가 크게 바뀝니다.

■ 배경을 그레이디언트 색상으로 설정하기

📄 데모 파일: chapter4/c4-07-1/Demo-fullscreen-2

화면 전체를 예쁜 그레이디언트 색상으로 출력하는 웹 사이트도 많습니다. 테마 색상을 잘 선택하면 예쁜 그레이디언트를 구현할 수 있습니다.

그레이디언트는 background-image 속성에 "linear-gradient" 값을 사용하고, 쉼표 ","로 구분해서 다른 색을 지정합니다. 이처럼 의외로 간단하게 만들 수 있습니다. 추가로 직선 그레이디언트가 아니라 원형 그레이디언트를 구현할 때는 "radial-gradient"를 사용합니다.

```
#home {
    background-image: linear-gradient(#c9ffbf, #ffafbd);
    min-height: 100vh;
}
```

> #c9ffbf(밝은 노란색)에서
> #ffafbd(밝은 분홍색)으로
> 그레이디언트를 만듭니다.

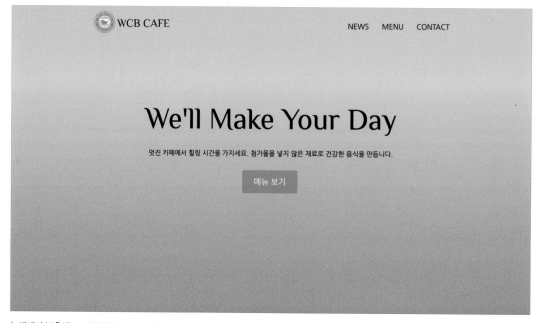

녹색에서 분홍색으로 변경되는 그레이디언트가 출력됩니다. linear-gradient를 사용하면 이미지가 없어도 아름다운 화면을 만들 수 있습니다.

■ 배경 이미지에 블렌드 모드를 사용해서 그레이디언트 색상 섞기

HTML 데모 파일: chapter4/c4-07-3/Demo-fullscreen-3

배경 이미지에 그레이디언트 색상을 섞어도 재미있는 표현을 할 수 있습니다. "background-blend-mode"로 블렌드 모드를 지정하고, background-image 속성으로 배경 이미지와 그레이디언트 색상을 ","로 구분해서 두 개 지정하면 이미지와 그레이디언트 색상이 섞입니다.

chapter4/c4-07-4/style.css

```css
#home {
    background-image: url(../images/main-bg.jpg),linear-gradient(#c9ffbf, #ffafbd);
    background-blend-mode: luminosity;
    min-height: 100vh;
}
```

","로 구분해서 지정합니다.

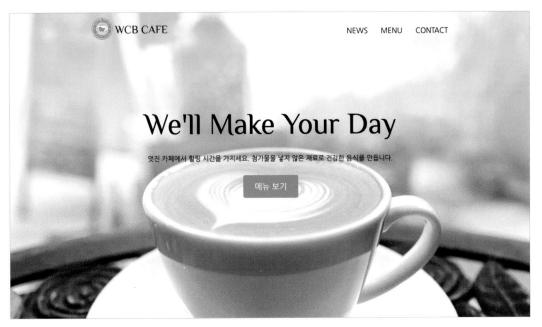

어떤 색을 선택하는지, 어떤 블렌드 모드를 사용하는지에 따라 다양하게 표현할 수 있습니다.

POINT

큰 배경 이미지를 배치하기만 해도 꽤 인상적이지만,
"background-blend-mode"로 이미지에 색을 섞거나
그레이디언트를 설정하면 표현의 폭이 넓어집니다.

chapter1

chapter2

chapter3

chapter4

chapter5

chapter6

chapter7

CHAPTER 5

—

2-칼럼 웹 사이트 제작하기

그럼 이제 다른 레이아웃으로 다른 페이지들을 만들어 보겠습니다. 이번 장에서는 웹 사이트를 만들 때 반드시 나오는 "칼럼"을 만드는 방법을 이해하고, 효과적으로 레이아웃을 구현해봅시다.

WEBSITE | WEB DESIGN | HTML | CSS | SINGLE PAGE | MEDIA

5-1

CHAPTER

2-칼럼 레이아웃이란

"칼럼(column)"이란 열을 의미하는 말입니다. 수직 방향으로 콘텐츠를 구분해서 레이아웃을 조합하는 것을 "칼럼 레이아웃"이라고 부릅니다. 이번 장에서는 웹 사이트에서 자주 볼 수 있는 공지사항을 보여주는 "NEWS" 페이지를 만들어 보겠습니다.

■ 2-칼럼 레이아웃의 장점과 구성 요소

2-칼럼 레이아웃이란 "2-열로 나누어진 레이아웃"을 의미합니다. 칼럼 레이아웃은 콘텐츠의 양이 많은 뉴스 또는 블로그 등의 웹 사이트에서 사용하기 좋습니다. 범용성이 높으므로 어떠한 형태로 만드는지 확실하게 기억하도록 합시다. 그럼 예제의 구성을 미리 살펴보겠습니다.

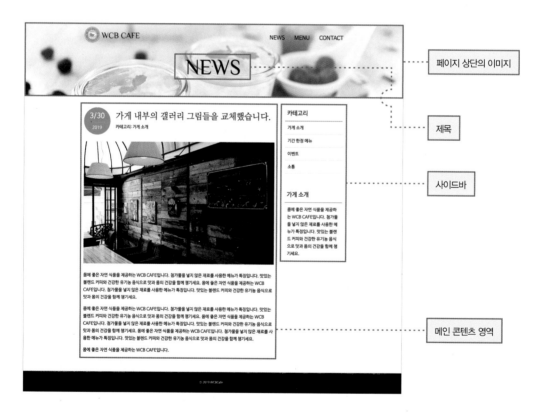

■ 2-칼럼의 너비 비율

각 칼럼을 어느 정도의 너비로 만들지는 자유입니다. 대부분은 메인 콘텐츠 영역과 사이드바를 "2:1" 또는 "3:1"로 분할해서 구성합니다.

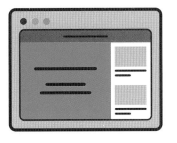

메인 콘텐츠 영역과 사이드바를 설치한 예입니다. 일반적으로 "3:1" 정도로 분할합니다.

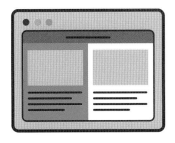

디자인 또는 내용에 따라서는 딱 반으로 분할하는 것도 좋습니다. 이와 같은 레이아웃을 "스플릿 스크린(split screen)"이라고 부릅니다.

 POINT

칼럼이란 열을 의미합니다. 콘텐츠의 양이 많은 웹 사이트는 2-칼럼 레이아웃이 적합합니다.

■ 반응형 웹에서의 배치

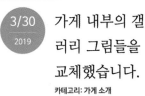

스마트폰 등의 화면이 작을 때는 요소가 세로로 정렬됩니다.

chapter1

chapter2

chapter3

chapter4

chapter5

chapter6

chapter7

5-2

CHAPTER

2-칼럼 페이지의 제작 흐름

"NEWS" 페이지를 2-칼럼 레이아웃으로 만들어 보겠습니다. 스마트폰에서 레이아웃이 잘 보이게 하는 방법도 소개
하겠습니다.

■ 제작 흐름

01 페이지 전체의 제목 만들기

일단 페이지 전체의 제목을 만들고, 페이지 상단에 이미
지와 함께 페이지 제목을 출력합니다.

이미지를 크게 출력합니다.

02 "footer" 만들기

화면의 가장 아랫부분에 출력할 푸터를 생성합니다.

푸터는 여러 페이지에서 공통으
로 사용합니다.

03 수평 정렬 설정하기

2-칼럼 레이아웃을 구성합니다. 미리 레이아웃을 확실
하게 만들어야 전체적인 구성이 무너지지 않습니다.

> Flexbox를 사용해서 메인 콘텐츠 영역과
> 사이드바를 수평 정렬합니다.

04 메인 콘텐츠 영역 만들기

화면 왼쪽 부분의 메인 콘텐츠 영역을 만듭니다. 뉴스
사이트 또는 블로그 기사에서 많이 볼 수 있는 제목, 이
미지, 본문을 배치합니다.

> 날짜 부분 장식도 넣어줍니다.

 POINT

미리 레이아웃을 확실하게 만들어야 전체적인 구성이 무너지
지 않습니다.

CHAPTER 5 _ 2-칼럼 웹 사이트 제작하기 | 207

카테고리 목록 리스트, 소개문 등 페이지에 대한 추가
설명을 사이드바에 배치합니다.

간단한 선을 사용해서
구분해줍니다.

스마트폰에서 보기 쉬운 형태로 출력할 수 있게 필요한
기능을 추가합니다. 기본적인 방법들을 이번 절에서 모
두 설명하겠습니다.

참고로 반응형 웹과 관련된 내용은 224페이지에서 설
명합니다.

스마트폰에서 볼 때는 1-칼럼이
되게 변경합니다.

 POINT

메인 콘텐츠 영역과 사이드바를 모두 완성한 뒤 스마
트폰을 지원하는 것이 포인트입니다.

5-3

CHAPTER

페이지 전체의 제목 만들기

페이지 상단에 출력할 제목 부분부터 만들어 보겠습니다. 배경 이미지는 화면을 가로 방향으로 꽉 채울 수 있는 직사각형의 이미지로 준비합니다.

■ 파일 준비하기

로고, 내비게이션 메뉴는 이전 장에서 만든 "index.html"과 같으므로 VS Code 왼쪽의 index.html을 마우스 오른쪽 버튼으로 클릭하고, "Copy(복사)", "Paste(붙여넣기)"를 선택합니다. 복제된 파일은 "news.html"이라는 이름으로 저장합니다.

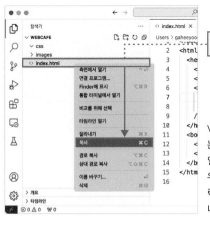

 POINT

공통 부분이 많은 경우 기존의 파일을 복제해서 편집하는 것이 실수를 줄일 수 있습니다. 추가로 VS Code 이외의 텍스트 에디터를 사용할 때도 이와 비슷한 기능을 활용하면 좋습니다.

마우스 오른쪽 버튼 클릭

VS Code의 왼쪽 메뉴에 있는 WCBCafe 폴더에서 파일을 찾고, 파일 이름을 마우스 오른쪽 버튼으로 클릭해서 Duplicate(복제)합니다.

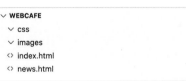

이러한 파일 구성이 됩니다.

■ HTML 편집하기

공통 부분을 남기고, 필요한 부분을 편집합니다.

▶ "head" 내부의 "title" 편집하기

뉴스 페이지 전용 타이틀로 변경합니다.

📄 chapter5/c5-03-1/news.html

```
<title>WCB Cafe - NEWS</title>
```

▶ 불필요한 콘텐츠 제거하기

홈 페이지 콘텐츠의 제목 부분과 〈div class="home-contents wrapper"〉 부분은 이번 페이지에서
필요 없으므로 제거합니다.

⌨ chapter5/c5-03-2/news.html

```
<div class="home-content wrapper">
    <h2 class="page-title">We'll Make Your Day</h2>
    <p>명품 블렌드 커피와 유기농 음식을 제공하는 카페</p>
    <a class="button" href="menu.html">메뉴 보기</a>
</div><!-- /.home-content -->
```

이 부분을 제거합니다.

▶ ID 이름 변경하기

⌨ chapter5/c5-03-3/news.html

"home"이라고 돼 있던 ID를 "news"로 변경합니다.

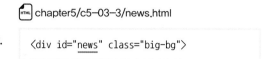

```
<div id="news" class="big-bg">
```

▶ 제목 부분 추가하기

⌨ chapter5/c5-03-4/news.html

"header" 아래에 페이지의 제목으로 출력할 부분을
추가합니다.

```
<div class="wrapper">
    <h2 class="page-title">News</h2>
</div><!-- /.wrapper -->
```

제목이 출력됩니다.

■ CSS로 장식하기

CSS 파일은 새로 만들지 않아도 됩니다. 이전 장에서 만든 CSS의 style.css에 내용을 추가하면 됩니다.
배경 이미지와 제목 부분의 높이와 여백 등을 지정합니다.

```
/* NEWS
---------------------------- */
#news {
    background-image: url(../images/news-bg.jpg);
    height: 270px;
    margin-bottom: 40px;
}
#news .page-title {
    text-align: center;
}
```

페이지 상단에 배경
이미지가 출력됩니다.

chapter1

chapter2

chapter3

chapter4

chapter5

chapter6

chapter7

5-4

CHAPTER

푸터 부분 만들기

최상위 페이지 이외의 페이지에서 출력할 푸터를 만들어 보겠습니다. 화면 가장 아래의 푸터에는 저작권 등을 작성합니다.

푸터 콘텐츠 작성하기

〈div id="news" class="big-bg"〉 부분 아래, 〈/body〉 바로 위에 푸터를 작성합니다. 저작권은 〈small〉 태그로 감싸줍니다. 〈small〉 태그는 책임 사항, 저작권자 등의 주석을 나타낼 때 사용하는 태그이며, "©"는 브라우저에서 ⓒ로 출력됩니다.

 chapter5/c5-04-1/news.html

```
<footer>
    <div class="wrapper">                        ┌──────── 〈small〉 태그
        <p><small>&copy; 2019 WCBCafe</small></p>
    </div>                                        └──────── ⓒ 표기
</footer>
```

✅ POINT

푸터 부분은 페이지 가장 아래(〈/body〉 바로 위)에 작성합니다. 저작권은 〈small〉 태그로 감싸줍니다.

CSS로 장식하기

CSS를 사용해서 배경색, 문자색, 문자 크기, 여백 등을 지정합니다.

chapter1

chapter2

chapter3

chapter4

chapter5

chapter6

chapter7

chapter5/c5-04-2/style.css

```
/* 푸터
----------------------------- */
footer {
    background: #432;
    text-align: center;          푸터 지정
    padding: 26px 0;
}
footer p {
    color: #fff;                 푸터 내부의 문장 지정
    font-size: 0.875rem;
}
```

페이지 아랫부분에 푸터가
추가됐습니다.

COLUMN

—

대표적인 리셋 CSS

이 책에서 소개했던 ress.css 이외에도 다양한 리셋 CSS가 공개돼 있습니다. 다양한 리셋 CSS를 적용해보면서 차이를 확인해보세요.

- Eric Meyer's Reset CSS ⋯ https://meyerweb.com/eric/tools/css/reset/
  문자 크기, 두께, 여백을 포함해서 모든 스타일을 초기화합니다.

- normalize.css ⋯ http://necolas.github.io/normalize.css/
  ress.css와 마찬가지로 디폴트 CSS의 유용한 스타일은 남기고 출력을 통일합니다.

5-5
CHAPTER

수평 정렬 설정하기

뉴스 페이지의 메인 콘텐츠 부분을 만들어 보겠습니다. 2-칼럼 구성이므로 2개의 박스를 수평으로 정렬하는 레이아웃을 구성하겠습니다.

레이아웃 골격 만들기

Flexbox를 사용해서 메인 콘텐츠 영역과 사이드바를 수평 정렬합니다. 2개의 박스를 부모 요소로 감싸줍니다.

〈div id="news" class="big-bg"〉와 "footer" 사이에 "news-contents"와 "wrapper" 클래스를 가진 〈div〉 태그를 생성합니다. 이 태그가 수평 정렬할 박스의 부모 태그가 됩니다. 추가로 내부에는 〈article〉 태그를 사용해서 메인 콘텐츠 영역 부분과 〈aside〉 태그를 사용해서 추가 설명을 넣을 사이드바를 만듭니다.

현재 단계에서는 레이아웃의 골격만 만드는 것이므로 〈article〉 태그와 〈aside〉 태그 내부에는 그냥 해당 영역이 어떤 영역인지 쉽게 확인할 수 있는 텍스트를 임시로 넣어주겠습니다.

chapter5/c5-05-1/news.html

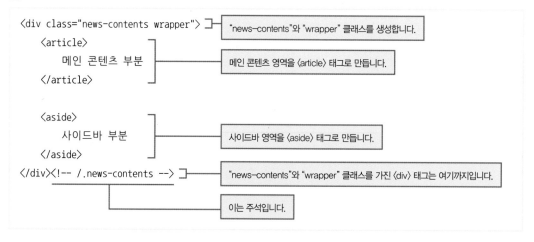

POINT

Flexbox로 수평 정렬할 때는 반드시 부모 요소로 정렬하고 싶은 요소를 감싸야 합니다.

POINT

여러 개의 클래스를 지정할 때는 클래스 이름 사이를 띄어쓰기로 구분합니다.

■ 레이아웃 구성하기

그럼 이제 CSS를 사용해서 레이아웃을 구성합시다.

▶ 너비 지정하기

일단 〈article〉 태그와 〈aside〉 태그로 너비를 지
정합니다. 단위를 "%"로 지정해서 화면의 너비
변화에 따라 알아서 늘어나고 줄어들게 합니다.

chapter5/c5-05-2/style.css

```
/* 기사 부분 */
article {
    width: 74%;
}


/* 사이드바 */
aside {
    width: 22%;
}
```

"%"로 지정합니다.

▶ Flexbox로 수평 정렬하기

〈article〉 태그와 〈aside〉 태그를 감싼 부모 요소인 ".news-contents"에 "display: flex"를 지정해서
수평 정렬합니다. "justify-content: space-between;"을 추가하면 자식 요소가 양쪽 끝에 붙게 되므
로 자동으로 두 박스 사이에 여백이 생깁니다.

chapter5/c5-05-3/style.css

```
.news-contents {
    display: flex;
    justify-content: space-between;
    margin-bottom: 50px;
}
```

Flexbox를 지정합니다.

아래에 margin을 50px
지정했습니다.

메인 콘텐츠 영역과 사이드바가
수평 정렬됩니다.

chapter1

chapter2

chapter3

chapter4

chapter5

chapter6

chapter7

5-6

CHAPTER

메인 콘텐츠 영역 만들기

화면의 왼쪽에 배치할 큰 기사를 넣을 부분을 만들어 보겠습니다. 타이틀, 날짜, 이미지, 여백 등의 세부적인 것들도 추가하고 조정하면서 만들겠습니다.

■ 기사 정보 부분 만들기

일단 HTML로 기사 상단에 출력할 제목, 날짜, 카테고리 부분을 만들겠습니다. ⟨article⟩ 태그 내부에 ⟨header class="post-info"⟩ 부분을 작성합니다. 이 부분은 이전에 "메인 콘텐츠 영역 부분"이라고 작성돼 있던 부분입니다. 연도는 ⟨span⟩ 태그로 감싸줍니다. ⟨span⟩ 태그는 CSS에서 문자를 장식하기 위해서 지정할 뿐이며 HTML 출력에는 영향을 주지 않습니다.

📄 chapter5/c5-06-1/news.html

```html
<article>
    <header class="post-info">
        <h2 class="post-title">가게 내부의 갤러리 그림들을 교체했습니다.</h2>
        <p class="post-date">3/30 <span>2019</span></p>
        <p class="post-cat">카테고리: 가게 소개</p>
    </header>
</article>
```

기사 상단에 넣을 문장을 태그별로 작성합니다.

장식용 ⟨span⟩ 태그입니다.

▶ 날짜 장식하기

그럼 CSS를 작성해 보겠습니다. 일단 정보 부분을 감싸고 있는 ⟨header⟩ 태그 내부의 ".post-info"에 여백과 "position: relative;"를 지정합니다. "position"은 요소의 위치를 결정할 때 사용하는 속성입니다. "relative"를 입력하면 상대 위치로 배치되며, 이후에 설명하는 "position: absolute;"의 기준 요소가 되기도 합니다.

📄 chapter5/c5-06-2/style.css

```css
.post-info {
    position: relative;
    padding-top: 4px;
    margin-bottom: 40px;
}
```

상대 위치로 배치합니다.

".post-info" 클래스에 CSS를 지정합니다.

이어서 날짜 부분입니다. 배경색, 원형 형태를 지정하기 위한 "border-radius", 크기 등을 지정합니다. "position: absolute;"를 추가해서 이전에 작성한 ".post-info" 부분을 기준으로 절대적으로 위치를 잡게 만듭니다. 현재 예제에서는 날짜를 왼쪽 윗부분에 배치하기 위해서 사용했습니다.

📄 chapter5/c5-06-3/style.css

```
.post-date {
    background: #0bd;
    border-radius: 50%;
    color: #fff;
    width: 100px;
    height: 100px;
    font-size: 1.625rem;
    text-align: center;
    position: absolute;
    top: 0;
    padding-top: 10px;
}
```

날짜 부분의 "배경", "테두리 둥글기", "문자색", "너비", "높이", "폰트 크기", "텍스트 위치"를 지정했습니다.

이전에 작성한 ".post-info"를 기준으로 절대 위치로 위치를 지정합니다.

이어서 연도와 월·일 사이에 연한 수평선을 넣어주겠습니다. 선은 "border-top"으로 지정합니다. "rgba(255, 255, 255, .5)"로 색을 지정합니다. 일단 앞의 "255, 255, 255"는 RGB 형식의 흰색입니다. 4번째 ".5"는 불투명도입니다. 불투명도는 0~1 사이의 소수점으로 작성합니다. 0이 투명이고, 1이 불투명을 의미합니다. 따라서 현재 코드는 **흰색 선을 50%의 불투명도로 출력**하게 지정하는 것입니다.

📄 chapter5/c5-06-4/style.css

```
.post-date span {
    font-size: 1rem;
    border-top: 1px rgba(255,255,255,.5) solid;
    padding-top: 6px;
    display: block;
    width: 60%;
    margin: 0 auto;
}
```

날짜 스타일과 날짜 위의 수평선을 지정합니다.

불투명도를 지정합니다. 50%이므로 반투명합니다.

 POINT

색을 지정할 때 "rgba"를 사용하면 불투명도도 조정할 수 있습니다.

날짜 부분이 만들어졌습니다. 제목과 카테고리를 장식하지 않았으므로 문자 위에 날짜가 중첩돼 출력되고 있습니다.

제목과 카테고리 장식하기

이번에는 제목과 카테고리를 장식해 보겠습니다.

타이틀 부분은 폰트, 문자 크기, 문자 두께를 지정합니다. 타이틀과 카테고리를 날짜 오른쪽에 배치할 수 있게 "margin-left"를 사용했습니다.

chapter5/c5-06-5/style.css

```
.post-title {
    font-family: "나눔명조", nanummyeongjo, serif;
    font-size: 2rem;
    font-weight: normal;
}
.post-title,
.post-cat {
    margin-left: 120px;
}
```

폰트를 지정합니다. 폰트는 "나눔 명조" 또는 "세리프체"로 지정합니다.

margin-left로 위치를 조정합니다.

제목과 카테고리 출력이 변경되며, 잘 배치됐습니다.

이미지와 본문 작성하기

작성한 〈header class="post-info"〉 아래에 이미지와 본문을 작성합니다. 문장은 단락별로 〈p〉 태그로 감싸줍니다.

📄 chapter5/c5-06-6/news.html

```
<article>
    <header class="post-info">
        <h2 class="post-title">가게 내부의 갤러리 그림들을 교체했습니다.</h2>
        <p class="post-date">3/30 <span>2019</span></p>
        <p class="post-cat">카테고리: 가게 소개</p>
    </header>
    <img src="images/wall.jpg" alt="가게의 모습">            이미지를 배치합니다.
    <p>
        몸에 좋은 자연 식품을 제공하는 WCB CAFE입니다.
        첨가물을 넣지 않은 재료를 사용한 메뉴가 특징입니다.
        맛있는 블렌드 커피와 건강한 유기농 음식으로 맛과 몸의 건강을 함께 챙기세요.
        몸에 좋은 자연 식품을 제공하는 WCB CAFE입니다.
        첨가물을 넣지 않은 재료를 사용한 메뉴가 특징입니다.
        맛있는 블렌드 커피와 건강한 유기농 음식으로 맛과 몸의 건강을 함께 챙기세요.
    </p>
    <p>
        몸에 좋은 자연 식품을 제공하는 WCB CAFE입니다.
        첨가물을 넣지 않은 재료를 사용한 메뉴가 특징입니다.
        맛있는 블렌드 커피와 건강한 유기농 음식으로 맛과 몸의 건강을 함께 챙기세요.
        몸에 좋은 자연 식품을 제공하는 WCB CAFE입니다.
        첨가물을 넣지 않은 재료를 사용한 메뉴가 특징입니다.
        맛있는 블렌드 커피와 건강한 유기농 음식으로 맛과 몸의 건강을 함께 챙기세요.
        몸에 좋은 자연 식품을 제공하는 WCB CAFE입니다.
        첨가물을 넣지 않은 재료를 사용한 메뉴가 특징입니다.
        맛있는 블렌드 커피와 건강한 유기농 음식으로 맛과 몸의 건강을 함께 챙기세요.
    </p>
    <p>몸에 좋은 자연 식품을 제공하는 WCB CAFE입니다.</p>
</article>
```

문장을 추가합니다. 단락별로
〈p〉 태그로 감싸줍니다.

CSS로 이미지와 본문에 여백을 추가합니다.

```
article img {
    margin-bottom: 20px;
}
article p {
    margin-bottom: 1rem;
}
```

5-7

CHAPTER

사이드바 만들기

이어서 화면 오른쪽의 사이드바 부분을 만들어 보겠습니다. 사이드바에는 카테고리 리스트, 가게 소개문 등을 넣겠습니다.

chapter1
chapter2
chapter3
chapter4
chapter5
chapter6
chapter7

■ 제목과 문장 장식하기

"news.html"의 〈aside〉 태그 내부에 사이드바로 사용할 콘텐츠를 작성합니다. 214페이지에서 "사이드바 부분"이라고 작성한 부분입니다. 카테고리 리스트는 〈ul〉 태그로 작성합니다. HTML을 다음과 같이 작성해주세요.

🔲 chapter5/c5-07-1/news.html

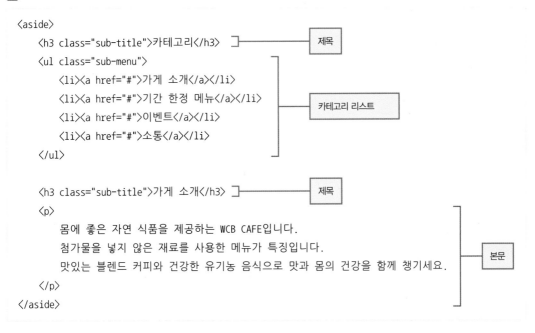

CSS로 제목의 아랫부분에 선을 추가하고, 문자 크기와 여백을 조정합니다.

```css
.sub-title {
    font-size: 1.375rem;
    padding: 0 8px 8px;
    border-bottom: 2px #0bd solid;          ┐──── 아래에 선을 설정합니다.
    font-weight: normal;
}
```

문장에는 "padding"을 설정해 요소 안쪽의 여백을 주어 쉽게 볼 수 있게 합니다.

```css
aside p {
    padding: 12px 10px;          ┐──── padding으로 여백을 추가합니다.
}
```

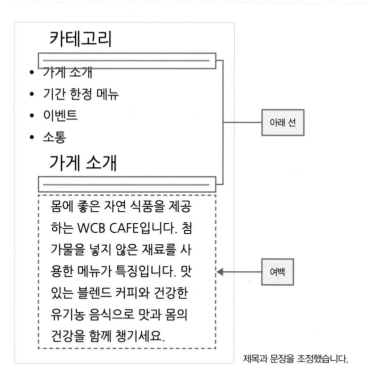

제목과 문장을 조정했습니다.

▪ 카테고리 리스트 장식하기

CSS는 디폴트로 리스트의 항목에 마크를 붙여주므로 "list-style: none;"으로 이를 출력하지 않게 합니다. 기본적으로 〈a〉 태그는 텍스트 부분에만 링크가 걸리므로 "display: block;"을 추가해서 항목 전체로 클릭 범위를 넓혀 보다 쉽게 클릭할 수 있게 합니다. "a:hover"를 사용하면 마우스 커서를 올렸을 때의 장식을 지정할 수 있습니다. 여기에서 문자색을 변경합니다.

HTML chapter5/c5-07-4/style.css

```css
.sub-menu {
    margin-bottom: 60px;
    list-style: none;          리스트 마크를 출력하지 않게 합니다.
}
.sub-menu li {
    border-bottom: 1px #ddd solid;
}
.sub-menu a {
    color: #432;
    padding: 10px;
    display: block;          링크로 클릭할 수 있는 범위를 넓혀줍니다.
}
.sub-menu a:hover {
    color: #0bd;          커서를 올렸을 때의 색상을 변경합니다.
}
```

NEWS 페이지를 모두 만들었습니다.

5-8

CHAPTER

반응형 웹 지원하기

현대에는 웹 사이트를 스마트폰에서 보는 사람이 많아졌습니다. 스마트폰과 같은 작은 화면에서도 쉽게 볼 수 있게 CSS를 조정해봅시다.

■ 반응형 웹 디자인이란?

반응형 웹(Responsive Web) 디자인이란 출력 영역의 너비에 따라서 변화하게 디자인된 웹 사이트를 의미합니다. 예를 들어 데스크톱 컴퓨터에서 웹 페이지를 볼 때와 스마트폰에서 웹 페이지를 볼 때는 너비가 크게 다릅니다. 반응형 웹 디자인을 사용하면 웹 사이트에 들어 있는 콘텐츠를 따로 변경하지 않고도, 장치의 크기에 따라서 CSS만으로도 외관을 변경할 수 있습니다.

그럼 어떻게 외관을 변화시킬 수 있는지, 작은 화면에서 보기 쉽게 하려면 어떻게 해야 하는지 생각해 보겠습니다.

모바일 크기

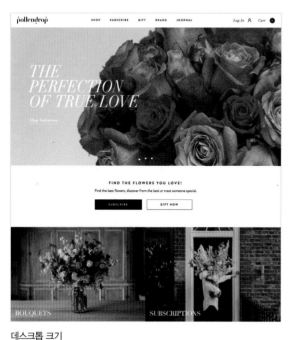

데스크톱 크기

Pollendrop … https://www.pollendrop.com

칼럼 수 줄이기

2-칼럼, 3-칼럼 등 여러 개의 칼럼이 수평으로 정렬되면 스마트폰에서는 굉장히 보기 힘듭니다. 따라서 대부분의 웹 사이트에서는 스마트폰에서 출력할 때, 수평으로 정렬된 칼럼을 아래로 내려서 세로로 배치해 1-칼럼으로 출력하는 방법을 사용합니다.

이전 페이지의 "Pollendrop … https://www.pollendrop.com"도 데스크톱 크기에서는 여러 개의 박스를 수평으로 정렬하지만, 스마트폰과 같은 크기에서는 모두 수직으로 정렬하는 모습을 확인할 수 있습니다.

내비게이션 메뉴 펼치기

내비게이션 메뉴가 화면 위에 여러 개 정렬돼 있을 경우, 이를 작은 화면에서는 한 번에 볼 수 없습니다. 그래서 처음에는 내비게이션 메뉴를 보이지 않게 만들고, 메뉴 전용 아이콘을 눌렀을 때 모든 내비게이션 메뉴를 출력해서 보여주는 방법을 주로 사용합니다.

다음 "VIVRE…https://vivre-i.co.jp"는 데스크톱 크기에서는 수평으로 정렬된 내비게이션 메뉴가 스마트폰에서는 출력되지 않습니다. 그리고 3개의 선이 있는 아이콘을 탭했을 때 내비게이션 메뉴가 수직으로 출력됩니다.

VIVRE…https://vivre-i.co.jp

데스크톱 크기

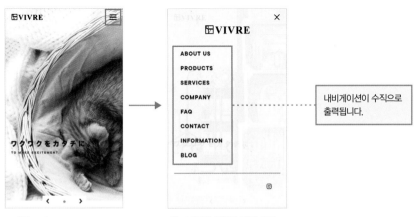

내비게이션이 수직으로 출력됩니다.

모바일 크기   메뉴 버튼을 탭했을 때의 화면

chapter1

chapter2

chapter3

chapter4

chapter5

chapter6

chapter7

■ 반응형 웹을 지원하는 방법

그럼 우리가 제작하고 있는 "WCBCafe" 파일도 반응형 웹을 지원해봅시다.

▶ "viewport" 설정하기

viewport(뷰포트)란 다양한 장치에서의 출력 영역을 의미합니다. 별도로 지정하지 않으면 스마트폰에서 출력했을 때도 데스크톱과 같은 너비에 맞춰서 모든 것들을 출력해버리므로 글자가 너무 작아서 내용을 읽기가 굉장히 힘들어집니다. 따라서 HTML의 "head" 내부에 다음과 같은 〈meta〉 태그를 작성해서 출력 영역의 너비를 맞춰줍니다.

📄 chapter5/c5-08-1/news.html

```
<meta name="viewport" content="width=device-width,
initial-scale=1">
```

문자의 크기가 커져서 읽기 쉬워졌습니다. 하지만 문자의 크기가 너무 큰 경우도 볼 수 있고, 레이아웃이 깨지는 모습도 볼 수 있습니다. 따라서 추가적인 조정이 필요합니다.

▶ 미디어 쿼리 기본

이때 사용하는 것이 **미디어 쿼리**입니다. 미디어 쿼리(Media Queries)는 웹 페이지가 출력하는 화면 크기에 따라서 다른 CSS를 적용하게 해주는 기능입니다. 이를 활용하면 "화면의 너비가 600px보다 작으면 문자의 크기를 작게 만든다"와 같이 사용자가 보는 환경에 맞게 스타일을 변경할 수 있게 됩니다.

미디어 쿼리는 CSS로 작성합니다. 일단 "@media"라고 적어서 "미디어 쿼리를 사용하겠다"라고 선언합니다. 이어서 괄호를 입력하고, 내부에 화면의 크기를 지정합니다.

아무것도 지정하지 않으면 스마트폰에서 볼 때도 데스크톱 때와 똑같이 출력합니다.

장치에 맞게 출력됩니다.

예를 들어 "max-width: 600px"이라고 작성하면 "최대 너비 (max width)가 600px일 때"라는 의미이므로 **0~600px 크기의 화면**에 스타일을 적용하게 됩니다.

chapter1 chapter2 chapter3 chapter4 chapter5 chapter6 chapter7

🗎 chapter5/c5-08-2/style.css

```css
@media (max-width: 600px) {
    h1 {
        color: #0bd;
    }
}
```

현재 예제에서는 0~600px 화면에서 h1 태그 의 문자색이 파란색이 되게 했습니다.

문자 크기와 여백 조정하기

그럼 실제로 제작하고 있는 "WCBCafe"에 미디어 쿼리를 적용해 보겠습니다. 일단 모든 페이지의 공통 부분입니다. style.css의 가장 아랫부분에 다음과 같은 스타일을 추가합니다.

다음 코드에서는 600px 이하의 화면일 때 캐치 카피와 내비게이션 메뉴의 문자 크기, 홈페이지 콘텐츠 부분의 여백 등을 작게 해서 작은 화면에서도 보기 쉽게 만들었습니다.

🗎 chapter5/c5-08-3/style.css

```css
/* 모바일 버전
----------------------------- */
@media (max-width: 600px) {
    .page-title {
        font-size: 2.5rem;
    }

    /* HEADER */
    .main-nav {
        font-size: 1rem;
        margin-top: 10px;
    }
    .main-nav li {
        margin: 0 20px;
    }

    /* HOME */
    .home-content {
        margin-top: 20%;
    }
}
```

600px 이하의 화면 전용으로 스타일을 조정합니다.

콘텐츠가 굉장히 읽기 쉬워졌습니다.

■ 콘텐츠를 수직 정렬하기

Flexbox를 사용해서 수평 정렬된 부분을 스마트폰에서는 수직 정렬이 되게 해봅시다. Flexbox 속성인 "flex-direction"을 사용하면 어떤 방향으로 정렬할지 지정할 수 있습니다. 이 속성 값을 "column"으로 지정하면 요소들이 수직 정렬됩니다.

chapter5/c5-08-4/style.css

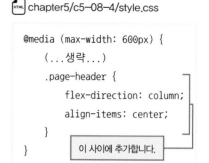

이번 예제에서는 로고와 내비게이션 메뉴가 수평으로 정렬돼 있으므로 이 부분을 수직으로 정렬하게 했습니다. "align-items: center"를 함께 지정해서 화면 중앙에 정렬되게 했습니다. 오른쪽 위의 코드를 이전에 작성했던 "@media (max-width: 600px) {"과 "}" 사이에 추가합니다. 홈페이지 부분의 반응형 웹 지원은 이것으로 모두 완료입니다.

로고와 내비게이션 메뉴가 수직으로 정렬됐습니다.

이어서 "NEWS" 페이지도 조정합시다. 일단 수평으로 정렬된 메인 콘텐츠 영역과 사이드바를 수직으로 정렬하겠습니다. 추가로 각각의 너비를 100%로 변경해서 콘텐츠가 화면의 너비를 꽉 채우게 했습니다. 이 코드도 "@media (max-width: 600px) {"과 "}" 사이에 추가합니다.

chapter5/c5-08-5/style.css

```
@media (max-width: 600px) {
    (...생략...)
    /* NEWS */
    .news-contents {
        flex-direction: column;
    }
    article,
    aside {
        width: 100%;
    }
}
```
이 사이에 추가합니다.

사이드바가 메인 콘텐츠 영역
아래에 배치됐습니다.

이어서 문자 크기와 여백을 조정합니다.

🗎 chapter5/c5-08-6/style.css

```css
@media (max-width: 600px) {
    (...생략...)

    #news .page-title {
        margin-top: 30px;
    }
    aside {
        margin-top: 60px;
    }
    .post-info {
        margin-bottom: 30px;
    }
    .post-date {
        width: 70px;
        height: 70px;
        font-size: 1rem;
    }
    .post-date span {
        font-size: 0.875rem;
        padding-top: 2px;
    }
```

각 항목을 보기 쉽게 조정합니다.

제목 주변의 장식을 조정했습니다.

chapter1
chapter2
chapter3
chapter4
chapter5
chapter6
chapter7

```
    .post-title {
        font-size: 1.375rem;
    }
    .post-cat {
        font-size: 0.875rem;
        margin-top: 10px;
    }
    .post-title,
    .post-cat {
        margin-left: 80px;
    }
}
```

> 각 항목을 보기 쉽게 조정합니다.

■ 브레이크 포인트 생각해보기

미디어 쿼리를 사용하면 장치의 화면 크기에 따라서 스타일을 변경할 수 있습니다. 이때 변경의 기준이 되는 화면 크기를 "**브레이크 포인트**"라고 부릅니다.

지금까지의 예제에서는 "@media (max-width: 600px)"을 사용했으므로 브레이크 포인트는 600px 입니다. 모바일 장치는 수직으로 길게 두고 사용하는 경우가 많으므로 수직으로 길게 두고 사용할 때의 너비 = 장치의 짧은 부분의 너비를 기준으로 브레이크 포인트를 생각하면 좋습니다.

장치는 매우 많은 종류가 있으므로 "이 정도의 브레이크 포인트라면 충분해요…!"라고 확실하게 말할 수는 없습니다. 하지만 대부분 작은 화면 크기는 450px 정도, 큰 화면의 크기는 760px 정도를 기준으로 합니다. 그래서 이 중간 정도인 600px을 브레이크로 설정하면 어느 정도 괜찮습니다.

▶ 주요 iOS 장치의 너비

장치	긴 부분의 길이	짧은 부분의 길이
iPad Pro(10.5")	1112	834
iPad (9.7") / iPad mini	1024	768
iPhone Xs Max	896	414
iPhone X / iPhone Xs	812	375
iPhone 6~8 Plus	736	414
iPhone 6~8	667	375

> 450~760 정도가 기준이라고 할 수 있습니다.

 POINT

반응형 웹은 미디어 쿼리를 사용해서 화면 너비에 맞게 스타일을 변경합니다.

 POINT

미디어 쿼리로 스타일이 바뀌는 지점을 브레이크 포인트라고 부릅니다.

chapter1

chapter2

chapter3

chapter4

chapter5

chapter6

chapter7

5-9
CHAPTER

칼럼 페이지를 변경해보기

이번 장에서 만든 "NEWS" 페이지의 레이아웃을 변경해 보겠습니다. 3–칼럼 설정과 출력하는 칼럼의 순서를 변경할 것입니다. 3–칼럼도 많이 사용되는 패턴이므로 꼭 기억해주세요.

■ 3–칼럼 레이아웃으로 설정하기

📄 **데모 파일:** chapter5/c5–09–1/Demo–3columns

이전에 NEWS 페이지를 2–칼럼 레이아웃으로 만들었습니다. 이번에는 여기에 칼럼을 하나 더 추가해서 3–칼럼으로 변경해 보겠습니다. 예로 세로로 긴 배너 이미지를 추가하겠습니다.

일단 "news.html"을 열고, 〈div class="news-contents wrapper"〉 내부에 "ad"라는 클래스를 가진 〈div〉 태그를 추가합니다.

📄 chapter5/c5–09–2/news.html

```
<div class="news-contents wrapper">
    <article>
        (...생략...)
    </article>

    <aside>
        (...생략...)
    </aside>

    <div class="ad">
        <img src="images/banner.jpg" alt="신메뉴 소개">    ┐  여기에 추가합니다.
    </div>
</div><!-- /.news-contents -->
```

이대로는 전체적인 느낌이 너무 꽉 끼어 있으므로 CSS를 사용해서 "article"의 너비를 조금 줄여 균형을 맞춥니다.

```
article {
    width: 60%;
}
```

너비를 조금 줄여줍니다.

원래 있던 사이드바의 오른쪽에 이미지를 추가해서 3-칼럼이 됐습니다.

이처럼 Flexbox를 사용하면 "display: flex"가 지정된 요소 내부의 박스를 모두 자동으로 수평 정렬합니다. 따라서 별다른 코드를 추가하지 않아도 HTML 파일에 콘텐츠를 추가하는 것만으로 칼럼을 추가할 수 있습니다. 굉장히 간단하죠?

■ 출력할 칼럼의 순서 변경하기

현재 왼쪽부터 "메인 콘텐츠 영역", "사이드바", "배너 이미지"의 순서로 정렬돼 있습니다. 이를 왼쪽부터 "배너 이미지", "메인 콘텐츠 영역", "사이드바"의 순서로 변경해 보겠습니다.

순서를 변경할 때는 CSS의 **order 속성**을 사용합니다. 값에는 출력하고 싶은 순서로 숫자를 지정합니다. 참고로 order 속성은 "display: flex"가 지정된 요소의 자식 요소에서만 동작하므로 주의하세요.

🔲 chapter5/c5-09-4/style.css

```css
article {
    width: 60%;
    order: 2;
}
aside {
    width: 22%;
    order: 3;
}
.ad {
    order: 1;
}
```

> order 속성을 출력하고 싶은 순서대로 지정합니다.

배너 이미지가 가장 왼쪽으로 이동해 칼럼이 번호 순서대로 됐습니다.

chapter1
chapter2
chapter3
chapter4
chapter5
chapter6
chapter7

HTML을 사용해서 콘텐츠의 순서를 변경하지 않는 이유

"출력하고 싶은 순서를 변경한다면 HTML에서 요소의 작성 순서를 변경해도 되지 않을까?"라고 생각할 수 있습니다. 물론 당연히 가능합니다. 하지만 "페이지 내부에서 중요한 콘텐츠가 무엇인가"를 생각해봅시다. 웹 브라우저는 파일을 위에서부터 아래로 차례대로 읽으므로 중요한 콘텐츠를 먼저 읽어 들이는 것이 좋습니다. 이는 구글 등의 검색 엔진에도 영향을 줍니다.

현재 예제와 같은 뉴스 페이지에서 가장 중요한 것은 "기사 부분"이므로 HTML 파일의 최대한 윗부분에 이를 배치하는 것이 좋습니다. 그리고 덜 중요한 콘텐츠는 아래쪽에 추가하고, CSS를 사용해서 순서를 변경한 것입니다.

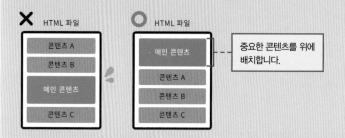

중요한 콘텐츠를 HTML 파일의 윗부분에 배치해서 먼저 읽게 만듭니다.

CHAPTER 6

—

타일 형태의 웹 사이트 제작하기

이미지를 목록으로 출력할 때는 타일 형태의 레이아웃을 많이 사용합니다. CSS 그리드를 사용해서 레이아웃을 구성하는 방법, 반응형 웹을 지원하는 방법 등을 살펴보겠습니다.

WEBSITE | WEB DESIGN | HIML | CSS | SINGLE PAGE | MEDIA

6-1

CHAPTER

타일 형태의 레이아웃이란

이미지, 사각형 요소를 타일처럼 배열하는 레이아웃을 "타일형 레이아웃" 또는 "카드형 레이아웃"이라고 부릅니다. 이러한 레이아웃의 특징을 살펴보겠습니다.

■ 타일형 레이아웃의 장점과 구성 요소

타일형 레이아웃은 여러 이미지 또는 텍스트 정보를 정리해서 한 번에 보여줄 수 있으므로 정보가 잘 정리된 느낌을 줍니다.

반응형 웹 디자인과 잘 어울려서 쇼핑 사이트의 상품 목록 페이지, 이미지 갤러리 페이지 등에 많이 사용됩니다.

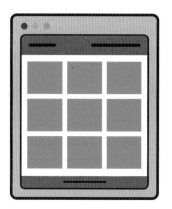

타일형 레이아웃의 예

3-열로 9개의 메뉴를 타일 형태로 배치했습니다(CSS 그리드).

각 박스의 크기를 다르게 해서 배치하는 경우도 있습니다. 타일형 레이아웃의 여백과 왼쪽 오른쪽 라인만 잘 맞추면 이러한 상황에서도 아름답게 레이아웃을 표현할 수 있습니다.

메뉴 사진과 메뉴의 이름

메뉴 사진과 메뉴의 이름

메뉴 사진과 메뉴의 이름

메뉴 사진과 메뉴의 이름

메뉴 사진과 메뉴의 이름

메뉴 사진과 메뉴의 이름

메뉴 사진과 메뉴의 이름

메뉴 사진과 메뉴의 이름

메뉴 사진과 메뉴의 이름

chapter1

chapter2

chapter3

chapter4

chapter5

chapter6

chapter7

POINT

여백과 정렬 라인을 잘 맞추면, 요소의 크기가 변하더라도 예쁘게 출력할 수 있습니다.

왼쪽 위의 타일 확대

메뉴 사진과 메뉴의 이름

메뉴 사진과 메뉴의 이름

메뉴 사진과 메뉴의 이름

왼쪽 위의 이미지를 확대하더라도 레이아웃이 예쁘게 잘 유지됩니다 (grid-column, grid-row)

메뉴 사진과 메뉴의 이름

메뉴 사진과 메뉴의 이름

메뉴 사진과 메뉴의 이름

메뉴 사진과 메뉴의 이름

메뉴 사진과 메뉴의 이름

메뉴 사진과 메뉴의 이름

크기를 변경해서 배치한 예

6-2

CHAPTER

타일형 레이아웃의 제작 흐름

"MENU" 페이지에서는 가게의 메뉴를 타일형 레이아웃으로 출력합니다. CSS 그리드를 사용해서 반응형 웹도 지원하게 만들어 보겠습니다.

■ 제작 흐름

01 페이지 상단의 소개문 만들기

페이지 상단에 큰 배경 이미지와 함께 페이지 타이틀,
소개문을 출력합니다.

홈페이지와 같은 구성입니다.

02 타일형 레이아웃 설정하기

CSS 그리드를 사용해서 9개의 메뉴를 타일 형태로 정
렬합니다.

일단 데스크톱 사이즈에서 잘 보이게 설정합니다.

chapter1

chapter2

chapter3

chapter4

chapter5

chapter6

chapter7

03 반응형 웹 지원하기

CSS 그리드를 응용해서 자동으로 배경의 너비에 맞게 요소의 크기 또는 수를 변경합니다.

메뉴 사진과 메뉴의 이름   메뉴 사진과 메뉴의 이름

메뉴 사진과 메뉴의 이름   메뉴 사진과 메뉴의 이름

메뉴 사진과 메뉴의 이름   메뉴 사진과 메뉴의 이름

메뉴 사진과 메뉴의 이름   메뉴 사진과 메뉴의 이름

 POINT

―――――――――――――――――――――――

타일형 레이아웃은 CSS 그리드를 사용해서 구현합니다.[1]

 POINT

―――――――――――――――――――――――

화면의 너비에 맞게 출력할 때는 CSS 그리드를 응용해서 사용합니다.

화면의 너비에 맞게 한 줄에 출력되는 요소의 수를 변경합니다.

――

1   CSS 그리드는 크롬, 사파리, 파이어폭스, 엣지만 지원합니다. 인터넷 익스플로러에서는 사용할 수 없습니다.

6-3

CHAPTER

페이지 상부의 소개문 만들기

"MENU" 페이지의 첫 페이지에는 큰 배경 이미지, 페이지 타이틀, 소개문을 넣겠습니다.

■ 파일 준비하기

5장의 "news.html"을 만들 때처럼 이번에도 복제 데이터를 기반으로 HTML을 만들겠습니다. 같은 헤더와 푸터를 가진 "news.html"을 복제하고, 복제한 파일을 "menu.html"이라는 이름으로 저장합니다. 이 "menu.html"을 편집해서 "MENU" 페이지를 만들겠습니다.

이처럼 파일을 구성합니다.

■ HTML 준비하기

공통 부분을 남기고, 필요한 부분만 편집합니다.

▶ "head" 내부의 "title" 편집하기

"MENU" 페이지 전용 타이틀로 변경합니다. "WCB Cafe – MENU"라고 지정합니다.

🔲 chapter6/c6-03-1/menu.html

```
<title>WCB Cafe - MENU</title>
```

▶ 불필요한 콘텐츠 제거하기

"NEWS" 페이지 콘텐츠의 제목 부분과 〈div class="news-contents wrapper"〉 부분은 이번 페이지에서 필요 없으므로 제거합니다.

🔲 chapter6/c6-03-2/menu.html

```
<div class="wrapper">
    <h2 class="page-title">News</h2>          제거
</div><!-- /.wrapper -->
```

chapter1

chapter2

chapter3

chapter4

chapter5

chapter6

chapter7

HTML chapter6/c6-03-3/menu.html

```
<div class="news-contents wrapper">
    <article>
        (...생략...)
    </article>

    <aside>
        (...생략...)
    </aside>
</div><!-- /.news-co
```

제거

ID 이름 변경하기

"news"라고 돼 있던 ID를 "menu"로 변경합니다.

HTML chapter6/c6-03-4/menu.html

```
<div id="menu" class="big-bg">
```

제목 부분 추가하기

"header" 아래에 페이지의 제목, 소개문 부분을 추가합니다.

HTML chapter6/c6-03-5/menu.html

```
<div class="menu-content wrapper">
    <h2 class="page-title">Menu</h2>
    <p>
        몸에 좋은 자연 식품을 제공하는 WCB CAFE입니다.
        첨가물을 넣지 않은 재료를 사용한 메뉴가 특징입니다.
        맛있는 블렌드 커피와 건강한 유기농 음식으로 맛과 몸의 건강을 함께 챙기세요.
    </p>
</div><!-- /.menu-content -->
```

추가

제목과 소개문이 출력됩니다.

CSS로 장식하기

지금까지 만들었던 CSS의 style.css 뒷부분에 코드를 추가합니다. 배경 이미지, 제목 부분의 높이와 여백을 지정합니다.

chapter6/c6-03-6/style.css

```css
/* MENU
------------------------------ */
#menu {
    background-image: url(../images/menu-bg.jpg);
    min-height: 100vh;
}
.menu-content {
    max-width: 560px;
    margin-top: 10%;
}
.menu-content .page-title {
    text-align: center;
}
.menu-content p {
    font-size: 1.125rem;
    margin: 10px 0 0;
}
```

모바일 버전에서는 여백만 조금 조정하겠습니다. "@media (max-width: 600px) {"과 "}" 사이에 코드를 추가합니다.

chapter6/c6-03-7/style.css

```css
/* 모바일 버전
------------------------------ */
@media (max-width: 600px) {

    (...생략...)

    /* MENU */
    .menu-content {           ┐
        margin-top: 20%;      ├──[ 추가 ]
    }                         ┘
}
```

✅ POINT

반응형 웹 지원 부분은 이후에도 모두 "@media (max-width: 600px) {"과 "}" 사이에 코드를 추가합니다.

이미지 배치, 텍스트가 조정됐습니다

페이지 상단의 콘텐츠가 완성됐습니다.

COLUMN

—

효과적으로 그림 자르기①

같은 이미지라도 어떤 부분을 자를지에 따라서(Image Trimming) 외관과 전달되는 정보가 크게 달라집니다. 디자인 목적에 따라서 어떤 부분에 초점을 맞출지 생각해보면 좋을 것입니다.

목적에 맞는 그림 자르기

같은 이미지라도 전체를 보여주는 사진과 일부분에만 초점을 맞춰서 보여주는 사진은 전달되는 정보가 다릅니다.

전체를 보여주면 이미지에 들어 있는 전체 대상을 소개할 수 있습니다. 요리 사진의 경우 코스 요리, 정식 전체를 소개할 때 사용합니다.

대상을 확대하면 해당 피사체가 주인공으로서 강조됩니다. 특정 상품에 이목을 집중시키고 싶을 때 사용합니다.

6-4

CHAPTER

타일형 레이아웃 설정하기

"CSS 그리드"를 사용해서 9개의 메뉴 이미지와 텍스트를 타일 형태로 정렬합니다.

■ 콘텐츠 준비하기

〈div id="menu" class="big-bg"〉와 〈footer〉 사이에 콘텐츠를 작성합니다. 이미지와 텍스트는 "item"이라는 클래스를 가진 〈div〉 태그로 감싸고, 추가로 9개의 "item"을 "grid"라는 클래스를 가진 〈div〉 태그로 감싸줍니다.

chapter6/c6-04-1/menu.html

```
<div id="menu" class="big-bg">
    (...생략...)
</div><!-- /#menu -->

<div class="wrapper grid">
    <div class="item">
        <img src="images/menu1.jpg" alt="">
        <p>메뉴 사진과 메뉴의 이름</p>
    </div>
    <div class="item">
        <img src="images/menu2.jpg" alt="">
        <p>메뉴 사진과 메뉴의 이름</p>
    </div>
    <div class="item">
        <img src="images/menu3.jpg" alt="">
        <p>메뉴 사진과 메뉴의 이름</p>
    </div>
    <div class="item">
        <img src="images/menu4.jpg" alt="">
        <p>메뉴 사진과 메뉴의 이름</p>
    </div>
```

item 클래스

추가

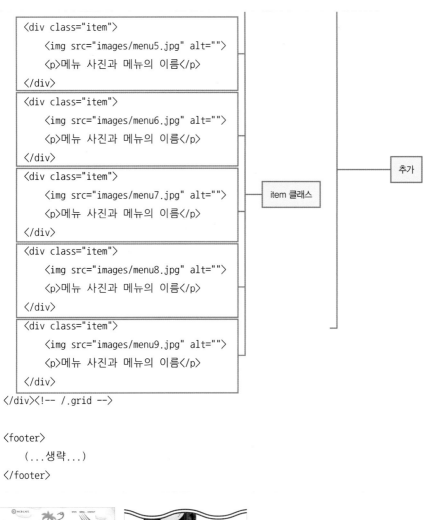

```
<div class="item">
    <img src="images/menu5.jpg" alt="">
    <p>메뉴 사진과 메뉴의 이름</p>
</div>
<div class="item">
    <img src="images/menu6.jpg" alt="">
    <p>메뉴 사진과 메뉴의 이름</p>
</div>
<div class="item">
    <img src="images/menu7.jpg" alt="">
    <p>메뉴 사진과 메뉴의 이름</p>
</div>
<div class="item">
    <img src="images/menu8.jpg" alt="">
    <p>메뉴 사진과 메뉴의 이름</p>
</div>
<div class="item">
    <img src="images/menu9.jpg" alt="">
    <p>메뉴 사진과 메뉴의 이름</p>
</div>
```

item 클래스 — 추가

```
</div><!-- /.grid -->


<footer>
    (...생략...)
</footer>
```

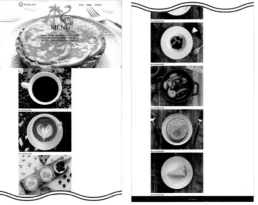

이미지와 텍스트가 세로로 9개 정렬된 상태입니다.

chapter1
chapter2
chapter3
chapter4
chapter5
chapter6
chapter7

■ CSS 그리드 사용하기

타일 형태로 정렬할 대상들의 부모 요소인 "grid" 클래스에 "**display: grid;**"를 지정합니다. 이어서 너비 지정할 때 사용하는 "**grid-template-columns**"의 값을 "**1fr 1fr 1fr**"로 지정해서 1:1:1 비율로 1-열에 3개의 요소가 배치되게 합니다. 너비가 고정돼 있지 않으므로 화면의 너비에 따라서 자동으로 늘어나고 줄어들기 때문에 굉장히 편리합니다. 요소 사이의 여백은 "gap"으로 지정할 수 있습니다.

📄 chapter6/c6-04-2/style.css

```
.grid {
    display: grid;
    gap: 26px;
    grid-template-columns: 1fr 1fr 1fr;
    margin-top: 6%;
    margin-bottom: 50px;
}
```

 POINT

타일 형태로 배치하고 싶은 요소의 부모 요소에 "display: grid;"를 지정합니다. 가로 너비 단위로 "px"이 아니라 "fr"을 사용해서 화면 너비에 따라 비율로 너비가 지정되게 할 수 있습니다.

 POINT

CSS 그리드는 크롬, 사파리, 파이어폭스, 엣지만 지원합니다. 인터넷 익스플로러에서는 사용할 수 없습니다.

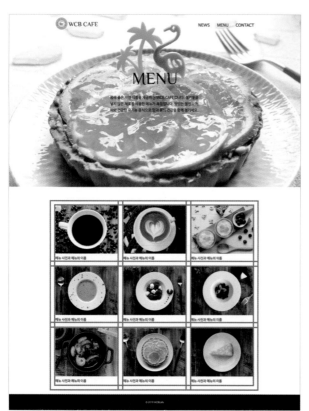

1-열에 3개씩 9개의 요소가
타일 형태로 배치됐습니다.

6-5

CHAPTER

반응형 웹 지원하기

메뉴를 타일 형태로 정렬했지만, 스마트폰에서 보면 각 요소가 너무 작아서 잘 보이지 않습니다. "grid-template-colums"의 값을 변경해서 이를 개선해 보겠습니다.

■ 요소를 반복 정렬하는 "repeat"

이전 절에서는 열에 3개의 요소를 가로로 정렬할 때 "grid-template-columns"의 값을 "1fr 1fr 1fr"로 지정했습니다. 같은 숫자가 연속될 때는 "repeat 함수"를 사용하는 방법이 깔끔합니다.

작성 방법은 "repeat(반복 수, 요소의 너비)"입니다. 예를 들어 "grid-template-columns: repeat(3, 1fr)"을 지정하면 "1fr"의 박스가 1-열에 3개씩 배치됩니다.

🏅 POINT

"grid-template-columns"에서 같은 숫자를 반복할 때는 "repeat(반복 수, 요소의 너비)"을 사용하는 방법이 깔끔합니다.

🔲 chapter6/c6-05-1/style.css

```css
.grid {
    display: grid;
    gap: 26px;
    grid-template-columns: repeat(3, 1fr);
    margin-top: 6%;
    margin-bottom: 50px;
}
```

> repeat 함수를 사용한 작성 방법

메뉴 사진과 메뉴의 이름　　메뉴 사진과 메뉴의 이름　　메뉴 사진과 메뉴의 이름

메뉴 사진과 메뉴의 이름　　메뉴 사진과 메뉴의 이름　　메뉴 사진과 메뉴의 이름

메뉴 사진과 메뉴의 이름　　메뉴 사진과 메뉴의 이름　　메뉴 사진과 메뉴의 이름

> 출력 결과는 변하지 않지만, CSS 코드가 조금 더 보기 쉬워졌습니다.

chapter1
chapter2
chapter3
chapter4
chapter5
chapter6
chapter7

■ 요소 너비에 최솟값과 최댓값을 지정하는 "minmax"

지금까지의 상태에서는 스마트폰에서 봤을 때, 이미지의 크기가 너무 작아져서 보기 힘들어지는 문제가 발생했습니다. 따라서 이미지 너비의 **최솟값**을 지정하겠습니다. 최솟값이란 "이것보다 더 작아질 수 없다"라는 크기입니다. 이를 지정할 때는 "minmax"를 사용합니다. "minmax"를 사용하면 크기의 최솟값뿐만 아니라 최댓값도 지정할 수 있습니다.

작성 방법은 "minmax(최솟값, 최댓값)"입니다. 이번 예제에서는 "minmax(240px, 1fr)"로 지정해서 **요소의 너비가 240px보다 작아지지 않게 하고, 화면의 너비에 맞게 늘어나고 줄어드는** 형태로 지정하겠습니다.

이러한 지정을 repeat과 조합해서 1-열에 3개의 박스가 240px 너비까지만 변하게 만듭니다.

🏅 POINT

요소의 너비에 최솟값 또는 최댓값을 지정할 때는 "minmax(최솟값, 최댓값)"이라고 적습니다.

[HTML] chapter6/c6-05-2/style.css

```css
.grid {
    display: grid;
    gap: 26px;
    grid-template-columns: repeat(3, minmax(240px, 1fr));
    margin-top: 6%;
    margin-bottom: 50px;
}
```

> minmax 함수를 사용한 작성 방법

메뉴 사진과 메뉴의 이름

메뉴 사진과 메뉴의

메뉴 사진과 메뉴의 이름

메뉴 사진과 메뉴의

> 스마트폰에서 봤을 때, 이미지의 크기가 이렇게 출력됩니다.

화면의 너비에 맞게 출력하는 "auto-fit"

이전 페이지에서 최솟값을 지정해서 스마트폰에서도 요소를 최소 240px의 크기로 출력하게 했습니다. 그런데 2번째, 3번째 요소가 잘려 보이지 않는 문제가 있습니다.

그럼 이번에는 1-열에 3개로 한정하지 말고, 화면의 너비에 맞게 요소의 수를 출력하게 해봅시다. repeat 함수에서 지정한 반복 숫자 부분을 "auto-fit"으로 변경하기만 하면 됩니다. "auto-fit"을 사용하면 부모의 크기에 맞는 수만큼 요소가 들어가게 됩니다.

이렇게 구성하면 어떤 장치에서 보더라도 보기 쉬운 형태로 타일이 출력됩니다.

📄 chapter6/c6-05-3/style.css

```
.grid {
    display: grid;
    gap: 26px;
    grid-template-columns: repeat(auto-fit, minmax(240px, 1fr));
    margin-top: 6%;          ┌──────────────────┐
    margin-bottom: 50px;     │ auto-fit으로 지정하기 │
}                            └──────────────────┘
```

스마트폰 크기에서 봤을 때

태블릿 크기에서 봤을 때

chapter1
chapter2
chapter3
chapter4
chapter5
chapter6
chapter7

데스크톱 크기에서 봤을 때

효과적으로 그림 자르기②

공간을 활용한 그림 자르기

이미지의 주인공이 되는 피사체를 중심에서 약간 벗어나게 해서 공간을 만드는 경우도 있습니다. 큰 배경 이미지로 이미지를 배치할 때 많이 사용합니다.

시선이 있는 곳에 공간을 만들면 미래 또는 앞을 향해가는 인상을 줍니다.

시선 뒤에 공간을 만들면 과거의 것을 추억하는 인상을 줍니다.

6-6

CHAPTER

타일형 레이아웃 변경 예

이번 장에서 만든 메뉴 페이지의 타일형 레이아웃을 변경해 보겠습니다. 조금 복잡한 내용이므로 차근차근 구현하겠습니다.

■ 크기가 다른 요소 배치하기

🔲 **데모 파일:** chapter6/c6-06-1/Demo-3columns

오른쪽 그림은 완성된 예입니다. "같은 크기로 배치한 요소 중에서 특정한 하나만 눈에 띄게 하고 싶다"라고 가정하고 만든 페이지입니다.

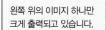
왼쪽 위의 이미지 하나만 크게 출력되고 있습니다.

● HTML에 클래스 추가하기

HTML에서 크게 출력하고 싶은 요소에 "big-box"라는 클래스를 추가합니다. 이번 예에서는 첫 번째 메뉴만 크게 출력할 것이므로 첫 번째에 있는 메뉴에만 추가합니다.

chapter6/c6-06-2/menu.html

```
<div class="wrapper grid">
    <div class="item big-box">
        <img src="images/menu1.jpg" alt="">
        <p>메뉴 사진과 메뉴의 이름</p>
    </div>
    <div class="item">
        <img src="images/menu2.jpg" alt="">
        <p>메뉴 사진과 메뉴의 이름</p>
    </div>
    (...생략...)
</div><!-- /.grid -->
```

큰 크기의 그리드 아이템 지정하기

그리드 아이템의 범위를 지정하겠습니다. 이때 조금 특이한 방법을 사용해서 복잡하게 느낄 수 있으므로 정말 차근차근 진행해 보겠습니다. 오른쪽 그림과 같이 가로, 세로로 뻗어 있는 그리드 선을 기반으로 범위를 지정합니다.

사용할 속성은 가로 범위는 "grid-column", 세로 범위는 "grid-row"로 지정합니다.

현재 가로로는 그리드 선이 1~3의 번호로 지정돼 있는데, **"시작 위치 / 끝 위치"** 형태로 슬래시를 사용해 구분해서 "grid-column: 1 / 3;"이라고 작성합니다.

그리드의 가장 왼쪽, 가장 위의 선을 1번으로 셉니다.

HTML chapter6/c6-06-3/style.css

```css
.big-box {
    grid-column: 1 / 3;
}
```

가로 방향의 범위를
지정합니다.

가로 방향으로 3번째 그리드
선까지 걸쳐졌습니다.

너비가 넓어졌지만, 메뉴 하나가 아래로 내려가 버렸습니다.

마찬가지의 방법으로 세로 선도 1~3까지
걸칠 수 있게, grid-row 속성을 사용해
"grid-row: 1 / 3;"이라고 작성합니다.

HTML chapter6/c6-06-4/style.css

```css
.big-box {
    grid-column: 1 / 3;
    grid-row: 1 / 3;
}
```

세로 방향으로
3번째 그리드
선까지 걸쳐졌
습니다.

세로 방향의 범위를
지정합니다.

모든 메뉴가 잘 정렬됩니다.

이미지의 높이 맞추기

현재 결과를 보면 큰 이미지와 작은 이미지의 높이가 잘 맞지 않으므로 이미지에 크기를 따로 지정합니다.

chapter6/c6-06-5/style.css

```css
.big-box img {
    height: 94%;
    width: 100%;
}
```

높이가 잘 맞춰져 정돈된 느낌을 줍니다.

이미지 자르기

이전 CSS 지정에서는 img의 가로와 세로에 다른 크기를 지정해서 이미지가 눌리는 문제가 있습니다. 이미지에 크기를 지정했을 때 이미지를 누르지 않고, 자동으로 잘리게 하고 싶다면 object-fit 속성을 사용합니다.

chapter6/c6-06-6/style.css

```css
.big-box img {
    height: 94%;
    width: 100%;
    object-fit: cover;
}
```

이미지가 눌리지 않게 됐습니다.

 POINT

―――――――――――――――――

이미지의 출력 범위를 자를 때는 object-fit 속성을 사용합니다.

반응형 웹 지원하기

스마트폰에서 보면 메뉴끼리 크기와 짝이 맞지 않는 상태로 정렬됩니다. "grid-column"과 "grid-row"의 범위 값을 "auto"로 지정해서 이러한 짝이 맞지 않는 상태를 해소하고, 이미지의 높이도 "100%"로 지정해서 원래대로 돌려줍시다.

📄 chapter6/c6-06-6/style.css

```css
@media (max-width: 600px) {
    (...생략...)
    .big-box {
        grid-column: auto;
        grid-row: auto;
    }
    .big-box img {
        height: 100%;
    }
}
```

지정을 추가했습니다.

메뉴 사진과 메뉴의 이름

메뉴 사진과
메뉴의 이름

이미지가 잘 정렬
되지 않는 상태

메뉴 사진과 메뉴의 이름

스마트폰 크기에서는 미디어 쿼리를 사용
해서 지정한 범위 또는 크기를 원래대로 돌
리게 했습니다. 이제 메뉴가 1-열의 같은
크기로 잘 정렬됩니다.

메뉴 사진과 메뉴의 이름

이미지의 크기가
맞춰졌습니다.

메뉴 사진과 메뉴의 이름

chapter1
chapter2
chapter3
chapter4
chapter5
chapter6
chapter7

CHAPTER 7

—

외부 미디어 사용하기

최근에는 개인뿐만 아니라 기업 등에서도 적극적으로 SNS를 사용하고 있습니다. 이번 장에서는 사용자가 문의를 보낼 수 있는 입력 양식을 만들어 보겠습니다. 그리고 이 페이지에 SNS 등의 외부 미디어를 넣는 방법도 소개하겠습니다.

WEBSITE | WEB DESIGN | HTML | CSS | SINGLE PAGE | MEDIA

※ 이 책에서 사용하는 외부 미디어(구글, 페이스북, 트위터, 유튜브)의 계정은 미리 만들어주세요.

7-1

CHAPTER

문의 페이지의 제작 흐름

"CONTACT" 페이지에서는 입력 양식을 꾸미는 방법과 구글 지도, SNS 플러그인을 배치하는 방법을 살펴보겠습니다.

작성할 페이지

페이지 윗부분 큰 배경 이미지와 함께 문의 입력 양식을 출력합니다. 중앙에는 가게 정보와 지도, 그리고 아래에는 SNS와 동영상 정보를 가로로 출력하겠습니다.

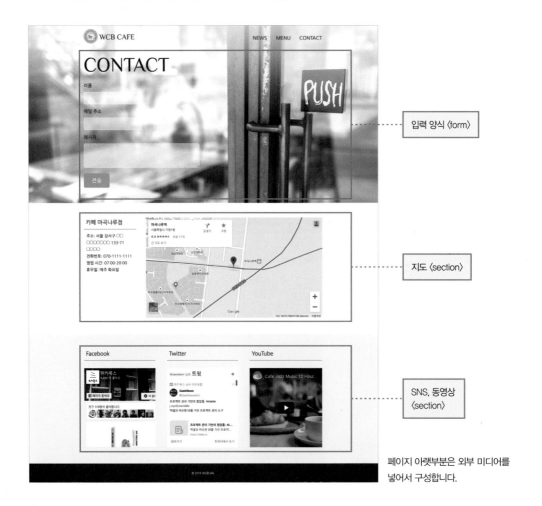

입력 양식 〈form〉

지도 〈section〉

SNS, 동영상 〈section〉

페이지 아랫부분은 외부 미디어를 넣어서 구성합니다.

■ 제작 흐름

chapter1

chapter2

chapter3

chapter4

chapter5

chapter6

chapter7

 01 입력 양식 배치하기

〈form〉 태그를 사용해서 기본적인 입력 양식을 출력하
고, CSS로 장식합니다.

✔ POINT

문의 입력 양식은 〈form〉 태그를 사용해서 생성합니다.

큰 배경 이미지 위에 반투명한 입력 양식을 배치합니다.

02 지도 출력하기

상점의 정보 옆에 구글 지도를 배치합니다. 스마트폰에
서는 정보와 지도를 세로로 보이게 만들어서 보기 쉽게
만들겠습니다.

✔ POINT

구글 지도와 SNS 요소를 넣을 때는 해당 서비스에서
제공하는 코드를 넣어줍니다.

구글 지도를 배치합니다.

03 페이스북 플러그인 추가하기

페이스북(Facebook) 타임라인을 웹 서비스에 출력할
때는 해당 서비스에서 제공하는 코드를 넣어줍니다.

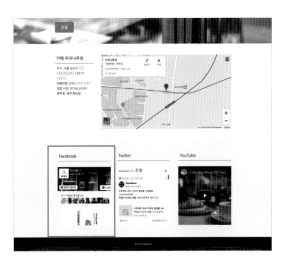

페이스북 페이지 정보를 출력합니다.

04 트위터 플러그인 추가하기

트위터(Twitter) 타임라인도 출력할 수 있게 해당 서비스에서 제공하는 코드를 넣어줍니다.

페이스북과 마찬가지로 트위터도 페이지 위에서 볼 수 있게 해줍니다.

05 유튜브 동영상 추가하기

유튜브(Youtube) 동영상 하나를 웹 페이지에 출력합니다.

재생 버튼을 클릭하면 동영상이 재생됩니다.

06 반응형 웹 지원하기

미디어 쿼리를 사용해서 가로로 배치된 지도와 SNS 플러그인을 작은 화면에서는 세로로 배치합니다.

세로로 배치합니다.

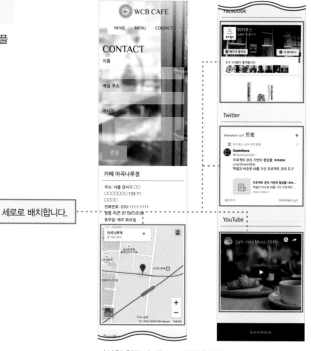

다양한 항목이 세로로 배치됩니다.

7-2
CHAPTER

입력 양식 배치하기

"CONTACT" 페이지의 상단에는 큰 배경 이미지를 배치하고, 그 위에 문의를 위한 입력 양식을 배치하겠습니다.

chapter1

chapter2

chapter3

chapter4

chapter5

chapter6

chapter7

파일 준비하기

지금까지와 마찬가지로 기존의 HTML 파일을 복제하고 편집하겠습니다. "menu.html"을 복제하고, 복제한 파일을 "contact.html"이라는 이름으로 저장합니다.

HTML 편집하기

공통 부분 중에서 필요한 부분을 남기고 편집합니다.

> WCBCafe
> > css
> > images
> contact.html
> index.html
> menu.html
> news.html

이처럼 파일을 구성합니다.

▷ "head" 내부의 "title" 편집하기

문의 페이지 전용 타이틀로 변경합니다.

🖹 chapter7/c7-02-1/contact.html

```
<title>WCB Cafe - CONTACT</title>
```

▷ 불필요한 콘텐츠 제거하기

"MENU" 페이지의 콘텐츠 중에서 페이지 위의 소개문과 메뉴 목록은 이번 페이지에서 필요 없으므로 제거합니다.

🖹 chapter7/c7-02-2/contact.html

```
<div class="menu-content wrapper">
    <h2 class="page-title">Menu</h2>
    <p>
        몸에 좋은 자연 식품을 제공하는 WCB
CAFE입니다. 첨가물을 넣지 않은 재료를 사용한
메뉴가 특징입니다.
        맛있는 블렌드 커피와 건강한 유기농
음식으로 맛과 몸의 건강을 함께 챙기세요.
    </p>
</div><!-- /.menu-content -->
```

🖹 chapter7/c7-02-3/contact.html

```
<div class="wrapper grid">
    <div class="item">
        <img src="images/menu1.jpg" alt="">
        <p>메뉴 사진과 메뉴의 이름</p>
    </div>
    (...생략...)
</div><!-- /.grid -->
```

이 부분을 제거합니다.

▶ ID 이름 변경하기

chapter7/c7-02-4/contact.html

"menu"라고 붙였던 ID를 "contact"로 변경합니다.

```html
<div id="contact" class="big-bg">
```

▶ 제목 부분 추가하기

"header" 아래에 문의 입력 양식을 추가합니다. 〈form〉 태그 내부에 〈input〉 태그와 〈textarea〉 태그를 작성하고, id 속성을 붙여줍니다.

각각의 레이블은 〈label〉 태그로 감싸고, for 속성을 붙여줍니다. 이렇게 for 속성과 id 속성의 값을 일치시키면 두 태그가 연동됩니다.

chapter7/c7-02-5/contact.html

```html
<div class="wrapper">
    <h2 class="page-title">Contact</h2>
    <form action="#">
        <div>
            <label for="name">이름</label>
            <input type="text" id="name" name="your-name">
        </div>

        <div>
            <label for="email">메일 주소</label>
            <input type="email" id="email" name="your-email">
        </div>

        <div>
            <label for="message">메시지</label>
            <textarea id="message" name="your-message"></textarea>
        </div>

        <input type="submit" class="button" value="전송">
    </form>
</div><!-- /.wrapper -->
```

✔ POINT

〈input〉 태그는 닫는 태그가 필요하지 않은 태그입니다.

입력 양식에 장식을 넣지 않았으므로 입력 양식이 제대로 보이지 않지만, 문제없는 상태입니다.

CSS로 장식하기

배경 이미지 출력하기

일단 입력 양식 뒤에 배경 이미지를 배치합시다.

chapter7/c7-02-6/style.css

```
/* CONTACT
------------------------------ */
#contact {
    background-image: url(../images/contact-bg.jpg);
    min-height: 100vh;
}
```

> 배경에 이미지를 배치합니다.

배경 이미지가 출력됩니다.

chapter1
chapter2
chapter3
chapter4
chapter5
chapter6
chapter7

입력 양식 장식하기

이어서 입력 양식의 각 요소를 장식합니다. 문자의 크기와 여백 이외에도 입력 양식에 배경색을 "rgba(255,255,255,.5)"로 지정해서 반투명한 흰색이 되게 했습니다. 〈input〉 태그의 각 속성은 대괄호([])로 감싸서 지정할 수 있습니다. 여러 개의 선택자에 같은 지정을 할 때는 쉼표(,)로 구분해서 입력합니다.

 POINT

입력 양식은 〈form〉 태그 내부에 입력란을 〈input〉 태그와 〈textarea〉 태그로 작성했습니다. 속성은 각각 괄호([])로 감싸서 지정할 수 있습니다.

chapter7/c7-02-7/style.css

```css
/* 입력 양식 */
form div {
    margin-bottom: 14px;
}
label {
    font-size: 1.125rem;
    margin-bottom: 10px;
    display: block;
}
input[type="text"],
input[type="email"],          속성 지정
textarea {
    background: rgba(255,255,255,.5);
    border: 1px #fff solid;
    border-radius: 5px;        반투명하게 지정
    padding: 10px;
    font-size: 1rem;
}
input[type="text"],
input[type="email"] {          속성 지정
    width: 100%;
    max-width: 240px;
}
textarea {
    width: 100%;
    max-width: 480px;
    height: 6rem;
}
input[type="submit"] {
    border: none;
    cursor: pointer;
    line-height: 1;
}
```

반투명한 흰색의 입력 양식이 출력됩니다.

모바일 버전에서는 여백과 입력 양식의 너비를 조정합니다.

 POINT

입력 양식이 실제로 동작하게 하려면 PHP 등의 프로그래밍 언어를 사용해야 합니다.

📄 chapter7/c7-02-8/style.css

```css
@media (max-width: 600px) {
    (...생략...)

    /* CONTACT */
    #contact .page-title {
        margin-top: 40px;
    }

    /* 입력 양식 */
    input[type="text"],
    input[type="email"],
    textarea {
        max-width: 100%;
    }
}
```

너비 조정

■ 입력 양식 서비스 사용하기

〈form〉 태그를 사용해서 입력 양식을 만들었지만, 실제로 정보를 받으려면 PHP 등의 프로그래밍 언어를 사용해야 합니다. 즉 HTML과 CSS만으로는 **외관만 만들 수 있다는 것**입니다.

이러한 프로그래밍 언어를 활용해서 웹 서비스를 구현하려면 고급 지식이 필요하므로 간단한 입력 양식을 만들 수 있게 해주는 서비스를 소개하겠습니다.

▶ 구글 폼 … https://www.google.com/intl/ko_kr/forms/about

구글이 제공하는 "구글 폼"은 누구나 무료로 직관적으로 입력 양식을 만들 수 있는 서비스입니다. 설문 조사에 사용되는 경우가 많으며, 문의 입력 양식으로도 사용할 수 있습니다.

구글에 로그인한 다음 공식 사이트의 첫 페이지에서 "Google 설문지로 이동하기" 버튼을 클릭하면 입력 양식 생성 화면으로 이동합니다. 이어서 "내용 없음"이라고 되어 있는 + 버튼을 클릭해서 새로운 입력 양식을 만들 수 있습니다.

단답형, 장문형, 객관식 질문 등 필요한 부분을 추가해서 양식을 만듭니다. 양식을 모두 만들었다면 화면 오른쪽 위에 있는 [보내기] 버튼을 클릭합니다. 전송용 앱에서 〈 〉 모양의 아이콘을 클릭하면 "삽입된 HTML"이라는 항목이 나오는데, 이 코드를 사용하면 됩니다.

구글 폼은 구글 계정만 있으면 누구나 사용할 수 있으며, 초보자라도 무리 없이 쉽게 활용할 수 있습니다.

구글 입력 양식 최상위 페이지

"HTML 퍼가기"란에 출력되는 코드를 HTML 파일에 붙여넣어주세요.

7-3

CHAPTER

지도 출력하기

가게 정보와 지도를 나란히 배치해서 출력해 보겠습니다. 지도는 구글이 인터넷으로 제공하는 지도 서비스인 "구글 지도"를 사용하겠습니다.

가게 정보 작성하기

HTML의 〈div id="contact" class="big-bg"〉 부분과 "footer" 사이에 "location"이라는 ID를 가진 〈section〉 태그를 추가합니다. 그 안에 "location-info" 클래스를 가진 〈div〉 태그를 만들고, 〈div〉 태그에 가게 정보를 작성합니다. 주소와 전화 번호 등은 〈br〉 태그로 줄바꿈 하도록 합니다.

지도는 "location-map"이라는 클래스를 가진 별도의 〈div〉 태그 내부에 출력할 예정입니다. 우선 지도는 잠시 후에 추가하고, 일단 "Google 지도"라는 글자를 넣어줍니다.

📄 chapter7/c7-03-1/contact.html

```
<div id="contact" class="big-bg">
    (...생략...)
</div><!-- /#contact -->

<section id="location">
    <div class="wrapper">
        <div class="location-info">
            <h3 class="sub-title">카페 마곡나루점</h3>
            <p>
                주소: 서울 강서구 ○○<br>
                ○○○○○○○ 133-71<br>
                ○○○○<br>
                전화번호: 070-1111-1111<br>
                영업 시간: 07:00-20:00<br>
                휴무일: 매주 화요일
            </p>
        </div><!-- /.location-info -->
        <div class="location-map">
            Google 지도
        </div><!-- /.location-map -->
    </div><!-- /.wrapper -->
</section><!-- /#location -->
```

〈br〉 태그로 줄바꿈을 넣습니다.

추가

가게 정보가 출력됩니다.

■ 구글 지도 출력하기

지도는 구글 지도를 사용합니다. 일단 구글 지도 웹 사이트(https://www.google.com/maps/)에 출력하고 싶은 장소의 주소를 입력합니다. 이어서 "공유" 버튼이 나오면 이를 클릭합니다.

그리고 출력되는 패널에서 "지도 퍼가기"를 클릭합니다.

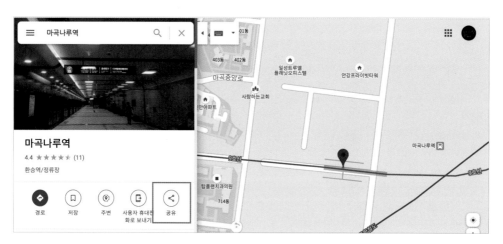

디폴트로는 크기가 "중간"으로 돼 있습니다. 이를 "맞춤 크기"로 변경한 다음 "800×400"의 크기로 설정합니다. 지도 퍼가기 코드가 나오면 이를 복사해서 이전 절에서 "Google 지도"라고 작성한 부분에 붙여넣어주세요.

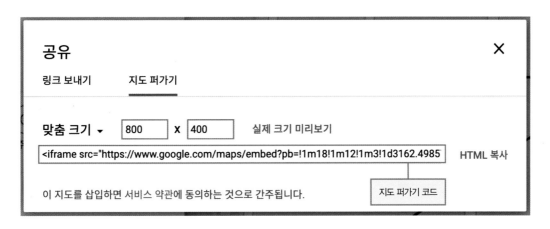

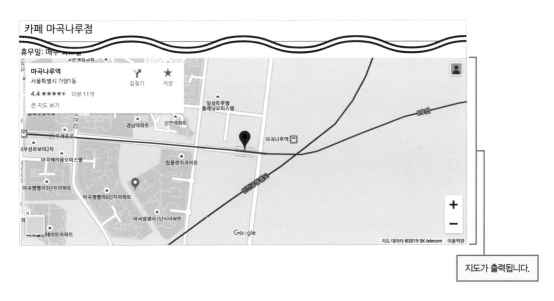

chapter1

chapter2

chapter3

chapter4

chapter5

chapter6

chapter7

외관 조정하기

가게 정보와 지도가 세로로 나란히 배치돼 있으므로 CSS Flexbox를 사용해서 가로로 정렬해 보겠습니다. 각 요소의 너비와 여백도 조정합니다. 추가로 현재 상태에서는 구글 지도를 감싼 〈iframe〉 태그가 출력 영역에서 삐져나와서 가게 정보와 겹쳐지므로 너비를 "100%"로 지정해 조정합니다.

📄 chapter7/c7-03-2/style.css

```css
/* 가게 정보와 지도 */
#location {
    padding: 4% 0;
}
#location .wrapper {
    display: flex;
    justify-content: space-between;
}
.location-info {
    width: 22%;
}
.location-info p {
    padding: 12px 10px;
}
.location-map {
    width: 74%;
}
```

Flexbox로 설정합니다.

📄 chapter7/c7-03-3/style.css

```css
/* iframe */
iframe {
    width: 100%;
}
```

100%로 지정합니다.

✅ POINT

〈iframe〉 태그의 너비를 "100%"로 지정해서 출력 영역에서 삐져나오지 않게 만들 수 있습니다.

예쁘게 가로로 정렬됐습니다.

7-4

CHAPTER

페이스북 플러그인 삽입하기

페이지 아랫부분에는 페이스북, 트위터, 유튜브 동영상을 출력하겠습니다. 먼저 페이스북 플러그인부터 삽입합시다.

▇ SNS 부분의 레이아웃 잡기

HTML을 사용해서 각 요소를 넣을 박스를 만들어 두겠습니다. 지도를 출력하는 〈section id="location"〉 아래에 "sns"라는 ID를 가진 〈section〉 태그를 준비합니다. 이 내부에 각각 SNS 전용으로 "sns-box" 라는 클래스를 가진 〈div〉 태그를 작성합니다. 플러그인을 넣을 위치에는 일단 임시로 "Facebook 플 러그인", "Twitter 플러그인", "Youtube 동영상"이라고 넣어둡니다.

CSS로 배경색을 지정하고, Flexbox로 가로로 정렬하게 설정합시다.

📄 chapter7/c7-04-1/contact.html

```html
<section id="location">
    (...생략...)
</section><!-- /#location -->

<section id="sns">
    <div class="wrapper">
        <div class="sns-box">
            <h3 class="sub-title">Facebook</h3>
            Facebook 플러그인
        </div>

        <div class="sns-box">
            <h3 class="sub-title">Twitter</h3>
            Twitter 플러그인
        </div>

        <div class="sns-box">
            <h3 class="sub-title">YouTube</h3>
            유튜브 동영상
        </div>
    </div><!-- /.wrapper -->
</section><!-- /#sns -->
```

추가

```
/* SNS */
#sns {
    background: #FAF7F0;
    padding: 4% 0;
}
#sns .wrapper {
    display: flex;
    justify-content: space-between;
}                                        추가
#sns .sub-title {
    margin-bottom: 30px;
}
.sns-box {
    width: 30%;
}
```

Facebook	Twitter	YouTube
Facebook 플러그인	Twitter 플러그인	Youtube 동영상

© 2019 WCBCafe

연한 베이지색의 배경색을 지정했고, 3개의 박스가 가로로 정렬됐습니다.

■ 페이스북 플러그인 코드 받기

페이스북 페이지 플러그인을 생성하는 페이지(https://developers.facebook.com/docs/plugins/page-plugin)에 접근해서 다음 항목을 설정합니다. 설정이 끝나면 아래에 있는 "코드 받기" 버튼을 클릭합니다.

항목	설정
Facebook 페이지 URL	https://www.facebook.com/으로 시작하는 페이스북 페이지의 URL
탭	timeline

chapter1

chapter2

chapter3

chapter4

chapter5

chapter6

chapter7

항목	설정
너비	지정하지 않음(비워두세요)
높이	315
플러그인 컨테이너 너비에 맞춤	체크함

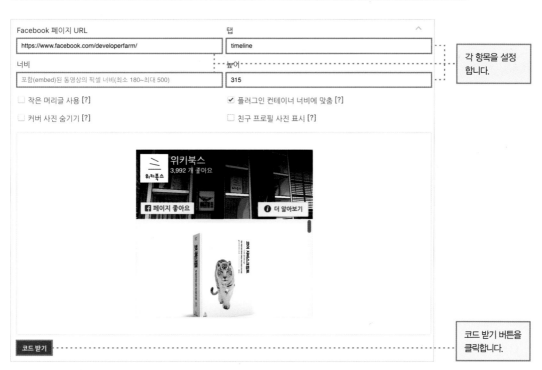

"각 항목을 설정
합니다."

"코드 받기 버튼을
클릭합니다."

출력되는 패널 위에 있는 "iframe" 탭을 클릭합니다. 출력된 코드를 271페이지에서 "Facebook 플러
그인"이라고 임시로 넣었던 부분에 붙여넣습니다.

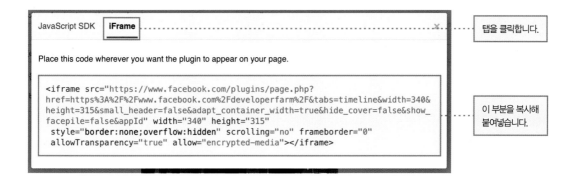

"탭을 클릭합니다."

"이 부분을 복사해
붙여넣습니다."

페이스북 플러그인을 출력할 때는 이처럼 코드를 받아야
합니다.

페이스북 플러그인이 출력됩니다.

chapter1

chapter2

chapter3

chapter4

chapter5

chapter6

chapter7

COLUMN

—

페이스북 플러그인과 반응형 웹 지원

이번에 사용한 "iframe" 태그로 추출한 코드는 너비가 고정돼 있으므로 화면의 너비가 변했을 때 출력이 깨질 수 있습니다. 이를 수정하려면 "JavaScript SDK" 탭의 코드를 사용해야 합니다.

"JavaScript SDK" 화면에는 2가지 종류의 코드가 나옵니다. "Step 1"의 코드를 HTML 파일의 〈body〉 태그 바로 아래에, "Step 2"의 코드를 실제로 출력하고 싶은 부분(현재 예제에서는 임시로 지정했던 "Facebook 플러그인" 위치)에 붙여넣습니다.

다만 이 방법은 HTML 파일을 웹 서버에 업로드해서 확인할 때만 동작합니다. 컴퓨터에 저장된 파일을 단순하게 열었을 때는 보이지 않습니다.

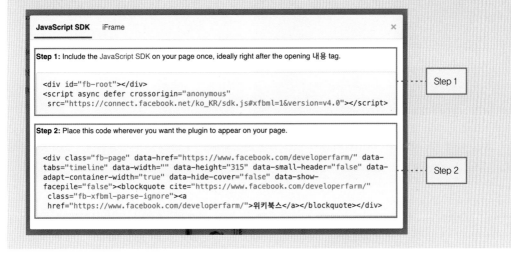

CHAPTER 7 _ 외부 미디어 사용하기 | 275

7-5

CHAPTER

트위터 플러그인 삽입하기

이어서 트위터 플러그인을 삽입해 보겠습니다. 영어로 된 페이지에 들어가야 하는데, 간단하게 설정할 것이므로 이 책을 참고해서 플러그인을 추출해 보겠습니다.

■ 트위터 플러그인 코드 얻기

트위터 플러그인 생성 페이지(https://publish.twitter.com)를 열면 "Enter a Twitter URL"이라고 적힌 입력란이 나옵니다. 여기에서 트위터의 URL(twitter.com/〈계정 이름〉)을 입력하고, [enter] 키를 누릅니다.

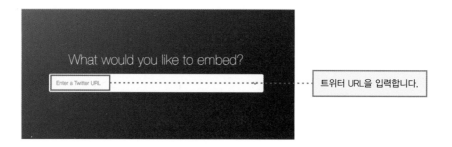

트위터 URL을 입력합니다.

Here are your display options 화면이 나오면 어떤 형태로 구성할지 선택합니다. "Embedded Timeline"을 클릭합니다.

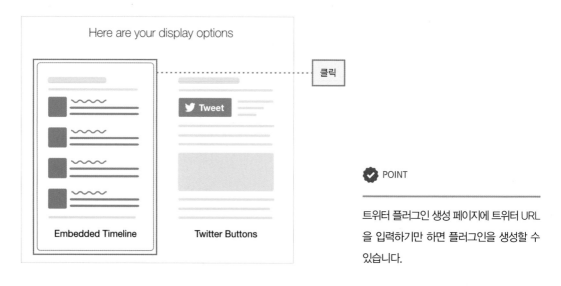

클릭

POINT

트위터 플러그인 생성 페이지에 트위터 URL을 입력하기만 하면 플러그인을 생성할 수 있습니다.

코드가 출력되지만, 크기를 변경할 것이므로 "set customization options" 링크를 클릭합니다. 여기에서 "Height(px)"란에 "315"라고 입력해서 높이를 설정합니다. 다른 옵션들도 많으므로 필요하면 변경하면 됩니다.

"Update" 버튼을 클릭하면 코드가 출력되므로 이를 복사해서 271페이지에서 "Twitter 플러그인"이라고 임시로 넣었던 부분에 붙여넣습니다.

That's all we need, unless you'd like to set customization options. ······▶ 클릭
By embedding Twitter content in your website or app, you are agreeing to the Developer Agreement and Developer Policy.

`<a class="twitter-timeline" href="https://twitter.com/yuta_suzuki_ys?ref_src=twsrc%5Etfw">Tweets by yuta_s` Copy Code

What size would you like your timeline to be?

315 ·····················◇···· Width (px) ·····················▶ Height란에 "315"를 입력합니다.

How would you like this to look?

Light ⌄   ▢ #Default link color

What language would you like to display this in?

Automatic ⌄

☐ Opt-out of tailoring Twitter [?]   Cancel **Update** ······▶ 클릭하면 코드가 나옵니다.

Twitter

@devsfarm 님의 **트윗**   ⓘ

위키북스 님이 리트윗함

GeekNews
@GeekNewsBot

프로젝트 관리 기반의 협업툴: Airtable
j.mp/2Uwm2Mx
엑셀과 비슷한 UI를 가진 프로젝트 관리 도구

프로젝트 관리 기반의 협업툴: Ai…
엑셀과 비슷한 UI를 가진 프로젝…
news.hada.io

담아가기   트위터에서 보기

✅ POINT

크기와 색 등을 변경하고 싶을 때는 "set customization options" 링크를 클릭해서 설정합니다. 트위터 플러그인은 반응형 웹도 지원합니다.

트위터 플러그인을 삽입했습니다. 이렇게만 해도 반응형 웹이 지원됩니다.

chapter1
chapter2
chapter3
chapter4
chapter5
chapter6
chapter7

7-6

CHAPTER

유튜브 영상 삽입하기

세계 최대 규모의 동영상 공유 서비스인 유튜브를 사용해 동영상을 출력해봅시다. 다른 플러그인과 비교해서 설정할 것이 크게 없으므로 간단하게 삽입할 수 있습니다.

■ 유튜브 퍼가기 코드 추출하기

유튜브 동영상은 간단하게 퍼가기 코드를 추출할 수 있습니다. 일단 유튜브 웹 사이트(https://www.youtube.com/)에서 출력하고 싶은 동영상을 찾습니다. 이어서 동영상 아래에 있는 "공유" 버튼을 클릭합니다.

출력되는 패널에서 "퍼가기"를 클릭합니다.

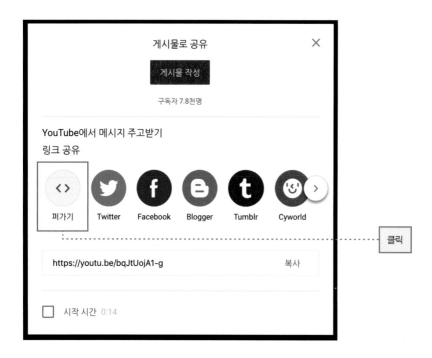

"동영상 퍼가기"에 출력되는 코드를 복사하고, 271페이지에서 "YouTube 동영상"이라고 임시로 넣었던 부분에 붙여넣습니다.

동영상의 재생 시작 위치 등을 변경할 때는 "플레이어 컨트롤을 표시합니다."에 체크하고, 분과 초를 지정합니다.

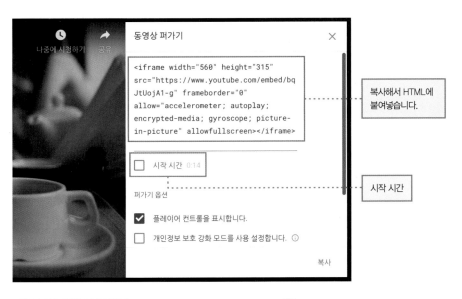

POINT

출력하고 싶은 유튜브 영상 페이지에서 코드를 받습니다. 동영상 재생 시점을 변경하고 싶을 때는 "시작 시간" 옵션으로 조정합니다.

유튜브 동영상이 출력됩니다.
매우 간단하게 넣을 수 있습니다.

chapter1
chapter2
chapter3
chapter4
chapter5
chapter6
chapter7

7-7

CHAPTER

반응형 웹 지원하기

마지막으로 지도와 SNS 부분을 스마트폰에서도 잘 볼 수 있게 미디어 쿼리를 사용해서 조정해 보겠습니다.

■ 미디어 쿼리로 수직 정렬하기

CSS 미디어 쿼리를 사용해서 스마트폰 크기에서는 요소를 수직으로 배치합니다. 이 책에서는 Flexbox를 사용해서 수평 정렬하고 있습니다. 따라서 "display: flex;"를 지정한 요소에 "flex-direction: column;"을 추가하면 됩니다. 너비도 "100%"로 지정해 요소가 화면 너비를 꽉 채우게 만듭니다.

📄 chapter7/c7-07-1/style.css

```
@media (max-width: 600px) {
    (...생략...)

    /* 가게 정보와 지도 / SNS */
    #location .wrapper,
    #sns .wrapper {
        flex-direction: column;
    }
    .location-info,
    .location-map,
    .sns-box {
        width: 100%;
    }
    .sns-box {
        margin-bottom: 30px;
    }
}
```

추가

 POINT

스마트폰 크기에서만 스타일이 적용되게 할 때는 미디어 쿼리를 사용합니다.

모든 요소가 스마트폰에서도 잘 보이게 됐습니다.

7-8
CHAPTER

OGP 설정하기

SNS를 통해 여러 사람에게 웹 사이트를 공개할 때는 몇 가지 요령이 있습니다. 공유될 때의 모습을 설정하는 OGP 에 대해서 알아보겠습니다.

▣ OGP란?

OGP는 "Open Graph Protocol"의 약자로 SNS에서 웹 사이트를 공유할 때 웹 페이지 제목, 설명, 이미지 등의 정보를 정확하게 전달하기 위한 기능입니다.

예를 들어 페이스북 또는 트위터로 공유할 때, 위의 그림은 OGP를 설정하지 않은 예이고, 아래의 그림은 OGP를 설정한 예입니다. OGP를 적절하게 활용하면 보다 많은 사용자가 웹 사이트로 유입될 수 있습니다.

chapter1

chapter2

chapter3

chapter4

chapter5

chapter6

chapter7

■ OGP 설정하기

OGP는 HTML 파일의 "head" 내부에 〈meta〉 태그를 사용해서 설정합니다.

⬛ chapter7/c7-08-1/contact.html

```
<meta property="og:url" content="http://example.com/index.html">
<meta property="og:type" content="website">
<meta property="og:title" content="WCB Cafe Home">
<meta property="og:description" content="명품 블렌드 커피와 유기농 음식을 제공하는 카페">
<meta property="og:image" content="http://example.com/images/ogp.jpg">
```

〈meta〉 태그로 각 항목을 설정합니다.

▶ 주요 설정 항목

종류	설명
og:url	웹 페이지의 URL입니다.
og:type	페이지의 종류입니다. website(웹 사이트) 또는 article(기사)를 지정합니다.
og:title	웹 페이지의 제목입니다.
og:description	웹 페이지의 설명입니다.
og:image	공유할 때 출력할 이미지 파일의 경로입니다.

페이스북은 이미지 크기로 **너비 1200px, 높이 630px**을 추천하고 있습니다. 미리 SNS에 출력하고 싶은 이미지를 이에 맞춰 준비합니다.

OGP에는 이외에도 매우 많은 옵션이 있습니다. 필요하다면 공식 문서 페이지(https://developers.facebook.com/docs/sharing/webmasters/)를 참고하기 바랍니다.

■ 페이스북에서 확인해보기

잘 설정됐는지 실제로 SNS에 올려봐도 알 수 있지만, 여러 번 올리고 확인하는 과정이 조금 귀찮을 수 있습니다. 이러한 때는 공식 확인 도구를 사용해봅시다. 웹 페이지의 URL을 입력하고, "디버그" 버튼을 클릭하면 설정된 항목이 출력됩니다. 오류가 있다면 오류가 있는 부분을 지적해줍니다.

공유 디버거 – 개발자 전용 Facebook ··· https://developers.facebook.com/tools/debug/sharing/

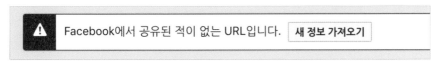

처음 확인할 때는 "새 정보 가져오기" 버튼을 클릭합니다.

트위터에서 확인해보기

트위터에도 비슷한 공식 확인 도구가 있습니다. 웹 페이지의 URL을 입력하고, "Preview card" 버튼을
클릭합니다.

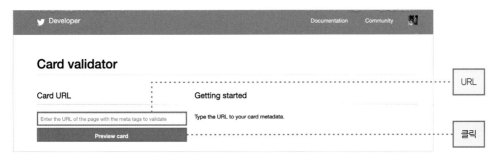

Card Validator ··· https://cards–dev.twitter.com/validator

트위터에서 옵션 설정하기

트위터 전용 옵션도 따로 있습니다. 이미지 출력 방법을 조절할 수 있으며, 트위터 사용자 이름이 함께
나오게 할 수도 있습니다. 필요하다면 공식 문서 페이지(https://developer.twitter.com/en/docs/
tweets/optimize–with–cards/guides/getting–started.html)를 참고해주세요.

chapter1

chapter2

chapter3

chapter4

chapter5

chapter6

chapter7

7-9

CHAPTER

외부 미디어 변경해보기

외부 미디어는 정해진 디자인 그대로 반영되기 때문에 변경할 수 있는 부분이 많지 않습니다. 그래도 가능한 범위까지 원하는 디자인으로 변경해 보겠습니다.

■ 구글 지도 변경하기

📄 데모 파일: chapter7/c7-09-1/Demo-map

구글 지도는 비교적 변경할 수 있는 부분이 많은 외부 미디어입니다. 코드를 다룰 필요도 없고, 클릭만으로 쉽게 변경할 수 있습니다.

이번 절에서 변경할 형태입니다. 지도의 스타일과 아이콘을 변경했습니다.

▶ 구글 내 지도 만들기

일단 구글 내 지도 페이지(https://www.google.com/maps/d/)에 들어갑니다. 구글 계정으로 로그인하지 않았다면 로그인하고, [+ 새 지도 만들기] 버튼을 클릭합니다.

디폴트로 "제목없는 지도"라고 만들어지므로 이를 클릭해서 제목과 설명문을 변경합니다. 이어서 [저장] 버튼을 클릭합니다.

왼쪽 위에 버튼이 있습니다.

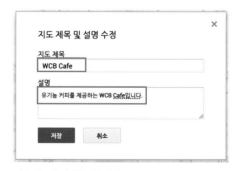

가게 이름과 설명을 적습니다.

이어서 지도에 출력하고 싶은 주소를 입력하고, 검색합니다. 해당 장소에 마크가 생성될 것입니다. [+ 지도에 추가]를 클릭해서 장소를 확정합니다.

지도에 추가하면 여러 가지 스타일을 변경할 수 있습니다.

아이콘 변경하기

페인트통 모양의 "스타일" 아이콘을 클릭합니다. 여기에서 원하는 아이콘과 색을 선택합니다.

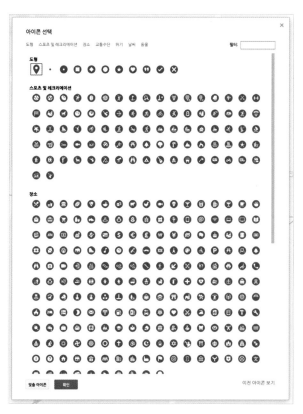

스타일을 클릭하면 색상 팔레트와 인기 있는 아이콘이 출력됩니다.

스타일 창에서 "아이콘 더보기" 버튼을 클릭하면 더 많은 아이콘을 볼 수 있습니다.

chapter1
chapter2
chapter3
chapter4
chapter5
chapter6
chapter7

아이콘을 원하는 이미지로 지정할 수도 있습니다. 다른 아이콘으로 설정하고 싶다면 아이콘 선택창의 왼쪽 아래에 있는 "맞춤 아이콘" 버튼을 클릭해서 출력하고 싶은 이미지를 업로드하면 됩니다. 이미지를 직접 드래그 앤드 드롭해서 업로드할 수 있습니다.

업로드했으면 "확인" 버튼을 클릭해서 확정합니다.

업로드한 이미지로 변경됩니다.

지도 스타일 변경하기

이어서 지도의 스타일을 변경해 보겠습니다. "기본 지도"라고 적혀 있는 부분의 아래로 향한 화살표를 클릭합니다. "지도", "위성", "지형", "정치적 경계(밝은 색)", "흑백 도시", "단순 지도", "육지(밝은 색 배경)", "육지(어두운 색 배경)", "바다(백색)"라는 9개의 스타일 중에서 선택할 수 있습니다.

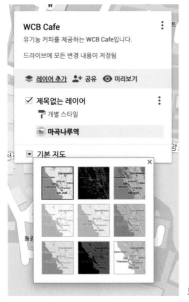

 POINT

구글 지도는 아이콘과 지도를 원하는 대로 변경할 수 있습니다.

보기 쉬운 지도 스타일을 선택합니다.

다만 국내 지도에서는 "지도", "위성", "지형" 세 가지 스타일만 적용되고, 나머지 스타일은 선택해도 적용되는 지역이 거의 없습니다.

지도 출력하기

기본적으로는 지도가 비공개로 설정돼 있습니다. 다른 사람이 열람할 수 있게 하려면 공개 범위를 변경해야 합니다. "공유"를 클릭하고, "액세스 권한이 있는 사용자"를 변경합니다. "링크 공유"에서 "사용 – 모든 웹 사용자"를 선택하고 저장합니다.

"공유"를 클릭합니다.

"액세스 권한이 있는 사용자"의 변경을 선택합니다.

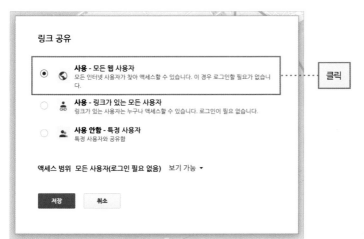

"사용 – 모든 웹 사용자"를 선택합니다.

POINT

지도를 웹 페이지에 공개할 때는 반드시 공개 설정을 "사용 – 모든 웹 사용자"로 변경해주세요.

chapter1
chapter2
chapter3
chapter4
chapter5
chapter6
chapter7

이어서 HTML에 입력할 퍼가기 코드를 받겠습니다. 지도의 제목 오른쪽에 있는 3개의 점을 클릭합니다. "내 사이트에 삽입"을 클릭하면 퍼가기 코드가 나옵니다. 이를 HTML 파일의 출력하고 싶은 부분에 붙여넣으면 됩니다.

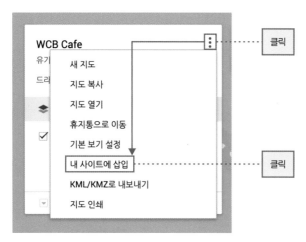

"내 사이트에 삽입"을 클릭합니다.

출력하고 싶은 코드를 복사하고, 원하는 부분에 붙여넣습니다.